积极趋势

积极老龄化应用与拓展

主　编　姚若松　蒋海鹰
副主编　袁欣悦　蔡　冰　卢育红

广东高等教育出版社
Guangdong Higher Education Press
·广州·

图书在版编目（CIP）数据

积极趋势：积极老龄化应用与拓展/姚若松，蒋海鹰主编. —广州：广东高等教育出版社，2022. 8

ISBN 978 -7 -5361 -7242 -5

Ⅰ. ①积… Ⅱ. ①姚…②蒋… Ⅲ. ①人口老龄化 - 研究 - 中国 Ⅳ. ①C924. 24

中国版本图书馆 CIP 数据核字（2022）第 087969 号

JIJI QUSHI：JIJI LAOLINGHUA YINGYONG YU TUOZHAN

出版发行	广东高等教育出版社
	地址：广州市天河区林和西横路
	邮政编码：510500 电话：（020）87553335
	http://www. gdgjs. com. cn
印　　刷	东莞市雅达彩印有限公司
开　　本	787 毫米 ×1 092 毫米 1/16
印　　张	17. 25
字　　数	248 千
版　　次	2022 年 8 月第 1 版
印　　次	2022 年 8 月第 1 次印刷
定　　价	48. 00 元

前言

随着我国老龄化进程不断加快，老龄化社会既存问题也不断凸显。在我国社会倡导积极老龄化的背景下，如何保障老年人的身心健康和社会性发展，使老年人拥有美好晚年生活，已上升为国家层面的一个重要社会议题。“莫道桑榆晚，为霞尚满天”，随着社会发展，老年人群对家庭和社会的积极作用越来越得到重视。同时，老年人又是需要社会和家庭多加关爱的一个群体。保障老年人的幸福是全面建成小康社会不可或缺的一环，如何真正实现“老有所养、老有所乐、老有所为”，事关国家发展全局，事关民生福祉。

为积极应对人口老龄化，全国老龄办、中共中央组织部、中共中央宣传部等 14 部委于 2018 年印发了《关于开展人口老龄化国情教育的通知》，提出要“倡导全社会树立积极老龄观，积极看待老龄社会，积极看待老年人和老年生活”。其中还指出，要“组织编写人口老龄化国情教育知识读本和培训教材”，将编制知识读本和培训教材作为应对人口老龄化、实现积极老龄化的重要举措。中国老年大学协会教学专业委员会在 2019 年工作计划中提出，各地老年大学要组织编制老年大学的心理学领域专业教材。这说明，应对老龄化社会带来的难题，不仅可以依靠国家政策的保障，还可以通过改变社会的老年观，从编写老年教育专用教材入手。

本书从我国当前老龄化国情出发，同时汲取国外老年学各领域积极应对老龄化的经验。书中各章节梳理了人口老龄化、积极老龄化背景下的老年教育、心理健康和运动、世界各国人口老龄化现状等主题，探讨当前心理学、老年学、老年教育学研究领域出现的“积极趋势”，为广大读者展现较为全面的积极老龄化研究视角。同时，本书编写团队从毕生发展和积极心理学的视角分析老龄化，结合我国老年人的心理健康状况提出一些促进老年人的身心健康发展、提升生活和生命质量以及主观幸福感的措施。因此，本书既能作为我国老年人、老年教育工作者使用的知识读本，又能为老年教育在积极老龄化背景下的发展提供理论支撑和现实指导。

本书共九章，分别探讨如下内容：

第一章为“积极老龄化的概念及内容”。世界人口老龄化反映了全球人口健康状况的改善，是现代社会经济不断发展的结果。人口老龄化不应被视为负担，而应被视为挑战和机会。全球老龄化的进展中，产生了成功老龄化、健康老龄化、生产性老龄化和积极老龄化的概念，这些概念不断发展，并促进产生相应的举措。积极老龄化的提出意味着对老龄化的关注涵盖了健康、社会适应、社会参与、生活质量等可能影响老年人的各方面。本章介绍积极老龄化概念的演进、内容及框架，并为实现成功老龄化提出一些建议。

第二章为“积极老龄化的理论基础”。积极老龄化以尊重老年人的人权为前提，以健康、参与、保障为支柱，认为老年人都享有平等的权利。积极老龄化倡导老年人积极参与社会，老年人也可以寻求幸福、快乐的晚年生活。本章介绍老龄化的挑战与收获、老龄化的研究观点、毕生发展视角下的积极老龄化，展示积极老龄化的观点。

第三章为“终身发展：老年教育”。从历史上看，老年人更多担任传授知识和经验的教师角色。近代以来，成人教育主要面向成年人，参与者往往基于时间和兴趣去学习新技能。老年人是这个群体的一部分，他们作为学习者和教师参与学习。本章从历史的视角探讨老年教育，以更加客观的态度寻求老年教育外部力量的冲击和自身力量的觉醒。在此历史时期，探讨老年人的受教育需求和老年教育问题，以坚定老年教育大有担当和作为的时代使命，绘就老年教育发展的蓝图，帮助老年群体在老年教育新时代的引领中前进。

第四章为“积极心态：积极心理健康教育”。积极心理健康是积极心理学的重要组成部分，也是积极心理学在心理健康领域的应用。在心理健康相关学科的学术和实践领域，积极心理健康的理念与观点已经成为当下心理健康发展的新方向，受到社会的广泛关注。如何将积极心理健康的相关理论应用于促进积极老龄化，是当前老年教育者和研究者需要探索的问题。基于此，本章探讨积极心理健康的概念、老年积极心理健康教育及其体系建构。

第五章为“运动与健康”。对于老年人来说，健康的身体是实现积极老龄化的前提，喜爱社交和运动的老年人往往感觉生活更幸福，坚持体育锻炼是老年人保持身心健康的重要方法。体育活动对老年人有很大的好处，可以减少疾病发病率和延长寿命。本章介绍运动的理论及其在老年群体中的应用，以及妨碍和促进老年人参与体育锻炼的因素，并提出促进积极老龄化体育锻炼的建议。

第六章为“积极老龄化下的社会养老”。近年来，面对我国人口老龄化不断加快的趋势，如何保障越来越多的老龄人口的生活质量，推动养老产业的发展，是积极老龄化理念中的“保障”在生活保障方面的具体体现。优化养老模式和养老服务，对老年群体生活质量的提升和生活压力的缓解具有积极价值。本章探讨各种养老模式的特点，分析其现状与不足，对各种养老模式的发展提出建议。

第七章为“生命哲学”。每个人都会面对他人或自己的死亡，而理解死亡需把握其本质特征和过程，才能思考与领会生命的意义。本章探讨生命的意义和目的、处于不同时期个体对于生命的认知和态度、生命的本质，帮助老年人直面死亡，克服死亡焦虑和正确应对丧亲之痛；介绍积极的老年生命观，包括生命主体平等观、发展权利尊重观和生命教育多元观；介绍死亡五阶段理论，帮助老年人认识生命的过程和心理因素对生命发展的影响。

第八章为“幸福老龄”。不同年龄群体对幸福有不同的理解，唯一不变的是，幸福是内心的需要得到满足时所感知的快乐情绪。积极老龄化的理念、行动、措施的宗旨，就是让老年群体获得更多的幸福。本章从积极心理学的视角介绍老年人的幸福感，帮助老年人认识幸福，鼓励老年人参与社会，不断充实内心，从而走向幸福老龄化。

第九章为“国际视野下的积极老龄化”。人口老龄化是全球发达国家和发展中国家共同的未来景象，积极应对人口老龄化已经成为全球共识。一些发达国家积极应对人口老龄化的相关创新做法和改革措施，值得我们学习思考和理性借鉴。本章介绍国际社会应对人口老龄化的一些举措，以及发达国家在积极老龄化领域的经验、成果，尤其是同处东亚文化圈的韩国、日本的积极老龄化策略，为我国积极应对人口老龄化提供思路借鉴和决策参考。

过去 8 年中，课题组的成员承担了大量广东省老年大学的老年心理、心理健康教学培训、课题研究与实践服务，认识和了解到老龄化背景下老年人在心理发展方面的具体需求和积极趋势，在此基础上开展实地调研和理论研究，形成本书。在本书的写作过程中，得到广东省老年大学协会提供调研机会，广东省潮州市老干部大学、惠州市老干部大学、肇庆市老干部大学提供了大量的研究调查支持，课题组的研究生同学提供了大量的研究和文献支持，在此对以上单位和同志表示衷心感谢。老年教育事业，特别是老年心理相关的主题，需要更多从业者和专家学者添砖加瓦，也希望老年教育能够得到更多人的关注。

编　者

2021 年 7 月

目 录

第一章
积极老龄化的概念及内容

人口老龄化是影响所有国家的全球性现象。它反映了全球人口健康状况的改善，是现代社会发展胜利的结果。人口老龄化不应被视为一种负担，而应被视为一种挑战和机会。全球老龄化的进展中，产生了成功老龄化、健康老龄化、生产性老龄化和积极老龄化的概念，这些概念不断发展，并促进产生相应的举措。积极老龄化的提出意味着对老龄化的关注涵盖了健康、社会适应、社会参与、生活质量等可能影响老年人的各方面。本章介绍积极老龄化概念的演进、内容及框架，并为实现成功老龄化提出一些建议。

第一节　积极老龄化概念的演进

老龄化的过程中，除了生理上的变化外，还伴随着心理和社会上的变化，这些变化可能发生在家庭（丧偶）、工作（退休或休闲职业）、社会关系和日常生活中，这些变化可能对老年人各方面产生影响。心理变化涉及个人适应环境的行为能力，如智力、学习能力、感觉和情绪。对于老年人来说，这些心理变化可能会对他们适应新的社会角色造成障碍，或者导致缺乏动力，难以规划未来或适应快速变化，导致低自尊和低自我形象，以及需要处理情感和社会损失。最乐观的人和最健康的人更容易适应老龄化带来的变化。这些变化不一定是损失，也可能是收获，比如智力和学习能力，只要练习就能进步。社会观念、社会政策和措施也会在很大程度上影响老年人的生活。

积极老龄化概念的提出经历了自20世纪60年代以来大半个世纪的历史发展过程，这一过程从另一角度体现了世界对老龄问题认识的提升。人们对于老龄化的认识与探讨，经历了由“成功老龄化”“生产性老龄化”“健康老龄化”到“积极老龄化”的转变，本节主要介绍积极老龄化概念的演进（如表1－1所示）。

表1－1　积极老龄化概念的演进

时间	概念	关键词
20世纪60年代	成功老龄化	生活满意度、社会功能、心理资源、成功老化自评
20世纪80年代	生产性老龄化	参与经济、政治、精神文化以及社会活动，社会价值
20世纪80年代	健康老龄化	高龄、没有或患有较少的慢性疾病、日常生活能自理、有良好的生活习惯、有较高的生活质量、有较多的社会参与、只有轻微的认知或机能障碍、无残疾或残疾程度较低等
2002年	积极老龄化	健康、参与、保障

一、成功老龄化

研究者于20世纪60年代提出成功老龄化的概念。《科学》杂志的论文指出，成功的老年表现为没有慢性疾病和残疾，有较高认知功能和身体功能以及积极参与社会（Rowe & Kahn，1987）。成功老龄化强调老化过程中老年人的生活满意度、社会功能、心理资源以及成功老龄化自评（Self－assessed Successful Aging）等主观指标。

生活满意度是被较为广泛接受的界定成功老龄化的因素，包含对家庭、生活、环境、自我的满意度。生活满意度高的老年人能够保持更长时间的积极情绪，感受到较多的幸福感。社会功能包括老年人的社会角色、社会互动、社会参与等。如果老年人能够保持较好的社会参与水平，成功扮演自身作为祖父/祖母、父亲/母亲、丈夫/妻子、朋友等社会角色，保持与社会的联系、跟上社会发展的步伐，则是具备完善的社会功能。心理资源包括自我价值、对生活的控制感、自主性，能够独立面对变化的情境，并且具备有效应对与适应社会环境、社会事件不断变化发展的策略。成功老龄化自评是指老年人对自身老化的态度和认知。老年人接受自身变老的现实，仍然积极向上、不断充实自我，以欣赏的眼光看待自己即是自评较高。

一般观点认为，相对于其他年龄群体，老年人在老化的过程中可能由于生理功能、社会网络及经济收入等方面减弱的影响，他们的主观幸福感较低。然而，大量研究表明，主观幸福感并不随年龄增加而下降，相比于年轻人，经济充裕、身心健康、社交网络完善的老年人可能拥有更高的幸福感。在情绪体验方面，老年人由于阅历更为丰富、对得失的把握度更强，他们可能比年轻人体验到更少的消极情绪及更多的积极情绪，并且更加珍惜能诱发自身积极情绪的事物。这种老年人生理及认知功能下降而主观幸福感维持稳定甚至有所上升的现象被许多社会科学家称为“老化的悖论”(Paradox of Aging)（伍麟、邢小莉，2009）。

既然老龄化过程往往伴随着关键能力的丧失，例如随着身体机能老化，老年人的记忆力开始变差，体力也开始减弱，那么老化是如何与主观幸福感的提升联系在一起的呢？保罗·巴尔特斯（Paul B. Baltes）等在1990年提出带补偿的选择最优化模型，将成功老龄化理解为获得积极（想要得到）的结果并使之最大化，避免消极（不想要）的结果并使之最小化。在他们看来，老年人并不是被动地接受老年生活中的丧失，而是使用选择（Selection)、优化（Optimization）及补偿（Compensation）策略积极地应对这些丧失。因此，无论老年人的健康和生理功能如何衰减，他们最终均能维持一定的心理健康水平（郭爱妹、顾大男，2018）。

以保罗·巴尔特斯为代表的心理学家提出了一系列心理发展观，被称为毕生发展观（Life-span Development View）。其主要观点为：发展是持续终生的，不存在一个对生命全程最重要影响的年龄段，老年期也可以改变生活。老年期发生变化的路径是千差万别的，因为发展受到多种相互作用的因素影响，包括生物的、历史的、社会的和文化的影响，因此，每个人的发展过程和结果都是不同的。

斯坦福大学罗拉·卡斯腾森（L. Carstensen）提出的社会情绪选择理论（Socioemotional Selectivity Theory）认为，随着年龄的增长，时间变得越来越有限，不同目标的优先性就会发生变化。由于老化带给人们不断接近生命终点的感受，老年人更倾向于与情绪上有意义的社会同伴相聚。在生活中表现为，老年人会通过对积极信息的优先加工，获得更多的积极情绪体验（郭爱妹、顾大男，2018）。例如，主动接受更多的正向信息，遗忘引起负面情绪的事件。这种“积极效应”（Positive Effect）能够有效地提升老年人的生活满意度和主观幸福感。

以上的心理—社会模式倾向于将成功老龄化视为一种过程，包含对生活的控制感、自我效能感、有效的应对策略、适应及主观幸福感等因素；当老年人拥有了这些能力，则可以在健康甚至是功能衰减的情况下实现成功老龄化。

相较于积极老龄化，成功老龄化注重老年人的自我评测，没有重视对老年人的保障。在一些实证研究中，一些老年人即使患有多种疾病甚至残疾，也可能觉得自己的生活是成功的，所以成功老龄化概念具有强烈的主观性。

二、生产性老龄化

生产性老龄化实质是关于人口老龄化的一种理论解释，它兴起于人口老龄化进程不断推进的社会背景，旨在应对人口老龄化问题。生产性老龄化概念于1982年由巴特勒（Butler）和罗伯特（Robert）提出。在随后的研究中，有些学者认为有意义的老年生活不仅要强调老年人的健康，而且老年人应该参加有产出的活动，这些产出不一定有报酬（Gonzales，Matz - costa，& Morrow - howell，2015）。其定义在随后被阐明为："参与有偿工作、正式或非正式志愿者活动以及能得到报酬的活动"。生产性老龄化的目的在于试图将老年人从社会的负担转变为潜在的生产力，得到积极的结果（Morrow - howell & Wang，2013），相较于生产性老龄化，积极老龄化中的"积极"是指不断参与经济、政治、精神文化以及社会活动，其定义更加完善。

生产性老龄化主要强调面临日益发展的人口老龄化，在进入老龄化社会时，人们应该将对老年人的注意力从其依赖性转到其生产性上，不仅仅看到人口老龄化带来的众多养老压力和经济社会发展的危机，与此同时，还要看到老年人本身所具有的生产力，老年人自身作用的发挥有利于社会更好地应对人口老龄化危机。为此，应该在个人、家庭、社会不同层面强调老年人生产性活动的价值，构建一个有利于老年人发挥价值、实现更多生产性活动的老龄化社会（方志，2017）。也正是如此，人口老龄化所带来的危机与机遇并存，人们应该对人口老龄化持有更加积极的态度。

生产性老龄化认为，老年人参与生产性活动，对于老年人自身的健康、家庭、社区、社会等各个层面具有积极的促进作用。世界各国正在不可避免地已经或逐步进入老龄化社会，而老年人本身具备生产力，能够运用自身经验、知识为社会发展做贡献。充分发挥老年人群的潜力，让老年人参与社会生活与发展，其生产性活动有利于化解老龄化社会的养老压力等问题。此外，老年人在工作、社会参与以及照料等各个方面都具有社会价值。为此，对于人口老龄化应该持更加积极的态度。

生产性老龄化在强调老年人健康的同时指出，有能力、有余力的老年人应该参与生产性活动，积极参与工作、志愿活动以及其他活动（有或无报酬）。在生产性老龄化观点中，老年人是非常宝贵的社会资源，拥有丰富的社会工作经验和人生智慧，社会和老年人都应该用好这笔财富。同时，老年人不只是被照料者和依赖者，他们还是家庭维持健康、完善发展的支持者和社会的参与者，应该继续发光发热，发挥其独特的不可替代的价值。比如，退休老年人可以返聘回原工作单位或者老年大学担任顾问、咨询等工作，利用专业特长的同时发挥余热，温暖他人。简而言之，生产性老龄化强调老有所为、老有所用，社会应该积极为老年人参与经济和社会活动搭建平台。

生产性老龄化力图扭转将老年人当作社会负担的看法，而将其作为潜在生产力，从而得到一个积极的结果。这里的“生产性”可以解读为一种态度，一种生活的反应模式或取向，而非必须产生一种真实的结果（并非真的让老年人从事生产活动）；也可以理解为一种健康的人格，具有生产性的个体发挥爱和理性的潜能以创造物质和精神财富，更重要的是创造了自己，从而使自己快乐幸福、健康长寿（王贵红，苏中，2019）。

生产性老龄化与健康老龄化、成功老龄化、积极老龄化等其他人口老龄化理论存在着既相互影响又相互区别的关系。健康老龄化理念强调为应对人口老龄化，需要关注老年人的身心健康，它所揭示的老年人在进入老年阶段能够继续保持健康的身心状态，这是老年人能够具有生产力的基础；积极老龄化所强调的老年人充分的社会参与恰恰与老年人的生产性活动是一致的，老年人从事无论是有报酬的还是没有报酬的生产性活动本身就是一种社会参与；而生产性老龄化所强调的老年人的生产性活动，也是成功老龄化所期盼的（方志，2017）。

三、健康老龄化

为了积极应对人口老龄化带来的全球健康挑战，世界卫生组织在1987年世界卫生大会上正式将促进健康老龄化纳入全球卫生保健战略。自此，促进健康老龄化成为全球老年问题研究的重要议题。健康老龄化是针对老年人疾病高发多发这一现状而提出，强调的是老年人的身心健康和良好的社会适应能力（杨春，2009）。世界卫生组织关于健康老龄化概念的主流看法是：老年人活到高龄、没有或患有较少的慢性疾病、日常生活能自理、有良好的生活习惯、有较高的生活质量、有较多的社会参与、只有轻微的认知或机能障碍、无残疾或残疾程度较低等（马凤芝、陈海萍，2020）。

健康老龄化可以从个人、群体和国家三个层面来综合理解。在个人层面，要尽可能缩短老年人的病残期，延长他们的健康期；减少社会对老年人的歧视，增强他们的自我效能感；缩短老年人的社会隔离年限，提升他们的社会参与水平。在群体层面，强调社会上的大多数老年人在生理、心理和社会三个方面都处于健康状态。当社会上大多数老年人能够获得物资、情感和信息支持，他们的身心和社会方面的功能都能得到较大的改进。在国家层面，重点突出社会经济发展不为过度人口老龄化所累。由此可见，健康老龄化将个体和群体的健康置于整个社会发展的脉络中，从而搭建一个逻辑结构相对完整的健康老龄化概念体系（马凤芝、陈海萍，2020）。

从字面可以看出，健康老龄化更偏重老年人的健康，未涉及参与和保障对提高老年人生活质量的意义，所以该理论仍然存在一定的局限性：一是将老年人看作是社会负担而并非是社会财富；二是从老年人需要的视角，而非老年人口的社会权利视角来看待老年人口的健康（杨春，2009）。

四、积极老龄化

世界卫生组织在2002年出版的《积极老龄化：政策框架》（*Active Ageing：A Policy Framework*）中提出积极老龄化的概念，提出积极老龄化的三大支柱“健康、参与和保障”，是应对人口老龄化的重要策略。

巴西国际长寿中心（International Longevity Centre Brazil）在2015年发表题为《积极老龄化：应对长寿革命的政策框架》（*Active ageing：A policy framework in response to the longevity revolution*）的报告。在这个报告中，卡拉什（Kalache）修正了积极老龄化的概念，在毕生发展的观点中加入新进展，增加了“终生学习”。除了正规教育和与工作相关的知识获取，还提供了更具包容性的终生学习方法，以降低老年人的脆弱性。最终积极老龄化模型包括6组因素，每组因素包括以下几个方面。

（1）卫生和社会服务（促进卫生和预防疾病、卫生服务、持续保健、精神保健）；

（2）行为（吸烟、体育活动、饮食、口腔健康、饮酒、服药）；

（3）个人因素（生物学、遗传学、心理学因素）；

（4）物理环境（环境友好、房屋安全、坠落、无污染）；

（5）社会（社会支持、暴力和虐待、教育）；

（6）经济（工资、社会保障、工作）。

“积极”是积极老龄化的内涵所在，积极是指包括下岗、退休，甚至患病、残疾的老年人，仍然拥有参与经济活动、政治活动、精神文化活动的潜力、机会、权利，为社会做力所能及的贡献，同时也能在需要帮助的时候得到社会的保障，通过这种积极主动的态度和方式形成良性循环，以此来提高老年人的生活质量，应对老龄化的挑战（张俊等，2017）。

根据世界卫生组织在2002年发布的关于积极老龄化的文件（即《积极老龄化：政策框架》），积极老龄化的关键方面是：①自主性，即根据自己的习惯和喜好，对当前的生活方式进行控制、处理和做出个人决定的能力；②独立性，即履行与日常生活有关的职能的能力，在没有或几乎没有得到他人帮助的情况下独立生活的能力；③生活质量，即“一个人在其生活的文化和价值体系的背景下，以及与他们的目标、期望、标准和关注的关系中，对其生活地位的看法”。老年人可以克服困难，保持参与社会的积极性，并主动开始健康的行为，这反过来又对老年人的生活质量有积极的影响。为此，针对积极老龄化的行动必须考虑到预防贯穿一生的健康问题和增加心理弹性，避免孤独，增加幸福感和主观幸福感。这些行动可以在个人和社会政策方面予以实施。社会政策层面的行动包括保证足够收入和政策以规划退休和保障养老金制度可持续性的机制。

积极老龄化是一个广泛的概念，其将个体的身体健康、心理状态、独立程度、社会关系、个人信仰和与环境中显著特征的关系结合起来。随着年龄增长，老年人的生活质量在很大程度上取决于是否拥有保持自主、独立和健康预期寿命（没有残疾的情况下能够活多久）的能力。

第一，世界卫生组织对积极老龄化的定义加入一些独特的因素，包括其对政策设计的影响，以及对与老龄化相关的各种干预措施的影响。首先，世界卫生组织将积极老龄化视为一个集体责任领域。尽管在个体参加某些类型的活动和采取某些行为时，存在个人责任取向，但最终这取决于个人拥有实现其潜力的机会。优化个体获得这些机会是社会的责任，并为讨论权利和义务开辟了空间。世界卫生组织强调必须向个人提供必要的资源，以最大限度地增加他们获得高质量生活的机会，这进一步加强了这一点。

第二，积极老龄化是一个过程，它发生在广泛的多维活动中，而不仅仅体现于生产性劳动力市场相关的活动中。积极老龄化不仅仅是创造条件延长个体在劳动力市场的时间，也考虑到通过促进老年人参与志愿活动以增加其在非劳动力市场上的价值。此外，世界卫生组织提出的积极老龄化概念包括非生产性活动，帮助老年人在精神层面获得提升也是积极老龄化的投射范围。

第三，老龄化形成于生命过程中，生活轨迹在生命历程中留下线索，老年期的生活方式很大程度上受生命早期的制约。因为个体老化方式的差异，需要尊重和适应每个人的特殊性。积极老龄化是一个自下而上的过程，人们参与建立适当的条件，以实现有质量的生活。然而，生命历程中积累了不好因素的个体，被剥夺积极老龄化机会的风险更高，因而实现积极老龄化应该从年轻时开始准备。

第二节　积极老龄化的内容及框架

面对全球人口老龄化进程不断加快，世界卫生组织提倡用积极老龄化来应对人口问题，将积极老龄化概念作为设计老龄化政策的指南。基于我国国情和实现积极老龄化的政策倡议，本节介绍积极老龄化的定义属性及其框架，帮助老年人充分利用自身资源成功地走向老龄化。

一、积极老龄化的定义属性

积极老龄化建立在比成功老龄化、生产性老龄化和健康老龄化更广泛的概念基础上，是一个多维的健康观，其不仅包括身体、心理和社会幸福，更强调老年人的社会参与过程。其中，老年人的社会参与涉及参与日常活动、社会、经济、文化、锻炼等。因此，所有可以改善个人、家庭和社会福祉的重要活动都是积极老龄化的一部分。积极老龄化的定义属性为以下四点。

（一）尊重老年人的权利、愿望、需求和能力

积极老龄化建立在联合国的人权原则上，以老年人的人权为基础，而不是仅以老年人的健康为出发点。正如2002年世界卫生组织发布的积极老龄化政策（即《积极老龄化：政策框架》）提出："积极老龄化以联合国关于尊严、独立、照料、参与和自我实现的原则为基础，同时认同老年人的人权独立。"随着人类社会的发展、科技的进步和社会保障能力的提高，国家、社会和家庭在保障老年人基本健康的前提下，应当尊重并赋予其参与社会活动、继续工作和获得社会保障的权利，这不仅仅是出于老年人的需要，更是老年人享有的权利。

（二）积极老龄化包括多种活动形式

积极老龄化重在"积极"。"积极"是指国家和社会应为老年人提供保障，使所有老年人，包括残疾、患病、下岗和退休的老年人，都能够通过参与政治活动、经济活动、文化活动来为社会做出自己力所能及的贡献。通过多种形式的积极互动，建立老年人与环境之间的良性循环，成为提高老年人身心健康和生活质量的策略。

"参与"是积极老龄化三大支柱"健康""参与""保障"的核心，是实现积极老龄化的必要途径，也综合体现了积极老龄化与其他概念的主要区别。参与是指在尊重老年人基本人权的基础上，当教育培训、劳动力市场、健康领域等方面的政策能够为他们提供参与各领域范围事务的机会时，

他们能够根据自身的兴趣、需求和能力，通过参与社会、经济、文化、市民活动和志愿工作持续为社会做出积极贡献。

面对全球化的人口老龄化趋势，老年人仍然可以持续发挥宝贵资源的作用。所有老年人，不论他们的性别、身体状态、经济水平、精神状况等，社会参与对于他们都很重要，尤其是女性老年人。老年人的社会参与应以政策为主导，采取多种活动形式，如休闲活动、照顾家人、志愿服务和有偿工作，参与活动和社会发展。老年人利用长期积累的知识、经验和技能，参与到家庭、社区和国家发展中，继续为家庭、社区和国家做贡献，使社会参与和创造能力不再受年龄限制，老年人不受年龄歧视。

（三）积极老龄化贯穿人的整个生命过程

人生由早年期、成年期、老年期三个时期组成。早年期，即人的成长与发展期；成年期，即人达到最高功能水平的时期；老年期，即主要是预防疾病和残障，保持人的独立性的时期。在生命周期理论中，个体的功能水平自早年期呈现不断提高的趋势，至成年期达到峰值后开始不断下降，呈“倒U形”。

实际上，群体之间存在较大的差异性。人体在早年期和成年期如果能够增加有利于健康的因素，减少或规避不利于健康的因素，则可能推迟老年期出现不可避免的功能衰退和慢性疾病的概率，维持更长时间的健康寿命。《积极老龄化：政策框架》认为，“当机能减退和慢性病的危害因素（包括行为因素和环境因素）降低，有益因素提高时，人们会享有时间更长、质量更高的健康生活。大部分的老年人仍然可以保持较长时间的生活自理和健康状态，只有少数老年人需要他人提供照料服务和医疗支持”。即使是身体虚弱、残疾和需要照顾的老年人，同样可以实现积极老龄化。

（四）积极老龄化需要国家、政府和社会建立相应的保障体系

国家、政府通过政策和项目保障，持续满足人们在老龄化进程中出现的安全、经济、社会等方面的权利和需要，使老年人在任何情况下都能有尊严，受到保护和照料。政府、社区和家庭向老年人提供包括供养、医疗、

安全、权益等全方位的保障，通过建立全面的健康医疗社会服务体系和养老、长期照护服务体系，满足不同层次老年人的需求。国家支持家庭和社区通过各种努力照料其老年成员，共同提高老年人的生命和生活质量，保障老年人的基本权利和尊严。

二、积极老龄化的框架

世界卫生组织对积极老龄化的定义是：积极老龄化是指人进入老年时，为了提高自身生活质量，使健康、参与和保障的机会能够发挥最大效用和收益的过程。“健康”“参与”“保障”是积极老龄化的三大支柱，也是实现积极老龄化的入手点。了解积极老龄化的概念和属性后，进一步分析积极老龄化的框架内容，对应对人口老龄化、实现积极老龄化具有重要意义，同时这也是成功老龄化的理论基础。

健康是个体在身体、精神、社会上的安全安宁状态。世界卫生组织的数据显示，大部分老年人其实是处于健康状态的，尽管老年人年纪增大，身体机能不可避免地开始退化，但是他们的身体机能并没有丧失，并且很多老年人的精神状态始终很好，他们对生活抱有积极的态度，所以应该认为他们仍然处于健康状态。《积极老龄化：政策框架》进一步指出：如果慢性病和机能下降的风险因素降低，同时相关保障因素提高时，人们处于健康状态的时间将会更长，生活质量将会更高。老年人中的大部分仍然保持健康的身体状态，做到生活自理，需要医疗照料和生活不能自理的老年人只占老年人口的很小一部分比例。要达到这种状态，就需要我们的社会持续开展健康教育，促使人们养成健康良好的生活习惯，同时还应该建立健全的医疗保险制度和提高医疗服务水平。

参与是指社会政治、经济、文化各方面条件都支持老年人，使他们在年老时依然可以跟随本心，按照自己想要的方式生活，在社会上做一些力所能及的事情，为社会做出贡献，这种贡献无所谓是否获得报酬，这样有助于老年人实现自身的价值。

保障是指在政府政策保证老年人相关权益的前提下，老年人在丧失劳动能力和自我照顾能力后，没有足够的收入保证自己的基本生活需求以及生活不能自理的情况下，社区、家庭能够发挥相应的作用，为老年人提供保障，使老年人能够有尊严地继续生活（井媛媛，2018）。

（一）健康

人口老龄化反映了寿命的延长，平均预期寿命的普遍增长意味着老年人增多、受老年健康问题困扰的人数不断上涨，这需要全社会共同努力，共同了解老年人的实际情况，并帮助老年人对自身健康状况进行全面了解，以促进积极老龄化的实现。积极老龄化中的“健康”指老年人的身体、心理和社会的完美状态，以下主要介绍老年人的身体和心理健康。

1．身体健康

随着年龄的增长，老年人的心、脑、肾等各个脏器生理功能减退，代谢功能紊乱，免疫功能低下，易患高血压、糖尿病、冠心病及肿瘤等各种慢性疾病，这些疾病致残率极高。关注老年人的健康管理，早发现疾病，早开展治疗，可以预防疾病的发生发展，减少并发症，降低致残率及病死率，从身体健康角度促进老年人的健康。

老年人在生活中需要注意，少吃一些辛辣刺激、容易上火、生冷寒凉的食物，还需要低盐低脂的饮食，多吃一些新鲜的水果蔬菜、容易消化的食物，要保证充足的睡眠，多晒太阳也有利于身体的健康，还需要定期监测血糖、血脂、血压等情况。

身体情况允许时还需要适当的运动锻炼。适合老年人进行的运动有：太极拳，这是一种比较柔和的运动，动作缓慢不剧烈；健身操，动作相对来说比较容易，并且也比较缓慢，基本上老年人的四肢、腰部以及关节都会得到锻炼；球类运动，比如高尔夫、羽毛球、台球等，这些运动除了能够锻炼肌肉，增强体质以外，还可以在活动中培养自己的团队合作精神；广场舞，是一种非常大众化的运动，这种舞蹈非常的热闹，大家聚在一起，使得老年人结交更多的好友，不但有益于身体的健康也有益于心理的健康。

2. 心理健康

老年人的心理健康水平直接影响着老年人的生活质量和健康水平。老年人的心理健康与生理因素、周围环境和生活因素有着必然联系，要维护老年人的心理健康首先要了解老年人的心理特点和影响因素。

老年人如果罹患各种慢性疾病而陷入生活困境，会给他们的精神和肉体带来巨大的痛苦和压力。患病中的老年人可能想到生命即将终止、无药可救，因而易悲伤忧郁导致病情日益加重，这些会影响老年人的心理状态。而心理状态不佳导致的失眠易引起疲乏无力、心烦易怒，甚至出现头痛、记忆力减退，最终引发各种疾病。

此外，老年期面临众多重要社会角色转变是必然，而退休后在家的老年人容易产生孤独、压抑的心理。有些老年人即使与子女生活在一起，也会因子女的不关心、不沟通感到寂寞孤独，会出现悲观失望、情绪抑郁。处于抑郁状态的老年人承受着心理甚至躯体的极大痛苦，不仅影响生活质量，还影响家庭和睦。

若老年人常出现焦虑抑郁，有的还会带来严重的心理疾患。部分老年人会因丧偶等形成角色压力，影响身心健康。空巢老人因为子女成家立业等原因而单独生活，也出现了越来越多的心理问题。

那么，老年人如何维护好心理健康呢?

首先，经济保障是基础，政府应进一步完善养老保障措施制度，加大财政投入，改善老年人的生活环境和生活质量，为老年人创造更好的颐养天年的条件；加大对老年人心理健康的社会支持力度；丰富养老服务行业的内容，增加老年人生活照料、医疗护理、心理慰藉等多种养老服务需求；完善社区服务体系，增加对社区服务资源的财政投入，建立社区活动中心，积极组织适合老年人的文娱活动，引导老年人走出家庭，为老年人提供更多参与社会交流的机会；鼓励培养专业心理人员到社区工作，提高社区医护人员的整体素质，重视老年人身体与心理健康发展，为老年人提供相应的心理健康宣教，给予情感支持与精神慰藉。

其次，积极发扬中华民族“尊老、敬老、爱老、助老”的优良传统美德，亲人的关怀是老年人的精神支柱。良好的家庭关系能够促进老年人的心理健康，家庭成员应关心老人，尊重老人意愿，营造和谐美满的家庭气氛，使老人感受到存在的价值。子女在工作之余应能够尽量多地抽时间探望、陪伴父母，及时消除老年人的消极情绪，遇事多与老年人商量，尽可能了解老年人的生理和心理需求，满足老年人的愿望。

最后，老年人自身也应客观看待身体的变化，要定期体检，发现疾病及早治疗，不能对疾病抱侥幸心理。老年人要将生活、家庭、健康以及与社会适应等方面的问题妥善解决，在实际生活中，要能够了解自身心理变化，对于出现的各种变化做到愉快接受，保持乐观心态。老年人还要合理安排规律的生活、作息时间，根据自己的兴趣、爱好、身体状况选择性地进行运动，如慢跑、太极拳等体力运动和下棋、打牌等脑力运动，既能增强体质，还能延缓大脑功能的衰退。

（二）参与

参与是积极老龄化的关键核心和精髓，是积极老龄化的实现途径。“参与”指基于老年人的基本人权，根据他们的喜好、需求和能力，就业、健康、劳务市场、教育、社会方面的政策和项目能够支持他们通过参与文化、经济等活动，为社会继续做出建设性的贡献，而不论是否有收入。老年人参与有偿工作、志愿服务、照护他人或日常家务，都是对特定社会角色的承诺的行为表达，保持这些角色可以改善身体健康，降低老年人抑郁风险，有助于维持老年人的幸福和晚年的生活质量，而且对家庭和社会也有至关重要的价值。

对于老年人来说，保持与外界环境的接触，通过不同方式与自然、社会、他人的融合或接触，丰富自己的精神生活，多培养一些兴趣爱好，使生活丰富多彩。例如，读书、看报，积极参与各种科学健康的文化活动和其他社会活动，可以提高老年人自身的文化素养，增长见识、开阔眼界，使老年人“老有所为、老有所学、老有所乐”，促进老年人良好的心理建设，延缓老化，并保持身体健康。参与老年大学的学习可以避免心理上出现空虚和无聊，且能激发老年人的上进心和好奇心，老年人对感兴趣的事情进行学习和交流，在学习的同时可以延缓衰老，特别是心理衰老。

积极参加体育活动和社区活动，参加集体形式、较高强度、丰富多彩的体育锻炼，能更好地改善老年人的心理健康水平。广泛发展兴趣，积极参加社区的文娱活动，提高生活乐趣，结识更多的朋友，将自己的内心敞开，多与他人交流，扩大情感支持网络，从而实现积极老龄化的目标。

（三）保障

积极老龄化中的“保障”是指国家和政府通过政策和项目来满足老年人在人身安全、经济、社会各方面的权利和需要，并保障缺乏维持和保护自己能力的老年人能够接受到保护、照料，有尊严地生活；家庭和社区也要在国家的支持下，努力照料其老年成员。

家庭、社区和政府通过向老年人提供包括医疗、安全、权益等各方面保障，以保障老年人获得尊严和满足基本人身权利，提高老年人的健康寿命和生活质量。也就是说，保障不仅包括经济保障，还涵盖老年健康维护、医疗保障、长期照护等人身、食品、居住安全等各个环节。需要注意的是，在满足老年人物质需求的同时，尤其要维护老年人的尊严，保护其参与社会生活的权利。

根据马斯洛（Abraham H. Maslow）的需求层次理论，医疗和养老保障属于基本生理需要，国家和社会应当重视为老年群体提供健康和养老保障，要做好疾病尤其是慢性病的管理和防控，延长健康寿命年限，限构建应对老年期疾病和失能风险的社会健康防控安全网（谢晖，2019）。

老年人积极参与老年教育、保持终身学习对我国实现积极老龄化具有重要意义。在现代社会，信息和技术变化迅速，老年人可以通过多种方式扩展正式和非正式学习，通过学习促进认知，提高维持健康的能力，保持社会参与，以自己的力量使自身实现积极老龄化。

第三节　走向成功的老龄化实践

我们可能在广告、政策文件和媒体上看过“成功老龄化”，但无法准确地说出什么样的老年才是成功的老年，实现成功老龄化的个体和已经进入成功的老龄化的社会是怎样的。这并不意味着这个概念意义不大，或者由于概念定义不清而不能对老龄化的研究产生影响。相反，正因人们对成功老龄化概念的认知繁多，希望弄清楚“成功”是什么。本节介绍实现成功老龄化道路上的障碍，以及为我国在实现积极老龄化实践创新路径提供一些建议。

一、成功老龄化的障碍

传统的老年学研究认为老年人会逐渐减弱与社会的联系，同时，由于在老龄化的过程中，身体机能下降，社会参与减少，孤独感增强，最终社会责任减少是老龄化的必然结果。这些消极的观念导致一直以来对老年人的刻板印象也是消极的，“老年人”这一角色是被动进入，甚至是被强迫的，忽视了其主观性和独特性。

成功老龄化的概念最初是为了反对消极的刻板印象和年龄歧视，证明老年人能够在满足某些条件的情况下实现成功老龄化。对于老年人来说，仍然有智力和身体活力，有自己的活动范围和朋友圈子，能够延续早年的兴趣而保持充实。对于衰老的理解，研究者将衰老分为正常衰老（个体经历与年龄无关的非病态变化，但患病风险较高）和成功老龄化（非患病个体具有高功能，患病风险较低），更多关注身体功能（Rowe & Kahn，1987）。这些观点引发了对成功老龄化概念的广泛讨论。他们的论点有四个方面特别值得注意，并继续成为成功老龄化范例的特色。

第一，我们需要理解成功老龄化，因为老年人口的增长是挑战与机遇并存。第二，成功老化需要从生理、认知、社会等角度看待。第三，是哪些特征和行为促进实现成功老龄化（内在因素还是外在因素）。第四，应该制定干预措施，使更多的老年人获得成功的老龄化经验。

（一）如何才是成功老龄化

以客观标准（功能和健康状况作为衡量标准）定义“成功老龄化”实际是通过他人的判断来界定“成功”，忽略了老年人的看法。这使得许多老年人处于“不成功”的队列中。例如，生物医学的标准，即健康是没有疾病和残疾，此标准将患有慢性疾病的老年人判定为不成功的衰老，导致很多老年人都被排除出成功老化的队列。

如果将主观因素纳入成功老龄化的标准，则更有利于全方位判定成功。研究者希望将老年人对成功老龄化的认知与文献中提出的成功老龄化的属性进行比较，他们将老年人对重要属性的选择提炼为几方面内容，包括身体、功能、心理和社会健康域（Phelan et al.，2004）。老年人给人们的印象是衰老、脆弱，这常常使“成功”被认为不适用于老年人。为了应对这样的评价，成功老龄化的概念范围已经得到扩大。正如对于残疾的或患有慢性病的老年人来说，他们的身体状况可能是“不成功”的，因为他们无法独立生活。但是，这些老年人真的这样认为吗？研究者发现，患有慢性健康问题的老年人，在残疾的情况下也可以成功地享受休闲活动和感到身心愉悦（Hutchinson & Nimrod，2012）。将老年人对自身老化的判断指标作为成功老龄化的标准，是从老年人自身的角度了解什么是成功老龄化的重要组成部分，同时平衡了老年人自我接纳、自我满足与成功老龄化。

（二）老年人如何控制“成功”老化

成功老龄化的概念植根于某些群体的偏好、特征和经历，忽视了遗传、社会和文化因素。从遗传学的角度来看，成功老龄化是一个多因素的现象，受众多基因和环境因素的影响。例如，与心血管健康有关的基因、与细胞有关的基因、癌症等可以成为有助于或阻碍成功老龄化的因素，部分基因的作用已被医学证实可防可控，但大部分基因对个体老化、致病的影响几乎不可避免。社会和文化因素则强调个人努力、心理健康、生活质量、社会地位、社会文化等因素可能会影响老化，社会和文化因素大部分是个体可以控制的。以下列举几项老年人可以自己控制，帮助自身实现“成功”老化的措施。

1．选择清静便捷的居住环境

老年人为生活劳苦奔波大半生，到晚年大都向往平静舒适的日子。选择远离城市喧嚣，回归自然或过往曾经居住并产生快乐经历的地方，在能保证日常生活安全便利又舒适的居住环境中，心境自然开阔平和，精神也会愈发抖擞。

2．营造和谐融洽的家庭氛围

老年人从工作岗位退下来，突然的大量空闲时间会使他们感到孤单，更希望身边有家人的陪伴。年轻人在工作之余多抽出些时间，让全家老少能其乐融融地围坐在桌旁，一起吃饭、聊天、娱乐……在精神上给予老年人更多慰藉，让他们的晚年生活尽享天伦之乐。

3．平衡搭配膳食营养

老年人身体的新陈代谢随年龄增加愈发减慢，过多摄入营养元素不但无法正常吸收，还会转变为大量毒素堆积在体内，而当日常营养摄入不足时，则会降低机体免疫力，增加患病概率。因此，膳食中减少油脂、糖分和盐的摄入，增加粗粮和蔬菜水果纤维的吸收，以及肉、蛋、奶的合理搭配，才是对老年人身体健康的真正维护。

4．做好日常的卫生清洁工作

干净整洁的家居环境和自身的卫生清洁，能让我们生活得更加轻松愉悦。时常打扫房间、清洗衣物，按时洗澡、完成口腔检查……确保日常基本需要都能得到满足，幸福感也会提高。

5．定期进行健康体检

随着年纪的增长，人体机能会逐渐衰退，多数老年人容易患上各种“老年病”，而免疫力的降低更会增加老年人得大病的风险，让其晚年生活备受病痛的折磨。于是，定期到医院做全面检查，提高疾病的预防和治疗意识，是延续老年人晚年幸福时光的重要环节。

6. 组织集体外出旅游

老年人日常的活动范围有限，更容易感受到生活简单重复的乏味。不时地带上全家去看看外面的世界，陪老年人散心的同时还能加深家人之间的情感交流，不断丰富老年人的内心世界，激发他们对精彩老年生活的渴望与追求。

二、积极老龄化的实践创新路径

积极老龄化最鲜明的时代特征在于，它不再将人口老龄化视为阻碍社会前进的障碍，国家、社会和个体都应该以更加积极的心态来面对老龄化的现实，重视老年人的自我权利、尊重老年人的自我选择、审视老年人的自我价值，帮助老年人重新融入社会并参与其中，并积极利用一切有利条件来实现老年人晚年的自我价值，可以说，积极老龄化的提出，是将敬老、孝老、尊老融入社会风尚。

随着人类社会的进步与个体平均寿命的增长，人口老龄化已经成为全世界必须面对的新课题，将深刻影响到人类社会的未来命运。中国是全世界老年人口数量最多、应对人口老龄化任务最重的国家，制定人口老龄化战略成为我国迫在眉睫的大事。

善待老年人是中华民族的传统美德，构建养老、孝老、敬老政策体系和社会环境，也是社会发展之必需，同时也是顺应了积极老龄化的趋势。中国历来高度重视老龄化工作，党的十八大、十九大和“十三五”规划纲要都曾对人口老龄化提出明确要求。“乐民之乐者，民亦乐其乐”，党代表着全国最广大人民群众的根本利益，必须把尊重人民群众的主体地位与关心人民群众的冷暖结合起来，使每一位老年人都能真切感受到安全感、幸福感与获得感（杨依帆，2019）。

（一）健全社会养老体系

养老服务体系是指老年人在生活中获得的全方位服务支持的系统。养老服务体系既包括家庭提供的基本生活设施和生活环境，还包括社区提供的各种服务和条件，更包括政府、社会提供的有关服务的形式、制度、政策、机构等各种条件。我国政府在健全社会养老服务体系的实践中做出了一系列的努力。

2015 年党的十八届五中全会在“十三五”规划提出，要积极开展应对人口老龄化行动，弘扬敬老、养老、助老社会风尚，建设以居家为基础、社区为依托、机构为补充的多层次养老服务体系，推动医疗卫生和养老服务相结合，探索建立长期护理保险制度。全面放开养老服务市场，通过购买服务、股权合作等方式支持各类市场主体增加养老服务和产品供给。

2017 年习近平同志在党的十九大报告中指出，加强社会保障体系建设。全面建成覆盖全民、城乡统筹、权责清晰、保障适度、可持续的多层次社会保障体系。全面实施全民参保计划。完善城镇职工基本养老保险和城乡居民基本养老保险制度，尽快实现养老保险全国统筹。

以上政策体现了社会对养老体系要求的完整性（该体系能覆盖所有老年人群，并提供全方位的服务）、多样性（老年人根据自己的意愿、条件选择养老服务方式）、持续性（完善的体系应当为不同年龄、不同健康状况、不同经济状况和不同意愿的老年人提供持续照料服务）、实效性（完善的体系应能破解养老照料的难题，减轻家庭、社会和政府的压力，为长者提供舒适的环境和高品质生活）、经济性（构建既经济又高效的养老服务体系）的特点。为此，我国政府正在积极推进社会福利社会化，构建“以居家养老为基础、社区服务为依托、机构养老为支撑”的养老服务体系。

尽管积极应对人口老龄化的最终应对之策是由政府决定，但还可以充分发挥民间力量和利用社会资源，积极吸纳高校、研究所等科研机构的意见与建议，充分吸收一线养老工作者的实践经验，以制定应对人口老龄化的对策。具体的措施及建议如下：完善养老社会保障基金管理制度，进一步扩大养老保障的覆盖面；动员社会力量，构建老年人的社会服务支持网络；推进家庭、社区、机构养老相融合，完善社区养老服务机制；培育敬老爱老的社会共识，进一步完善社会志愿者服务队伍的建设，储备更多社会力量来应对老龄化的到来（杨璟，2019）。与此同时，在精神文明方面，社区可以进一步丰富老年人的文化生活，如开展书法绘画或歌唱、舞蹈、球类比赛等，加强社区内老年人的团结协作能力，给老年人增加精神荣誉感与归属感。

（二）发展老年教育

老年教育是终身教育的重要内容，又是全民教育不可缺少的一部分。在积极老龄化观念的影响下，世界各国都在积极开展老年教育，我国老年教育的实践还处于初步尝试阶段，可以借鉴国外的理论和实践经验发展老年教育。研究老年教育对缓解老龄化矛盾，发展全民教育事业，实现社会可持续发展具有重要意义。

随着我国经济的快速发展，人们的物质生活水平不断提高。老年人的生活也得到了基本保障，提高生命质量的精神需求对他们来说显得越来越迫切。老年人也有更高的精神层面的养老需要，可以通过开展老年教育满足此需要（余庆丽，2019）。

参与老年大学的学习是老年人参与社会的重要形式，社会各界共同推进老年教育是促进终身教育的重要途径。“老年人参与社会活动＋社会参与老年教育”是实现积极老龄化的关键一步，它代表了建设学习型老龄化体系的最终价值导向，同时涵盖了人权与福利，自我完善与终身价值的内涵，是积极养老的中心思想。人首先是社会人，社会是生存发展最基本的环境，老年人只有参与到社会实践之中才会产生获得感，只有受到社会的反馈与认可，才能继续感受幸福感，而老年教育可以为老年人身处社会而提供文化支撑（杨依帆，2019）。

在老年教育迅猛发展的背景之下，很多急待解决的问题也凸显出来，我们应当结合当下老年教育发展过程中的现状和存在的问题，以探讨老年教育健康发展的道路与方法。

首先，老年教育的普及离不开国家的保障与引导，国家的关注程度也对老年教育的质量和范围产生决定性影响。实践证实，发展老年教育是应对积极老龄化的有效措施，更是充实老年人退休生活的重要渠道。将老年教育事业有利发散，成为积极老龄化垫脚石，对营造社会和家庭的良好氛围，实现社会主义和谐社会有重要推进作用。有了这样的思路转变，才能指导老年教育事业蓬勃发展，才能促进老年教育在科学的轨道上高速健康发展。

其次，当今在经济、文化发达地区老年教育的普及率较高，在乡镇地区老年教育的普及率较低。省会城市和经济发达地区的老年教育资源配置高于其他地区；城乡之间不平衡，市区的老年教育资源高于乡镇。出现以上老年教育不平衡情况的根本原因在于各地区经济文化发展不平衡，要解决这一问题，需要国家进行合理的统筹规划，加大投资，并由各省市有意识地平衡调整（滕野，2019）。

最后，建立并完善符合老年人身心发展需要与社会需要相结合的老年教育课程体系。老年教育的对象是老年人，而老年人参与学习的最终目的是维护身心健康，成为能不断自我完善、积极参与社会活动的现代老年人。因此，发展老年教育要以老年人自身发展的规律和需求为基础，开设符合老年人身心发展特点的课程。

（三）培养老年人积极品质

积极心理学采用科学的原则和方法来研究幸福，倡导心理学的积极取向，研究人类的积极心理品质，关注人类的健康幸福与和谐发展，以此尽最大可能开发人的内在动力及优良品德。将积极心理学应用于老年群体，发现他们依旧有巨大的能量及潜力等待挖掘，促进全社会正确看待老年人，重新给予老年人应有的社会价值及地位，重视他们的个体能力，使其在社会参与过程中获得存在感与幸福感，进而促其转换为老年人的积极品质。

具体而言，积极老龄化需要加强老年人关于生命及生活的积极释义，转化其消极思维方式，给予老年人积极的养老心态，使其养成积极乐观的精神。老年大学的学习有助于充实老年生活，使老年人拥有健康的心理，从而帮助老年人提升让自己快乐、让自己和所爱的人幸福的能力。因此，在老年大学的学习中嵌入积极心理学的知识，帮助老年人认识自身的积极力量和潜力应当纳入老年教育的教学大纲。

此外，还应激发老年人的使命感，在各种社会活动中，发挥老年人的才华和智慧，促进老年人的互帮互学，以及对年轻人的教育作用，以提高老年人的生命价值与活力。

人口老龄化是当今世界的总体趋势，我们不能视而不见也不能直接越过，它归根到底是社会发展的产物，我们应调整心态并付出行动去积极面对它，完善养老保障体系、实现老年教育可持续发展以及帮助老年人树立积极的品质，都是有力促进积极老龄化实现的有效路径，将尽可能地用保障、参与及健康的筹码赋予积极老龄化更多的现实意义（杨依帆，2019）。

【参考文献】

[1] ROWE J W, KAHN R L. Human aging: usual and successful [J]. Science, 1987, 237 (4811): 143-149.

[2] 伍麟，邢小莉. 注意与记忆中的“积极效应”：“老化悖论”与社会情绪选择理论的视角 [J]. 心理科学进展，2009，17（2）：362-369.

[3] 郭爱妹，顾大男. 成功老龄化：理论、研究与未来展望 [J]. 南京师大学报（社会科学版），2018（3）：102-110.

[4] GONZALES E, MATZ-COSTA C, MORROW-HOWELL N. Increasing opportunities for the productive engagement of older adults: a response to population aging [J]. The Gerontologist, 2015, 55 (2): 252-261.

[5] MORROW-HOWELL N, WANG Y. Productive engagement of older adults: elements of a cross-cultural research agenda [J]. Ageing International, 2013, 38 (2): 159-170.

[6] 方志. 生产性老龄化视角下的中国老年人才开发研究 [D]. 北京：首都经济贸易大学，2017.

[7] 王贵红，苏中. 积极心理学视野下的“幸福老龄化”之路 [J]. 青海师范大学学报（哲学社会科学版），2019，41（3）：65－70.

[8] 杨春. 对推进江苏省健康老龄化和积极老龄化的思考 [J]. 人口学刊，2009（3）：60－64.

[9] 马凤芝，陈海萍. 基于时空视角的健康老龄化与社会工作服务 [J]. 社会建设，2020，7（1）：3－15.

[10] World Health Organization. Active ageing: a policy framework [Z]. 2002.

[11] International Longevity Centre Brazil. Active ageing: a policy framework in response to the longevity revolution [Z]. 2015.

[12] 张俊，谢晖，孙婷，等. 积极老龄化的概念分析 [J]. 护理学报，2017，24（15）：32－34.

[13] 井媛媛. 积极老龄化框架下社区养老的小组工作运用研究 [D]. 西安：西北大学，2018.

[14] 谢晖. 积极老龄化模型构建：基于世界卫生组织积极老龄化框架的实证研究 [D]. 济南：山东大学，2019.

[15] PHELAN E A, ANDERSON L A, LACROIX A Z, et al. Older adults' views of "successful aging": how do they compare with researchers' definitions? [J]. Journal of the American Geriatrics Society, 2004, 52 (2): 211－216.

[16] HUTCHINSON S, NIMROD G. Leisure as a resource for successful aging by older adults with chronic health conditions [J]. International Journal of Aging and Human Development, 2012, 74 (1): 41－65.

[17] 国务院印发《关于加快发展养老服务业的若干意见》[J]. 城市规划通讯，2013（18）：5－6.

[18] 中共中央关于制定国民经济和社会发展第十三个五年规划的建议 [J]. 理论学习，2015（12）：4－19.

[19] 杨依帆. “积极老龄化”理论及实践创新研究 [J]. 现代商贸工业，2019，40（6）：82－83.

[20] 杨璟. 城市老年社会服务体系建设问题与对策 [J]. 社会福利（理论版），2019（12）：31－36.

[21] 余庆丽. 我国老年教育发展现状研究 [J]. 中国农村教育，2019（31）：47.

[22] 滕野. 浅析当今老年教育发展的问题与对策 [J]. 文化创新比较研究，2019（15）：149－150.

[23] BALTES P B，BALTES M M. Successful aging：perspectives from the behavioral sciences [M]. Cambridge UK：Cambridge University Press，1990.

第二章 积极老龄化的理论基础

积极老龄化是人类历史上老龄观的一个创造性变革，它以尊重老年人的人权为前提，以健康、参与、保障为支柱，承认在老龄化过程中，在生活的各个方面，老年人都享有平等的权利。积极老龄化倡导老年人积极参与社会，老年人也可以寻求幸福、快乐的晚年生活，这也是提倡积极老龄化的意义所在。本章介绍老龄化的挑战与收获、老龄化的研究观点、毕生发展视角下的积极老龄化，展示积极老龄化的观点。

第一节　老龄化的挑战与收获

提到年龄和老年人，大家可能会浮现一些负面的刻板印象，如行动迟缓、思维迟钝等。尽管一些关于年龄的刻板印象是符合事实的，例如，我们的感官（眼睛、耳朵、舌头、皮肤、鼻子）随着年龄增长确实会功能减弱，我们患病和死亡的可能性也越来越高。但仍有许多关于老年人的刻板印象是错误的，而这些负面的刻板印象会增加老年人的社会交往难度。

年龄并非只带来负面的影响，我们的气质、经历、技能和能力，以及我们如何适应和应对变化和挑战的经验都是随着年龄的增长而不断提高。经验和知识都是年龄带来的独特优势，我们需要欣赏这些积累下来的宝藏。因此，理解老龄化思想中的损失、联结和收获的平衡显得尤为重要。

一、损失

进入老年期后，老年人可能会担心失去认知能力，例如记忆、解决问题或应对新事物的能力。那么，我们可以仔细回忆一下，我们身边的老年人，他们的智力都随着年龄的增长而下降吗？答案是要具体情况具体分析。智力有两种基本的形式——流体智力和晶体智力。流体智力指在不依赖以前的知识或经验的情况下解决新问题的能力。相比之下，晶体智力指在生活过程中积累的经验和技能。尽管智力在中年后确实有所下降，但是晶体智力会随着年龄的增长而增加，即我们的知识、经验和技能随着实践时间增多而越发被记得牢固。我们的身体具有可塑性：从童年到老年，可塑性逐渐降低，而灵活性从童年到中年逐渐增加，随后有所下降。尽管老年期可塑性在降低，但是人类的学习潜力是终生跟随的能力，老年人仍然能够按计划完成学习。

智力在老年期是“损失”还是“收获”的问题需要在特定的条件下讨论。正如我们所了解的，随着身体老化，不同的器官系统都在衰退，但是这些衰退并不对日常生活产生很大影响。同样，认知功能的损失也是如此，个体认知能力随着年龄的增长而下降，尽管这些下降表现具有个体差异，但老年人的记忆力确实随着年龄的增长呈现下降趋势，而逻辑推理能力、技能却在不断增长。开车则是一个很好的例子，认知障碍和反应慢可能会影响驾驶，但经常训练可以提高反应速度和练成肌肉记忆，使老年人能够继续驾驶。

关于老年人，特别是高龄老人的认知能力，我们仍然存在许多误区和刻板印象。我们可能会夸大记忆消退对老年人的消极影响，例如老年人可能会出门忘记带钥匙，这时可能会怀疑自己的某些能力出现问题而忧心忡忡。实际上，这并不是严重的能力损失，因为很多年轻人也会经常忘记带钥匙。当老年人开始忘记钥匙是什么的时候，才应该积极寻医治疗。那些过分担心自己可能面临衰老的潜在损失的老年人实际上是在为他们所害怕的事物而设定自己，这是为自己设定了一个自我实现的预言。

除了认知能力带来的损失，随着年龄增长，超过3/4的老年人会有一种甚至多种慢性健康问题。2019年11月国家卫生健康委员会举行新闻发布会，指出当前我国患有一种以上慢性病的老年人比例高达75%，失能和部分失能老年人超过4000万。患有慢性病的老年人机体功能受损严重，长期的慢性病治疗增加老年人及其家庭的精神、经济负担，使得老年人更容易患抑郁症。抑郁症是老年期最常见的精神障碍之一，老年抑郁增加老年人认知功能障碍和老年痴呆的发病风险，更是常见的自杀危险因素（冀好强等，2020）。

近年来，老年人自杀事件屡见报端，自杀原因大多为罹患抑郁症，但很多亲属甚至老年人自身并不了解抑郁症症状及应对方法，甚至部分老年人不知道自己已经罹患抑郁症。抑郁的风险在晚年更为常见，尽管它是一个可以治疗的心理健康问题，但抑郁不是老化的必然结果。晚年的抑郁可能由于药物、疾病、人际关系、家庭或突发事件导致，往往不是单一原因造成的。国家卫生健康委员会在2019年6月的新闻发布会中指出，我国城市老年人心理健康率为30.3%，农村老年人心理健康率仅为26.8%。受到社会经济发展、人口流动、文娱活动有限、精神需求得不到满足等因素的影响，老年人心理健康状况不容乐观。

老年人是特殊群体，生活状况、身体状况和社会关系的变化，都会对老年人的心理产生巨大影响。比如，退休、身体上的衰弱、慢病、伴侣或朋友的去世等，会对老年人产生很大影响。面对这些事件，很多老年人会产生自卑、无价值感、不安全感等心理，如果不能及时得到处理则可能诱发抑郁或者焦虑情绪。值得注意的是，患有抑郁症的老年人往往有一段时间感觉到情绪消沉、闷闷不安，这种不良情绪没有被发现，持续几个月甚至更久，会反过来加强抑郁症状。尽管老年人罹患抑郁症的比例在攀升，但老年抑郁症并非起源于衰老，抑郁不应该被看作老化的一个自然部分。

实际上，老化确实会使老年人丧失一些认知能力，但正常衰老是逐渐发生的，而且大部分老年人可以接受这些改变。老化除了带来损失，使老年人面临一些挑战而成为“弱势群体”，我们还应该看到老年人的其他优势，如他们丰富的生活经验让他们从多种视角了解世界，并能运用自己的经验过上幸福的生活。

二、联结

从主观上说，我们什么时候开始进入老年？看到这个问题，大部分人可能首先想到的是身边的人，他们从某个时间开始倾向于以固定的方式应对生活事件，他们不喜欢改变、不喜欢接受新事物，然后以长者的姿态“教育”后辈；或者是想到身边的亲友，退休后依然保持活力，健身、旅游、美食一样都没有落下，比年轻人更像年轻人。从这个意义上看，老化不是指脆弱，而是指一种态度，这种态度阻碍我们随着环境的变化而改变和成长。将“老”与不灵活和顽固混为一谈，从根本上是年龄歧视。

而成功老龄化更多地与行为、态度和环境相联系。因而，制定成功老龄化的策略需要考虑个体、社会层面的因素，以更好地促进实现积极老龄化。目前，在个体层面，针对老年人的产品，如保健品、按摩椅、老年瑜伽等，成为老年人寻求心理安慰和自我恢复的途径。对于老年人来说，通过参与社会活动（如志愿服务、老年大学的学习）、保持家庭成员间亲密和睦的关系等维护自身的身心健康，是实现积极老龄化的重要策略。在社会层面，多种养老模式、方便老年人的政策、医疗保健、社会上尊老爱老的风气等，也成为促进积极老龄化的重要辅助策略。

幸福感与年龄呈 U 形曲线的关系，具体为心理幸福感在成年早期和成年后期最高，但在中年时最低。与 U 形曲线一致，40 ~ 50 岁之间抑郁的可能性最大，而进入老年期后由于生活压力较小、可以自由支配的时间较多，幸福感水平反而更高。

与老化相关的联结中，还有一个重要内容，即“补偿性渐减”。举例来说，老年人可能会考虑年龄和身体因素，选择做健身操来替代越野滑雪，选择用慢走、练太极拳等方式替换剧烈运动。

三、收获

老化既会带来损失，同时也会有收获，我们只需找到二者的平衡点——既不否认随着年龄的增长可能带来的挑战和损失，也不夸大这些现象，或者主观认为老年人缺乏能力来弥补或适应老年期所带来的挑战。老年期保持损失与收获之间的平衡需要老年人不断做出调整。老年人可以从以前的经验中汲取最优的问题解决方法，或做出正确的决定。老年人可以反思自己的生活经历，有意识地创造新的思维和行为模式，变得有生产力。或者，我们从另一个角度来解释老年人的幸福感较强。

“退休后我们将更多的时间和精力投入到自己想做的事情中。”

“剩余的时间是有限的，我们为什么不去做让自己感到快乐的事情呢?”

“更苦再难我都经历过，现在只要身体健康、家人平安就是最好的生活，我还有什么要抱怨呢?”

提升幸福感的有效方法是增加老年人的社会联系。实证结果表明，与家人、朋友和社区保持紧密联系的老年人，比孤立或孤独的老年人的身心健康情况要好得多。经常参与社会活动的老年人更快乐，身体更健康，这些社会联系提升的幸福感和满足感可以降低老化带来的失落、无助感。相比于其他年龄层，老年人更懂得积极社会关系的关键不是物质上的接近或数量上的超越，而是社会关系的质量。温暖的社会关系对老年期的衰退具有高度的保护作用。老年人更能懂得交朋友在于“心”而不在多，他们的社交对象是多年来所筛选出的，与他们相处能让自己感到舒服和愉悦的人。

第二节　老龄化的研究观点

人口老龄化是人类社会发展的历史必然，对老龄化社会现象的态度影响着全社会的经济、文化发展。本节选取具有代表性的理论介绍成功老龄化、健康老龄化和生产性老龄化的主要观点和态度。

一、成功老龄化的理论解释

成功老龄化在心理学、社会学中可以用带补偿的选择最优化模型（Selective Optimization with Compensation，简称 SOC）、毕生发展理论（Life－span Theory of Control）和社会情绪选择理论（Socioemotional Selectivity Theory）来解释。以下简要介绍这些理论的主要观点。

（一）带补偿的选择最优化模型

生命发展包含了多个阶段，既有成长、维持还有随着老化而不断调节自身以补偿丧失之间的动态平衡，不同个体在这些阶段的独特选择导致了人生的多种发展过程，并形成每一个体不同的发展轨迹。保尔·巴尔特斯（Baltes，1997）提出了带补偿的选择最优化模型以描述和解释人们如何成功地适应随老化而出现的变化，它包含三个过程的交互作用：选择、补偿、最优化。

带补偿的选择最优化模型的三个过程形成了一个行为活动系统，当个体成熟、衰老时，他们可以从很多的可能性或机会中进行选择。例如，选择退休以休养生息、选择在退休后仍然接受返聘工作以保持身体灵活和社会接触。此外，当老年人因为在特定领域所必需的行为技能丧失，或下降至必需的水平之下时，他们会寻找替代方式去实现目标，正如很多老年人以散步的方式替代跑步以锻炼身体，这便是“条条大路通罗马”。最优化是集丧失的最小化和收获的最大化于一体，寻找个人资源与目标的最佳匹配，即“让专业的人才去做专业的事”。

根据这一模型，成功的老年人会保存自己的资源，选择一项具有重大意义的活动来投入精力，优化自身能力以维持身体健康，并通过转移其他领域的资源来补偿损失（Baltes，1997；Lang，Rieckmann，& Baltes，2002）。例如，对于高龄的演奏家，为了补偿不再复归的记忆和不再灵活的运动神经，每天练习演奏的曲目数量减少，每天练习的时间变长，并且在快速弹奏（高龄演奏家难以用最高速度来演奏了）前会把速度放得更慢些，以增强快慢间的对比。

晚年生活不可避免地面临许多资源的丧失，老年人可以使用补偿策略作为晚年的生活管理策略，调节和平衡资源，从而更充分地利用当前的有限资源。对老年人而言，对丧失的补偿过程尤为必要，因为老年人生活受限的范围越大，补偿会越困难，所以这就要求老年人在晚年时候尽可能地丰富自己的生活，扩大社交圈，活到老学到老（王叶梅、陈国鹏，2010）。

（二）毕生发展理论

毕生发展理论从不同的发展领域角度作为切入点来呈现个体毕生发展过程，跨越了从胎儿期到老年期毕生发展的各个不同阶段，讨论了从个人、家庭到社会文化环境等因素对毕生发展的影响。同时它还涵盖了个体的生物基础、认知过程、情绪与社会性发展等各个领域，探讨文化、宗教、种族、性别等社会环境因素对发展的影响，从而将毕生发展心理学的研究、应用和情境因素融合在一起，诠释了个体发展是整个生命发展的过程、个体发展是多方面与多层次的、个体的发展是由多种因素共同决定的等毕生发展的经典命题。毕生发展观是积极的、乐观的老年心理变化观，它所强调的心理发展贯穿于一生的观点对于发展老年教育、注重挖掘老年人的积极品质和力量具有重要意义。

毕生发展观的主要观点有以下四个。

第一，发展发生在生命的全过程。这个发展过程说明个体心理与行为的发生和发展是动态的、多维度的、多机能的、多原因的和非线性的，即发展过程及发展速度并非一成不变，老年人心理已发展至成熟，但他们的经验和学识却在不断与生活相结合而得到快速发展。

第二，生理因素和文化因素在毕生发展的不同时期扮演了不同的角色。进化选择的结果和个体生理潜能得到充分的表达和发挥，能够促进个体生理、心理和行为的各个方面迅速发展，而当个体逐渐达到成熟之后，随着年龄增长，进化选择结果的促进作用开始逐渐衰退；发展过程对文化资源的需求也会不断地增长，丰富的文化资源对于发展过程中出现的局部或全面衰退也具有补偿作用；随着年龄的增长，文化因素和文化资源的效用会不断下降，在各方面均达到成熟后，其补偿效用也就随年龄的增长而不断降低。

第三，生理和文化的因素作用于发展过程，通过成长、维持、对损耗的调节三种机能来完成发展的任务，即能适应更高层次的发展目标；当面对新的发展任务能维持一定水平；当由于内外资源缺乏而不能及时对损耗进行恢复时，则在较低层次上对机能进行适当的组织。

第四，发展是一个伴有补偿作用的有选择性的优化过程。选择、优化和补偿之间的协调存在于个体发展的任何发展领域。正如视力受损者的听力往往较好，这正是身体机能自动选择、补偿和优化的结果。

（三）社会情绪选择理论

社会情绪选择理论的主要代表人物是斯坦福大学的卡斯滕森，该理论最初是用来解释老化中的悖论问题。由于年龄的增长，老年人在生理和一些心理机能方面呈现下降趋势，然而在情绪方面，并没有随着年龄的增长而呈现下降趋势。许多研究表明，整个老年阶段情绪幸福水平是上升的，即随着年龄的增长，人的情绪和幸福感保持稳定，甚至是提高了。研究者将这一现象称作“老化的悖论（Paradox of Aging）”。

社会情绪选择理论是一种社会动机的生命全程理论，认为时间知觉对社会目标的优先选择和社会同伴的选择偏好发挥重要影响。举例来说，与年轻人相比，老年人常把他们的未来描绘为有限的，再去追求自己的目标已经“时日不多”。在对时间的认识上，老年人和年轻人的区别不在“过去”而是“现在”，老年人大多是现实定位的，不像年轻人那样关注遥远的未来。感知时间流逝的不可阻挡性对情绪体验有直接影响，由于不需要关注未来，老年人会将资源应用于当下，以拥有高质量的生活。

社会情绪选择理论用时间界限知觉而不是实际年龄来解释目标和偏好

的年龄差异。随着个体接近生命的终端，情绪目标的凸显性增加，觉察到的时间限制将注意力指向情绪目标，因此与年轻人相比，老年人更倾向于与情绪上有共鸣的、熟悉的社会同伴一起度过，而年轻人在时间受限制的实验条件下也呈现出这种倾向，这也证实社会情绪选择理论以时间界限为知觉对象。在对社会同伴的心理描述上，老年人强调的情感维度要多于其他个人维度，由于疾病而面临生命结束的年轻人也表现出了这种类型。当试图解决个人内部问题时，老年人也更可能使用情绪关注策略。因此，老化产生的不断接近终端的感受使人们的目标优先权发生了转变，即情绪目标变得更重要，从而引起了行为的变化。

将社会情绪选择理论应用于老年人的社会交往可以解释为：当人们变老，未来时间越来越有限，老年人社交的目标更多地指向现在而不是未来，也更注重最大限度的情绪满足。这就是老年人放弃一般的人际关系转而注重加大亲密伙伴关系的原因所在——他们的目标指向社会交往的质量而非数量。该理论预测任何人只要认为自己的未来不长远，就会花更多的时间与少数几个亲密好友相处，而不是把时间用来和各种各样的普通朋友交往，正如当我们的生命只剩三分钟时，我们不会选择使用这三分钟去和陌生人搭讪。

二、健康老龄化的理论解释

健康老龄化是发展和维护老年健康生活所需的功能，使其能发挥作用的过程。我国政府按照世界卫生组织文件精神初步提出了实现健康老龄化的三条路径方向，包括全周期维护不同人群健康、全方位干预影响健康因素、全社会共建健康支持环境。2015 年世界卫生组织关于健康老龄化的定义本身暗含生命历程理论和生态系统理论，可以通过这两个理论来探索健康老龄化的核心理念和践行路径（马凤芝、陈海萍，2020）。

（一） 生命历程理论

20 世纪 60 年代初，美国社会学家和心理学家格伦·埃尔德（Glen H.

Elder, Jr.）提出生命历程理论，他认为个体的生命历程体现了个人时间与社会时间的有机统一。生命历程理论的基本原理大致可概括为以下四个方面。

一是“一定时空中的生活”原理。即个体在哪一年出生，属于哪一同龄群体，以及在什么地方出生，这些不同点将人与某种历史力量联系起来。比如根据国家发展时期每十年区分一代人，70后、80后、90后、00后等，根据人种有白种人、黄种人、黑种人和棕种人，再以地理格局来划分为欧亚人种、亚美人种、赤道人种和大洋洲人种，通俗讲就是“一方水土养一方人”，不同的时期也孕育不同的人脉。

二是“相互联系的生活”原理。人总是生活在由亲人和身边人所构成的社会关系之中。个体正是通过一定的社会关系，才被整合入特定的群体中，每代人注定要受到在别人的生命历程中所发生的生活事件的巨大影响。例如，父母会把自己生命中总结过来的经验教训运用到自己的子女身上，我们会把当前流行的文化潜移默化地传输给儿女；各国公民的生命历程随着新政策制度的出台也会受到巨大影响，如“晚婚晚育”“放开二胎”政策等。

三是“生活的时间性”原理。生活的时间性指的是在生命历程中变迁所发生的社会性时间。这一原理认为，某一生活事件发生的时间甚至比事件本身更具意义，强调了人与环境的匹配。正如，2019年中华人民共和国成立70周年庆典这个历史性时刻，比事情本身更加重要，因为这个时刻包含的意义非常重大。

四是“个人能动性”原理。个体总是在一定的社会环境之中，有计划、有选择地推进自己的生命历程，即使在有约束的环境下，个体仍具有主动性。个体在社会中所做的选择除了受到当前情景的影响外，还受到个人经历和个人性格特征的影响。正如在新闻中我们经常能看到“创造生命奇迹”“保安考上复旦大学”“治沙五十年，沙漠变绿洲”等，这就是个人能动性的最好体现，它来自于人民“我命由我不由天”的坚韧意志。

从时间的维度来看，健康老龄化在本质上反映了一种贯穿生命始终的健康增能赋权的过程。健康老龄化体现了生命全周期的理念。每一个体都不可避免地要面对生长与死亡的过程。从这个角度看，我们自从来到这个世界开始便已进入老化的道路。因此，老化并不是进入老年时期才有的特点，而是贯穿生命全周期的持续过程。同样地，健康老龄化不只是维护个体老年时期的健康状态，而是维护生命全周期的健康状态。

在每一个生命阶段，人们应当发展与这一阶段相适应的健康行为习惯、健康身体素质、健康知识素养与健康维护功能。如果个体未能在特定生命阶段完成特定健康任务，那么他未来的健康状况将受此不良健康状况的影响而需要付出一定的补偿代价。例如，童年时期的营养状况会影响老年时期的健康状况。因此，为了实现生命全周期的健康老龄化，人们必须在各个生命阶段形成并积累正向积极的健康影响因素（马凤芝、陈海萍，2020）。

（二）生态系统理论

20 世纪 70 年代末，美国心理学家尤里·布朗芬布伦纳（Urie Bronfenbrenner）提出了生态系统理论（Ecological Systems Theory）。他认为个体的发展并非个体层面上的单向线性成长，而是个体在环境系统中的多维调适过程。在个体发展的生态系统中，发展不仅受环境系统的影响，也反过来作用于环境系统。

作为生态系统理论的核心概念，生态环境可被视为由多个系统嵌套而成的鸟巢状结构系统。按辐射范围的大小，这些系统由内往外依次是微观系统、中观系统、外层系统和宏观系统。各个系统的范围和内容如图 2－1 所示。

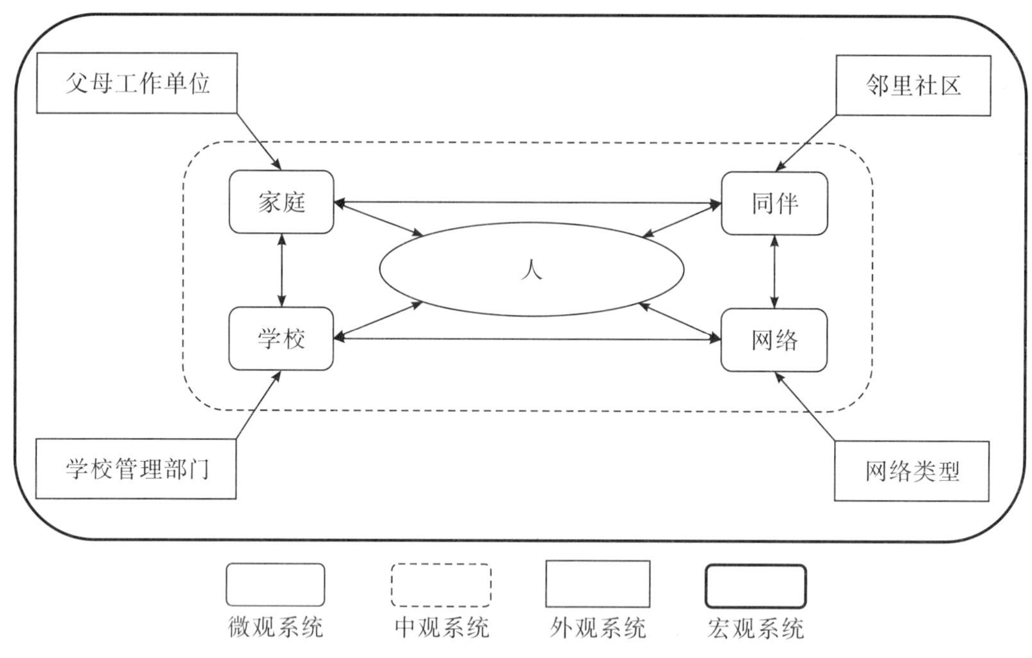

图2-1　布朗芬布伦纳生态系统理论

注：其中，微观系统指的是与特定个体基本生存和发展需求直接相关的初级生活系统（如家庭、学校）。由于每一个个体都不止在一个微观系统中活动，因此不同微观系统可以通过同一个体建立起特定联系。中观系统就是指由两个及以上的微观系统联结而成的社会中介系统（例如家庭和学校的联络机构）。与以特定个体为参与主体的微观系统和中观系统不同，外观系统指特定个体并未作为积极行动者直接参与其中，但却能对他的生活产生一定影响的间接社会系统（例如父母的工作单位）。宏观系统超越了微观系统、中观系统和外观系统实体化的系统形态（例如组织、机构），纳入了更大的无形环境（如社会文化、意识形态）。

除了在空间维度上的四个环境系统，尤里·布朗芬布伦纳还在时间维度上加入了一个时间系统。这个时间系统强调随着时间向前推移，个体和环境都会发生相应变化，而这些变化都会影响个体的生命发展轨迹。随着个体从一个生命阶段转入下一个生命阶段（求学、毕业、工作、结婚、退休等），其所处的环境系统或多或少地发生变化，从而进一步影响未来发展方向（马凤芝、陈海萍，2020）。

从空间维度来看，健康老龄化不仅受个人因素的影响也受环境系统的制约。例如，影响健康老龄化因素包括生理因素、心理机能、人口特征、社会因素、行为习惯、个人经历和外部环境，可概括为个人因素和环境因素。因此，探讨健康老龄化时需综合考虑个体所在系统和外部环境系统对健康老龄化的影响和制约。个体所在系统对健康老龄化的影响主要体现在个体能否发展和维护其健康生活所需的生理、心理和社会功能；而外部环境系统对健康老龄化的影响主要表现为人们生活的世界能否为其健康老龄化提供一个支持性的生存和发展环境。例如，作为微观系统的基本单位，家庭应当为个体的健康生活提供基本保障（例如食、穿、住等），为个体的健康维护提供重要支持（例如经济支持、情感支持、照料支持等）。对于中国老年人来讲，由于受传统家国文化的影响，家庭对他们的意义尤为重要，进而也影响他们的健康状况。

然而，由于家庭结构核心化、子女工作压力大等各种原因，我国传统的家庭养老照护能力逐渐减弱。考虑到中国老年人深厚的家庭情结，近十几年来我国政府倡导以社区为平台逐步建立起联结家庭和社区的老年照料中层系统（例如社区日间照料中心），以满足老年人居家养老的愿望，同时也减轻家庭养老照护的负担。另外，外观系统也会对其健康老龄化状况产生影响，例如，老年人子女的工作环境压力较大可能会导致他们无暇顾及老年人的健康照料；较好的情况是，子女的工作单位能够为直系亲属提供优先医疗治疗等。显然，更大的宏观系统（例如社会经济环境、老年歧视文化等）对人们健康老龄化也起着重要作用。因而，健康老龄化的实现需要全社会各系统共建健康支持环境，并且全方位多维度干预健康影响因素。

三、生产性老龄化的理论解释

老年人是社会的负担吗？生产性老龄化对此做出了否定的回答。生产性老龄化提出应当发展和利用老年人对社会做出经济贡献的能力，如参与工作、照料和志愿活动等。要理解该理论可以从了解生产性老龄化理论和老年价值论开始，并进行探讨和拓展。

（一）生产性老龄化理论

生产性老龄化理论在20世纪80年代初兴起，其主旨在于强调进入老龄化社会的同时，应转变人们认为老年人依赖性强的看法，而更多地看到其生产力，如果能够很好地利用老年人的生产力和自身优势，那么将有利于我们更好地应对人口老龄化危机。为此，应该从个人、家庭、社会层面强调发现老年人生产性活动的价值，构建一个有利于老年人发挥其价值、实现更多生产性活动的老龄化社会（陈梅玉婵等，2012）。正因如此，人们对于人口老龄化的看法也需要加以转变，即应该对人口老龄化持一个更加积极的态度。

20 世纪 90 年代，研究者重新定义生产性老龄化，认为老年人都是具有生产力的，而不论该生产性活动是否会取得必要的报酬（Caro，1994）。生产性老龄化倡导老年人尽可能地从事相应的生产性活动，这同时还有利于促进老年人自身健康，还对老年人家庭、社区、社会等各个层面具有重要的影响。

生产性老龄化理论具体包括以下三个方面的内容（方志，2017）。

首先，老龄化社会的发展离不开老年人的贡献，他们的生产性活动能够减少社会的养老压力，他们的经验能成为社会进步发展的重要支撑。为此，我们应该积极看待人口老龄化问题。生产性老龄化强调老年人的贡献的同时，承认老年人应有的权利和养老需求，认为过往片面强调老年人是社会的负担，单纯强调老年的价值贡献而忽视他们的幸福是不妥的。

其次，老年人一系列的生产性活动，对于社会，对于其个体本身的健康、幸福乃至家庭与组织都是具有较高的贡献和社会价值。因此，提高老年人在工作、社会参与以及照料等各方面的参与程度对于应对人口老龄化具有十分重要的意义。老年人本身的学习、健康促进、文化参与以及精神活动都具有其社会价值。除了经济社会参与外，还应提倡有利于提高老年人的人力资本水平以及精神文化愉悦的活动。

最后，生产性老龄化理论的提出，旨在构建一个以老年人充分赋权并发挥自我价值，整个社会在制度机制上有利于建构老年人生产性活动参与的一种生产性老龄化社会。

（二） 老年价值论

老年价值论指的是基于社会伦理对于老年人作用、意义的一系列看法和观点的集合，其基本内容为老年价值观。老年价值观包括老年人的自我价值观和社会价值观，即老年人对于自我和社会群体对于老年人的看法和总体评价。不同的社会情境下有不同的老年社会价值观。通常来说，社会的生产力发展水平、老年人在生产中的地位、家庭结构、风俗习惯以及政治制度等都会影响老年人的社会价值观（帕伊亚，1999）。例如，在农耕社会，老年人拥有家庭的财富和财富分配权，因而他们在社会中得到较多的尊重和正面评价，而在工业社会，老年人精力衰退，在需要体力的劳动中处于劣势，极端者会将老年人视为缺乏生产力、依赖社会的“累赘”。

现代的老年价值论强调老年人的作用和价值，以及对老年人的正面评价。在老年人自我价值观上，强调老龄化社会下老年人对于自我形象的颠覆，更加注重自我价值的实现；在老年社会价值观上，人们对于老年人的形象认识也在日益向正面发展（尤吾兵，2010），老年人具有更多的积极老化态度，形成对老年人自身以及老年群体的积极印象。老年人发现自己积极的力量，以改变自身对变老的态度和行为，进而改变社会大众对老年人的消极看法。老年价值论的最终目标是希望整个社会向尊重老年人、重视老年人以及发挥老年人社会价值的方向发展。

中国是一个社会转型中的国家，工业化以及城市化的进程削弱了老年人在传统农业社会中的家长地位，多年的人口政策也在深刻地改变着中国的家庭结构，家庭小型化、核心化，空巢老人不断增多，这些现象都影响社会群体对老年人作用、意义的认知（方志，2017）。与此同时，中国是一个拥有悠久敬老爱老传统美德的国家，历史上对于老年人的尊重与重视一直都是以风俗习惯等方式影响着社会对于中国老年人的看法与评价。“家有一老，如有一宝”“老骥伏枥，志在千里。烈士暮年，壮心不已”等诗句便是传达了中国社会一贯爱老、老年人不怕老的形象。此外，中国还是一个社会主义国家，如何客观、公正对待老年人群体还是一个与和谐共存、牢固树立社会主义核心价值观相统一的命题。社会对老年人的态度受社会文化和社会历史发展现状的影响，但无论如何，我们都会变老，成为老年人是所有个体都会经历的事件，善待老年人，承认老年人过去的贡献和现在的社会价值是所有个体的必修课。

第三节　毕生发展视角下的积极老龄化

毕生发展心理学兴起于20世纪60年代，研究个体从生命的孕育到死亡的整个过程中的行为。在毕生发展心理学产生之前，心理学家更多关注儿童和青少年阶段个体的心理社会发展，忽略老年人的发展研究，将生命各个阶段的发展断裂开来。在这样的背景下，一些心理学家打破研究局限，放眼个体发展的整个过程，致力于研究个体的毕生发展，整合个体一生的发展历程。随着研究不断发展，毕生发展心理学开始受到众多研究者的关注，并且对心理学、老年学、社会学的推进产生巨大影响。

毕生发展心理学主要是为了获取包括毕生发展的一般规律、个体发展的差异和个体发展可塑性的三方面知识。探究和分析这三方面的知识及其相互关系是研究毕生发展心理学的理论基础。本节从毕生发展观出发，探讨毕生发展视角下实现积极老龄化的路径。

一、发展的观点

（一）发展

发展可以被定义为：从受精卵形成到死亡，个体身上所发生的系统、连续变化的过程。个体的发展必然带来变化，这种变化是系统的、全面且持久的，并非像情绪波动那样是暂时的和不可预测的；发展也是一个连续的过程，现在的我们反映着过去的自己。人类发展过程中的系统的变化和连续的过程可以大致分为以下三个方面。①生理的发展：身体和器官的生长，生理机能的变化，老化生理迹象的出现，运动能力的变化等；②认知的发展：知觉、语言、学习、记忆、问题解决能力以及其他心理过程的变化和连续性；③社会心理的发展：人格和人际方面发展的变化性和连续性，比如动机、情绪、人格特质、人际技能和人际关系，以及个体在家庭和更大的社会环境中所扮演的角色。

值得注意的是，发展并不只是婴儿期、童年期和青少年期发生的正性变化，老化涉及的也不仅是生物性的老化。发展是成熟个体在一个很大范围内的变化，这种变化可以是正性的（收获）也可以是负性的（损失）。正性的和负性的变化同时发生在生命过程的任何阶段，我们不应该把儿童发展仅仅与收获相联系，也不应该把老化仅仅与损失相联系。例如，从儿童早期到成年早期，个体的认知能力（如学习能力、辨别力等）快速发展，但是从成年早期到成年中期和晚期，学习能力发展速度有所减缓，技能经验和智慧逐渐增加。简而言之，在生命全程的每一个阶段发展都涉及收获和损失、变化和持续。

（二）老年期的发展

埃里克森（Erik Homburger Erikson）的心理社会发展八阶段理论将个体一生的发展划分为八个阶段，分别是婴儿期（0～1.5岁）、儿童期（1.3～3岁）、学龄初期（3～6岁）、学龄期（6～12岁）、青春期（12～18岁）、成年早期（18～25岁）、成年期（包括成年中期和晚期，25～65岁）和成熟期（65岁以上）。在老年期，个体常常伴随着身体功能的逐渐衰退甚至丧失，但同时，对于大部分人来说，这个时期又是一个可以继续发展，寻求更多满足的时期。

对于大部分老年人来说，身体机能和认知能力的下降是老化过程中不可避免的，但绝大部分老年人都能成功地适应这些变化。他们仍能有效地完成日常活动，保持与年轻时一样的自尊和生活满意度。老年人的适应能力保持良好表现为：在面临退休或丧偶这样的生活事件时他们没有被击垮，他们积极参与社会活动，依靠保持活跃与联系排解不良情绪，并能很好地理解他人，和家人、朋友保持亲密的联系。

老年期的显著特征为个体差异大，有的老年人健康、积极、老当益壮，而有的老年人却在认知和身体上表现出加速衰退。而且，每一个成年人进入老年期时，都表现出自己独特的能力——丰富的知识储备、鲜明的个性特征和价值观，所以他们会以自己的方式面对衰老和死亡。

二、毕生发展观与老化

从20世纪60年代后期开始，现代社会逐步向老龄化过渡，加之发展心理学本身研究范围的拓展，越来越多的心理学家开始将个体的毕生发展作为研究对象，毕生发展观也逐步成为发展心理学中的主流。德国柏林的Max-Plank人类发展研究所（Max-Plank-Institute for Human Development）是毕生发展领域的研究中心，该研究所的巴尔特斯（P. B. Baltes）是毕生发展心理学研究领域内的代表人物。他曾出版三部论文集：《毕生发展心理学：理论与研究》（1970）、《毕生发展心理学：方法学问题》（1973）、《毕生发展心理学：人格社会化》（1974）（Baltes，1997；Baltes，1999）。巴尔特斯的主要观点如下（王磊、伍麟，2010）。

（一）个体发展是整个生命发展的过程

个体的一生都处于不断地发展变化之中，从生命孕育到生命晚期，其中的任何一个时期都可能存在发展的起点和终点。传统的心理发展观主张心理发展从生命之初开始，儿童期和青少年期是发展的主要年龄阶段，到成年期倾向于稳定，而到老年阶段心理开始衰退。传统的心理发展观强调早期发展经验对以后发展的重要性，认为后继的发展直接取决于先前的经验。毕生发展观则主张心理发展不仅取决于先前的经验，而且也与当时特定的社会背景因素有关。因此，人生任何阶段的经验对发展均有重要的意义，没有哪一个年龄阶段对于发展的本质来说特别重要。

（二）个体的发展是多方面、多层次的

心理和行为发展的各个方面，甚至同一方面的不同成分和特性，其发展的进程与速率都不相同，有的时期发展较快而有的时期发展较慢；各领域的发展也并非同步进行，有的领域在某一时期发展较快而在其他时期发展较慢。

毕生发展观认为发展并不仅仅是功能上的增加，生命历程中任何时候

的发展都是收获与损失、成长与衰退的整合，任何发展都是新适应能力的获得，同时也包含已有能力的丧失，只是得与失的强度和速率随年龄的变化有所不同。以语言的发展为例，在个体获得本民族语言的同时，对其他语言的发音能力会明显降低。能被称为“成功发展”意味着同时达到最大的获得和最小的丧失。得与失的辩证是发展的基本特征，一生中任何时期的发展都是得与失的结合。

（三）个体的发展由多种因素共同决定

毕生发展心理学认为，年龄只是影响心理变化的因素之一，过去以年龄为依据的发展框架是不科学的。巴尔特斯认为主要有三类影响因素决定个体的发展。

第一，年龄阶段的影响，主要指生物上的成熟和与年龄有关的社会文化事件，包括受教育年龄（如6岁入学、18岁高考等）、更年期、职业事件（如退休）等。年龄阶段的影响在儿童和青少年期普遍存在，在这些时期，生物结构迅速变化，社会文化要求积累与各年龄段相对应的经历，使得年轻人掌握成为社会一分子所需要的技能。

第二，历史阶段的影响，指与历史时期有关的生物和环境因素，如疾病、战争、经济繁荣或萧条；科技进步，例如电脑和互联网的出现；文化价值观的变迁，如敬老爱老的社会氛围。这些历史时期因素能解释为什么同一个历史时期出生的人会非常相似，而隔了一代的人却有很多的不同。

第三，非常规事件的影响。年龄与历史阶段的影响是常规的，会以相似的方式影响所有人，而非常规事件则是发生在某个人身上的生物与环境因素，具有不确定性，这些非常规事件增加了发展的多方向性。例如，儿童期跟随有造诣的老师学钢琴、出国留学、较晚结婚生子、拿到博士学位等，这些是个体独特的经历，它们会以强有力的方式影响个体的发展。

（四）生物和文化共同进化的结构构成毕生发展的总体框架

巴尔特斯从进化论和个体发展观角度提出个体毕生发展的总体框架——生物和文化共同进化的结构。他强调个体的行为是基因和社会文化的过程与条件共同作用的结果。

第一个原理是进化选择的优势随年龄增长而衰退。对于人类而言，进化选择的压力主要在前半生，这样可以保证生殖适宜性和有效的养育行为。正如青年时期有重大疾病者往往无法产生与哺育下一代，他们的不良基因不会遗传下去。相对于年轻人而言，老年人的基因组中包含了大量有害的和机能失调的基因，他们更易得病，因为他们的父母辈将晚年致病的基因遗传给他们。

第二个原理是对于文化的需求随年龄增长而增长。文化是人类在几千年进化发展中所创造的，并经过代际传递下来的心理的、社会的、物质的和符号的（以知识为基础的）资源总和。这些文化资源包括了认知技能、动机倾向、社会化策略、读写能力、建筑、世界经济和医疗技术等。文化的需求随年龄而增长的原理有两层含义：①对个体发展而言，不管是身体还是心理领域，要达到越来越高的功能水平，就必须拥有更丰富的文化资源；②随着年龄增长，生物功能下降，需要靠文化资源的补偿来产生和维持较高水平的功能以应对生活事件。

第三个原理是文化的效能随着年龄的增加而下降。一方面由于生物潜能随年龄增加而衰退；另一方面，知识或技能在成年晚期收益会下降，要达到较高的功能水平，需要越来越多的努力。因此，随着年龄增长，尽管存在个体间和领域间的巨大差异，文化的补偿效率和个体的可塑性程度都在下降。以老年认知学习为例，年龄越大，要达到与年轻人相同的水平，需要花费更多的时间和努力。

三、毕生发展观与积极老龄化

在以往心理学的研究领域内，一般认为发展只限于儿童和青少年阶段，成年人及老年人的发展问题则被忽视。随着我国人口老龄化进程加速，老年人口增长，老年人的毕生发展逐渐受到重视。个体实现积极老龄化与毕生发展密切相关，毕生发展是实现积极老龄化的前提，实现积极老龄化又能进一步促进毕生发展。

（一）传统发展观下的老龄化

毕生发展观的优点在于，它否认了老化观中认为人的心理发展是单向的、不可逆转的观点和老年期只是在不断地老化和丧失而没有发展的观点，对人的发展持积极乐观的态度，认为老化可以通过干预来适当延缓，较为客观地将发展看作生长与衰退的结合。

成年至老年心理活动的变化，过去常常被描述为随着有机体的逐渐衰老而发生的消极老化过程，例如，进入老年期后记忆力衰退、学习能力下降、思考能力减弱、情感淡薄、性格多疑等。个体从出生到机体成熟直至成年的心理活动的变化，被认为是心理的发展，也就是心理活动的某种增长。成年以后，一般会有一段稳定时期，然后开始衰退，年纪越大心理活动的衰退也就越加明显和严重，过去认为这种变化只能称为“老化”而不能叫作“发展”。

传统发展观把个体看作生物的有机体，生理活动随着机体的发育成长而发展，随着机体的衰老而衰退；心理发展是单向前进并且不可逆转的；儿童期的心理活动只有发展，而老年期的心理活动只有衰退；年龄是心理发展或衰退的根据，这种观点对老年期的心理活动和心理状态的认知带有消极悲观的色彩。

毕生发展观认为个体的一生，即从胚胎形成到死亡的整个过程都在发展，发展不仅仅限于儿童、少年和青年，成年和老年也在发展。个体的心理发展是多方向的：有的心理能力发展较早，衰退也较早；有的发展较晚，衰退也较晚；有的发展后稳定很长时间，有的则很早衰退；有的很少变化；等等。也就是说，在同一时间内，不同的心理能力可以处于不同的发展方向。按照这种观点，年龄仅是对个体心理变化起作用的一个重要因素。毕生发展观对老年心理抱有一种乐观的态度，认为衰老在一定程度上可以被延缓，甚至可以采取措施预防衰老。

传统发展观和毕生发展观都有其理论和实际依据，虽然“生老病死”

是不可抗拒的自然规律，但是个体的发展不仅仅受生物因素的控制，他们的生活经历不同，身体健康状况不同，对待工作、学习、生活、世界等的态度不同，因此他们对成年到老年直至去世时的心理活动变化不尽相同。此外，老年期的个体差异有时超过不同年龄之间的差异。如果能够保持神经系统的健康，合理锻炼智力活动和感知活动，可以延缓衰老的进程。丰富的人生阅历可以使老年人的心智活动维持在较高水平甚至在某些方面还可以得到发展。

（二）毕生发展观与积极老龄化

毕生发展观强调个体一生都处于不断地发展变化中，生命的任何一个时期的经验都对个体发展具有重要影响。积极老龄化强调以积极的态度面对老年个体和群体，其基本要义为“健康、参与、保障”。其中，“健康”是前提，包含老年人的身体健康和心理健康；“参与”指社会参与，包含老年人参加社会、经济和文化文体活动；“保障”则指为老年人提供社会保障，保障其生命质量。老年期是生命的重要时期，政府鼓励并建设终身学习和全民学习的学习型社会，使老年人享有充实的生活，能够根据自身需要、愿望和能力继续学习、参与活动，使其才能和经验得到运用，发挥其在物质、精神和社会方面的潜力，保持健康，继续对社会做出有益贡献。

毕生发展观强调个体毕生发展，为老年人晚年寻求更积极的发展提供理论支持，而积极老龄化从老年人的健康、参与和保障角度为老年人实现幸福晚年提供建议，二者的最终目标一致，相辅相成。

【参考文献】

［1］冀好强，杜亮，朱雪雪，等. 中国慢病老年人抑郁现状与影响因素分析［J］. 现代预防医学，2020，47（16）：3002－3006.

［2］老年人心理健康者不足1/3 国家卫健委推进老年人心理关爱项目［EB/OL］.［2019－06－11］. http://www.ce.cn/cysc/yy/hydt/201906/11/t20190611_32321035.shtml.

[3] BALTES P B. On the incomplete architecture of human ontogeny: selection, optimization, and compensation as foundation of developmental theory [J]. American psychologist, 1997, 52 (4): 366-380.

[4] LANG F R, RIECKMANN N, BALTES M M. Adapting to aging losses: do resources facilitate strategies if selection, compensation, and optimization in everyday functioning? [J]. Journal of Gerontology Seriers B: Psychological Sciences and Social Sciences, 2002, 57 (6): 501-509.

[5] 王叶梅，陈国鹏. 资源和SOC生活管理策略对老年人主观幸福感的影响 [J]. 中国老年学杂志，2010，30 (16)：2339-2341.

[6] 马凤芝，陈海萍. 基于时空视角的健康老龄化与社会工作服务 [J]. 社会建设，2020 (1)：3-15.

[7] 陈梅玉婵，莫罗-豪厄尔，杜鹏. 老有所为在全球的发展：实证、实践与实策 [M]. 北京：北京大学出版社，2012.

[8] CARO F G. Productive aging: an overview of the literature [J]. Journal of Aging Society Policy, 1994, 6 (3): 39-71.

[9] 方志. 生产性老龄化视角下的中国老年人才开发研究 [D]. 北京：首都经济贸易大学，2017.

[10] 帕伊亚. 老龄化与老年人 [M]. 杨爱芬，译. 北京：商务印书馆，1999.

[11] 尤吾兵. 西塞罗老年幸福观及其现代意义 [J]. 中国老年学，2010 (23)：3591-3594.

[12] BALTES P B, STAUDINGER U M. Lifespan psychology: theory and application to intellectual functioning [J]. Annu. Rev. Psychol, 1999 (50): 471-507.

[13] 王磊，伍麟. 毕生发展心理学的理论研究进展 [J]. 齐齐哈尔医学院学报，2010，31 (14)：2291-2293.

第三章
终身发展：老年教育

自从有教育以来，老年人就一直参与其中。从历史上看，老年人更多担任传授知识和经验的教师角色。近代以来，成人教育主要面向成年人，参与者往往基于时间和兴趣去学习新技能。老年人是这个群体的一部分，他们作为学习者和教师参与学习。教育对老年人来说并不陌生，但直到最近几十年来，世界各国才有意识地开展老年教育，并专门为老年人开设学校和学习场所。本章基于历史的视角探讨老年教育，以更加客观的态度寻求老年教育外部力量的冲击和自身力量的觉醒。在此历史时期，探讨老年人的受教育需求和老年教育问题，坚定老年教育大有担当和作为时代使命，绘就老年教育发展的蓝图，帮助老年群体在老年教育新时代的引领中前进。

第一节　老年人的受教育需求

学习在以前往往与学生群体或职场打拼者相联系，而老年人的生活以休闲活动为主。随着发展中国家和发达国家人口老龄化和人均寿命延长，老年人的健康水平和活力显著提升，老年人在生活中仍有精力参与社会活动，不少老年人把参加学习、接受教育作为自己生活的一个重要部分。工作与学习不应该成为某个年龄段的专属，而应该将学习、工作和休闲结合并分配到整个生命过程中。本节介绍老年人的学习、老年教育对老年人的影响，从需求层次分析教育对老年群体的重要性。

一、教育与学习

学习是人类古老的活动之一，动物都有学习的本能。学习可以是以没有计划的、自发的、意外的方式进行；而教育则不同，它是一个有目的、有意识设计的活动。教育是人类在相互交流中寻求共识的过程，它是有计划、有组织的学习，并且需要个体有意识地加以努力才能进行。学习与教育都可能导致知识或行为的改变，但教育的不同之处在于，这种改变是由教师或学生，或两者事先确定的。

学习与教育的区别可以从起源、活动本质、原始动机、根本目的、基本途径、主要方式、最终结果、理论、技术等特性讨论，如表3－1所示。

表3－1　学习与教育的区别

序号	特性	学习	教育
1	起源	由动物本能衍化	由人类群体活动产生
2	活动本质	个体行为	社会工具
3	原始动机	个体生存	群体意愿
4	根本目的	适应环境	规范个性
5	终极目标	自我成长	社会发展
6	基本途径	实践活动	预设活动
7	主要方式	自我调节和控制	对个体生长的干预
8	最终结果	心理和行为的变化	形成广泛的社会认同
9	支撑理论	心理学	教育学
10	支撑技术	学习技能	教育技术
11	所属领域	人类学	社会学

学习是教育的重要组成部分，教育通常包括四个部分：学习内容（课程），学习方式的设计（方法），了解计划和方法的指引者（教师），以及期望的目标或目的（目标）。教育目标的实现标准是个体发生持久而有意义

的改变，这通常需要努力参与。因而教育是一个长期的、持续的自我完善的过程，它要求学生在理解和整合新的知识、技能、概念和行为时，始终如一地、认真地运用自己的情感和智力。学习的目的是获得新技能，发展个体的心理和社会关系，教育则提供了实现这些目的的方法。

随着社会迅速地变化、城市复杂的生活和个人不断发展，迫使越来越多的成年人寻求发展和帮助，人们越来越清楚地认识到能力持续增长的重要性。如今，科技发展和资源开放渠道越来越多，各个年龄段的群体都能获取教育资源，学习氛围浓厚和学习年龄段放宽，形成“学习型社会”已成为共识。社会鼓励成员获取新知识和技能，不论哪个年龄阶段的人，都越来越多地投身于学习与教育。学习和教育必须贯穿毕生的观点正在被越来越多的人所接受。

（一）老年人的“学”

老年人本身具有一定的知识、经验和技能，而且是从社会生产中退居二线，他们为什么还需要参与老年教育的学习？显然，参与老年教育的学习有利于老年人积极应对老化。老年人继续学习并非为了增强竞争力以和年轻人抢夺工作资源，而是强化自身的生活能力、激发潜能、追求自我实现以获得精神慰藉。老年教育帮助老年人提升生活质量，推动他们与社会保持联系和互动，有利于推动和实现我国小康社会和学习型社会建设的目标。

从老年学习对寿命、健康行为和生活方式的影响来看，正规教育与寿命正相关，受教育程度对预期寿命的影响大于社会地位和收入。因为受过更多正规教育能够更好地应对生活，他们对生活重大事件的处理、健康问题的应对能力和心理承受能力都较强。从老年人晚年学习对心理能力、记忆和智力的影响来看，学习帮助老年人解决问题和不断思考，获得知识的同时保持大脑活跃。从老年人学习对自我实现和精神层面的需求研究看，晚年的学习与更大的生活满意度和更强的幸福感相关。晚年非正式的学习（如兴趣班、俱乐部等）与正规培训相比，更能提升老年人的幸福感，一些社区学习和居民的生活质量、社区归属感存在显著的正相关。此外，老年人参与学习还能增进人际关系、增强与社会网络的联系；反过来，学习和促进老年人的社会参与、社会接触和联系也有利于老年学习。

（二） 老年人的学习内容

老年人的教育需求直接影响老年教育的内容。老年人的教育需求种类较多，既可以根据学习需求的类别将其划分为应对需求、表现性需求、贡献性需求、影响力需求和超越的需求，也可以根据老年阶段的发展任务将学习需求划分为生理需求、心理需求和社会需求，还可以根据老年个体的自我选择来挑选合适的学习的内容（李洁，2020）。

1. 以学习需求的类别为划分依据

成人教育学家麦克拉斯基（Mc-Clusky）从生存余力理论衍生出老年教育需求的五种类别。一是应对需求，即应对生存压力和生活（如拥有一定的健康、经济能力、家庭与闲暇时光等）。这些需求的满足是其他更高级需求获得满足的前提，正如健康的身体素质是我们考虑参加兴趣班的前提。只有满足应对需求，才能充分适应社会，身心保持健康。二是表现性需求，即为了自身利益而进行的活动。例如，老年人喜欢参与的气氛而参与舞蹈和音乐学习，为了学会使用摄像机而报名学习班。三是贡献性需求，即服务他人的意愿。老年人拥有健康的身体和充足的资源去应对生活琐事后，可以将余力用于帮助他人，以获得精神上的富足感。四是影响力需求，即寻找生活方向和提升生活质量的方法。五是超越的需求，即超越年龄的限制，学会平衡，以积极的心态面对老年期。这五种类别框架为指导适当的教育实践提供了有用的层次结构，目前许多老年教育项目的制定仍只是为了满足老年人的应对和表现性的需求，还没达到帮助老年人实现贡献性、影响力和超越的需求的层次。

2. 以老年阶段的发展任务为划分依据

老年期的发展任务应该满足老年人的心理、生理和社会需求，由自己和他人共同评价自身是否实现了成功老化。美国社会心理学家哈维格斯特

（Havighurst）认为，老年人应该关注由于身体健康与机体功能逐渐衰退，老年人需要保持社会地位和改变角色（50～60岁），决定脱离以及如何利用脱离（60～70岁及70岁以后）。老年人的“脱离”指与他人和社会的互动减少，如退休、配偶死亡、朋友圈范围缩小等。为使老年人更有效地应对发展任务带来的挑战，哈维格斯特提出了两个设想：一是为50岁后期至60岁早期者提供退休准备教育；二是设计课程时，更多组织团体协作或活动课程，如绘画课、团体旅行和跳舞都促进团体协作，而活动课程有利于搭建舒适、温和的情境增进老年人的交流。

3. 以老年个体的自我选择为划分依据

对于老年人而言，选择参加老年教育则是围绕自身实际生活和心理需要进行选择。部分老年人会因为想要丰富生活情趣和延年益寿而选择报园艺、旅游、书法、舞蹈类兴趣班。而有些老年人可能为了满足夙愿、弥补前一段人生中的缺憾而选择参与老年教育。例如，老年人可能因为年轻时家庭经济不允许，未能如愿深造，或者为了维系生计而从事自身不感兴趣的工作，他们会在退休后选择继续学习以弥补缺憾。

有探索精神的老年人会积极开拓新领域，满足好奇心。一些立志“追上年轻人”的老年人对新技能充满探索精神，可能会因为对计算机使用和操作不熟悉，担心因此与社会脱节，便开始主攻计算机技术，其好奇心便是学习的动力。还有一些老年人学习哲学、写作、教育学、心理学等，旨在使自身生命价值、生活经验、人生阅历得到升华，为下一代的健康成长做出贡献（周德荣，2005）。

二、老年教育与积极老龄化

（一）发展老年教育的对象与依据

1. 老年教育学的研究对象

老年教育学是研究和实践有关老年人的教学活动，它结合了教育、人口老龄化和老年人的学习需求。从实践领域看，老年教育学帮助老年人防止过早衰退，发现生命意义，并鼓励心理成长。从知识领域看，其研究重点在于整个晚年生活中发生的智力变化，老年学员的学习需求与适应，参与教育的意愿。因此，老年教育学是一种尝试——应用目前已知的关于老龄化和教育的知识，以延长健康和生命，提高老年人的生活质量。

老年教育的开展形式可以是正式的，也可以是非正式的。老年教育学是关于老年人的研究和实践，预防、发现和治疗问题，帮助老年人更好地理解和帮助自己。这是一个“积极的领域”，其中包括认可和开发老年人个人的潜力，以确保老年人在整个生命周期中持续发展。老年教育包括三个主要领域：老年人接受继续教育；为一般及特定受众提供有关年长者的指引；对那些将与老年人相处的人以指导，比如指导为老年人提供服务的机构中的工作人员。

2. 发展老年教育的政策依据

我国老年教育发展30多年来，经历了由服务离休老干部到退休老干部直到全体老年人的教育对象转型过程，经历了由休闲性、福利性到文化性、教育性的教育性质转变过程。但长期以来，老年教育缺乏国家层面的顶层设计，使老年教育的发展方向不明、战略缺失，一直在摸索中进行。

1996年10月1日起施行的《中华人民共和国老年人权益保障法》规定“老年人有继续受教育的权利。国家发展老年教育，鼓励社会办好各类老年学校。各级人民政府对老年教育应当加强领导，统一规划”。2010年7月，国务院发布了《国家中长期教育改革和发展规划纲要（2010—2020年）》，提出“重视老年教育”。这是老年教育第一次出现在国家教育纲要之中，首次在国家层面确立了老年教育的教育地位和教育属性。

2016年10月，国务院办公厅印发的《老年教育发展规划（2016—2020年）》是我国历史上第一个专门为老年教育制定并颁布的纲领性文件，使老年教育有了顶层设计，在今后的发展上明确了方向、确立了目标。文件提出“老年教育是我国教育事业和老龄事业的重要组成部分。发展老年教育，是积极应对人口老龄化、实现教育现代化、建设学习型社会的重要举措，是满足老年人多样化学习需求、提升老年人生活品质、促进社会和谐的必然要求”。对于积极应对人口老龄化挑战、推动老年教育创新发展、大力发展老龄服务事业等都具有十分重要和深远的意义。

老年教育是一个发展中的研究领域，它发生在教育学和老年学领域之间。虽然在我们的社会中，教育对个人的价值早已得到承认，但直到最近几十年，这种信念才在老年人中得到巩固。在人口老龄化发展的趋势下，我国实施积极的老年化战略，大力开展老年教育就是其重要方面，并且始终把老年教育事业作为社会事业的重要内容，予以关注和扶持。特别是老龄化快速发展的今天，更是把积极应对老龄化，进一步提升为国家战略。然而，以上所提的法律条文中体现的老年教育理念明确以活动参与为目标，且专门针对老年人群开展，但是，倘若我们将老年教育的目标转向精神发展，那么老年教育的对象是否仅限于老年人？对此，我们应该明确，帮助老年人实现幸福老年，需要从哪些方面着手。

（二）实现积极老龄化的途径——促进老年教育

人口老龄化的快速发展需要全社会给予老年群体更多的关注，以及对老年群体的实际需求给予更多的投入。发展教育是其中必需的积极措施，这不仅因为教育是提升人们就业和社会经济地位的关键，还因为教育特别是终身教育影响老年群体的健康（Bandura，1987）。近年来，老年教育作为终身教育的一个环节越来越受到我国各级政府和社会的重视，组织、教育、老龄等工作部门将发展老年教育纳入了工作议程，有关老年人的各类学习活动和实际工作得到快速发展。

老年教育是以老年人为主体，旨在满足老年人需求，保障老年人受教育的权利，增强老年人生存发展能力，推进老年人社会参与和全面发展，并最终实现老年人与家庭、社区和社会和谐发展的为老服务（王英，2009）。老年教育是我国教育事业和老龄事业的重要组成部分，实现“积极老龄化”，需要发展老年教育。老年人参加学习，是一种与他人和社会有效的互动方式，更是发挥个人潜能、融入社会的重要渠道，有利于老年人将学习到的知识、技能应用到实践中，从而促进积极老龄化的推进。因此，深入开展和完善老年教育具有重要意义。

老年教育与积极老龄化内涵相通。首先，老年人参与老年大学（学校）的课程学习，在获得知识、技能的同时还可以丰富其精神生活、扩大其朋友圈，有利于促进其身心健康，推动其自我实现，与积极老龄化的“健康、参与、保障”理念相符。其次，老年教育给老年人提供参与社会服务的机会，使老年人在老年期仍然能够延续和充实生命的价值；参与社会活动还有利于老年人接触新事物、新思想，使老年人能够不断充实自身，使其生活、生命质量不断得到提高，成为“健康、参与”的“积极老人”。最后，老年教育可以帮助老年人发掘自身潜能并完善自我，其办学方针和管理模式体现以老年人为本、为老年人服务，是一种对老年人的“保障”方式（岳瑛，2012）。

老年教育与积极老龄化密切相关。一方面，二者都关注老年个体生命价值的延续，关注老年群体的需求，以积极的视角看待老年群体；另一方面，积极老龄化的推进需要不断完善老年教育，而老年教育的发展又有利于积极老龄化的推进，二者相辅相成、共同促进。

发展老年教育是实现积极老龄化政策的具体实践，老年人通过接受再教育，提高其老年期的社会适应能力和心理健康水平，有利于提升老年人的生活、生命质量和维系家庭和睦；同时有利于促进社会和谐和完善终身教育体系。老年人通过不断学习、更新其知识系统，紧跟社会发展步伐，能够在保持积极乐观的心态、提升自身生命价值的同时，以积极、乐观、上进的心态影响下一代，进而有利于国家的和谐与稳定。老年教育不仅解决老年人的受教育问题，而且能在社会转型过程中通过老年教育这一平台实现积极老龄化。因此，在积极老龄化思潮下大力发展老年教育，具有重要的理论与实践意义，是一项利国利民的事业。

三、教育对老年人的影响

针对老年人的教育项目现在已经得到普遍发展，并有政策和理论依据，明确地朝着良好的方向发展。到目前为止，老年教育的发展产生了很多影响。例如，首先，现在大家普遍接受我们生活在一个学习型社会，在这个社会中，每个年龄段的人都需要继续扩展他们的知识和技能，以生存和繁荣，这是支持老年人教育项目的基础。其次，接受老年人教育的基本原理已经改变了许多教学计划的方向。老年教育的内容不再只涉及老年时出现的困难，开始强调人在一生中成长和发展的能力。老年人被认为是有潜力的个体，他们可以贡献和服务社会，也可以自行应对生活事件和很好地生存。当前，终身计划取代了退休调整，在老年教育中开始纳入通识教育、心理成长和拓宽经验的课程。最后，对老年人的教育不再被视为“可有可无”的简单工作，更多机构、更多资金和社会人员正在认识到老年教育的潜力，并积极地参与其发展。随着更多人关注老年教育，老年教育得到更多的社会资金支持，人员规模得到扩大，专业水平逐步提高。

（一）老年人的学习需求

教育对老年人的影响可以从满足老年人的需求进行分析。在最大限度地利用现有资源并同时满足老年人的学习目标和需求方面，教育规划和管理人员的职责是什么？如何满足大多数老年人的教育需求和学习需要？大多数为老年人提供服务的教育管理者都希望在一定的制度约束或资源限制下提供最好的项目或学习活动。因此，老年教育需求评估和分析显得尤为重要。不同的社会阶段、不同年龄的老年人，其学习需要与整体的教育需求会有不同的模式。

分析老年人的教育需求时，心理学和社会心理学领域的理论往往采用内部激励机制，普遍认为人们通过以某种有意义的方式与环境交互作用来满足需求。如马斯洛需求层次理论，生理和心理的需求可以推动或促使人们参与活动，当较低级需求（生存、健康）获得满足时个体会开始追求更高级的需求（交友、学习新技能）。

社会学中使用了工具性和表现性教育活动的术语，用于研究社会结构和在社会结构中互动的个体的动机行为取向。人们在努力实现社会目标的过程中获得满足感，并引起极大的兴趣，这就是表现性取向。而参与活动、完成某些期望的未来目标以获得延迟满足，则是工具性取向。例如，一个人选择学习烹饪课程，如果他是为了享受创造美食和烹饪食物的过程，为所爱的人烹饪食物，则他选择上这门课是基于表现性取向；如果他是为了获得一份厨师工作而学习烹饪，则是基于工具性取向。无论是哪种取向，当达到所想要的目标时，个体都能获得满足感。

一般而言，老年人如果有生活、职业或经济上的需求，其教育学习的目标可能更偏向实用的工具性取向；而如果经济上得到充分满足，当老年人的需求倾向于休闲娱乐的教育学习时，会更倾向于表现性取向。教育活动还可能同时具有工具性和表现性，例如很多老年人学习摄影既是为了娱乐身心，又可以利用这门手艺去兼职创收。

（二）老年教育的功能

老年教育是让老年人继续学习而进行的教育活动，它是整个教育事业的一个组成部分。老年教育不是为职业生涯做准备，也不是职业培训，既不同于普通教育，也不同于职业教育和专业进修教育，而是根据老年人的生理和心理特征进行的一种特殊教育。其目的是使老年人增长知识、开阔视野、丰富生活、增强体质。老年教育的对象是各个层次的老年人，因而其功能也具有多样化的特点。

对于老年人自身而言，参与老年教育能够学习新知识，接受新事物，并且在学习的过程中拓宽交友圈，维持个人的社会适应力。学习感兴趣的事物和新事物还能开发潜能，达到追求自我、享受休闲，获得精神慰藉的效果。老年人的志愿活动一般为自愿并符合兴趣，同时，老年志愿者在参与活动中维持社会参与，能够建立“退而不休”“老有所为”的表率风范。

对家庭而言，老年人学习的过程就是继续社会化的过程，学习和社交都有利于加强与家人的接触，加强沟通能力，增进家庭和谐关系。此外，老年人主动增进知识和接受辅导，便于老年人再就业或创业，自力更生。

对社会发展而言，老年教育是以培训高龄人力资源为目标，亦即有效开发高龄人力资源，参与社会服务，达到人尽其才。老年教育有助于增进代际沟通及改善人际关系，有助于化解社会的老化刻板印象，促进社会和谐。

第二节　老年教育问题探析

老年教育是应对人口老龄化问题，以及实现积极老龄化的重要举措。可以说，老年教育是由人口学为新形势下的教育实践提出的新要求与新命题。立足于人口学，老年教育对于老年个体以及社会整体发展的意义、价值以及相关路径都已被充分认识。那么，作为新兴教育形式归属于教育领域的老年教育，它的基本问题却尚未明确。以这些问题的回答为基础构建形成老年教育的体系，可为老年教育的实施提供适用于老年人身份特点的依据，使教育能更好地发挥效能，让社会更好地推进积极老龄化。

1973 年，法国第三年龄大学的成立成为国际老年教育兴起的标志，老年教育为什么于近几十年才兴起？是什么因素促成了老年教育的产生？老年教育为何在过去很长一段时间游离于教育系统之外？老年教育的内涵是什么？老年教育的发展思路又是什么？这些都是确定老年教育内涵与将来发展必须回答的前提性与基础性问题。因此，探讨老年教育身份缺失的原因、探寻老年教育产生的动力因素，明确老年教育的内涵，才能规划老年教育的未来图景，更好地助推积极老龄化。

一、原因探源：老年教育的身份缺失

教育应该是贯穿个体终生，是一个人从出生那一刻起直到生命终结为止的不间断的发展过程。自从有教育以来，教育系统并未涵盖个体生命的全部阶段，老年人被排斥于教育系统之外，这是教育系统发展历程中的阶段性现象，源于特定经济、社会、文化背景下的观念制约。

（一）老年人的实际心理需求

老年教育产生于特定的机遇与条件，这些机遇与条件为老年教育提供

了合理依据，并为老年教育带来新的视角。马斯洛需求层次理论指出，个体的需要由低到高依次体现为“生理需要、安全需要、归属与爱的需要、尊重需要、自我实现需要”五个层次。马斯洛指出，当低层次需要得到满足后，个体从该层次需要解放并追求更高层次需要。当代退休老年人往往已经得到前面四种需要，他们心理层面会自动希望追求自我实现的需要。为了达到自我实现，老年人退休后仍然参与老年大学的学习，学习新知识和技能，或者开始寻求感兴趣的事物，提升心理幸福感和生活质量。

（二）老年人价值的传统认知

教育源于人类生产劳动经验传递的需要。过去，老年人被认为是智慧的象征，他们位居家庭中心，在巩固家庭关系的同时，通过授受与言传身教帮助年轻一代获得知识、经验、技能与文化并帮助其养成。因而，老年人因其丰富的经验积累与谋生技能成为最早的教育实施者，并非受教育者。伴随生产力发展水平不断提升以及教育形式专门化，年轻一代依靠信息媒介就可获得超越于老龄人口知识经验的教育资源，老龄人口的教育价值因此才逐渐降低。

受近代主义制度发展工业革命和经济发展的影响，人作为生产力而创造价值。受制于日渐衰退的体力与脑力，加之现代社会对个体的脑力、体力要求明显提高，导致老年人的社会生产参与度显著降低，其有限的经济生产价值更加微乎其微，老年人对经济社会发展的贡献减少，老年人的价值并未被彰显。

（三）人力资本的内涵被窄化

人力资本被认为是“人民作为生产者和消费者的能力”，是通过后天投入凝结于人体之中的、具有经济价值并能带来未来收益和据此参与收益分享的指示、经验、技术、能力、工作努力程度、协作力、健康及其他质量因素的总和（李玲，2003）。人力资本包含生产性与消费性两种属性。其中，生产性体现于经济、文化、精神等各个领域，消费性则体现于通过教育、医疗、保健等的投资。生产力较弱的老年人被认为人力资本价值较弱，同时也缺乏人力资本价值挖掘与增值的必要性。另外，因老年人将大部分资金投入健康保健、医疗、生命维护以及纯消费领域而非教育的现实，更加加剧了社会对其人力资本价值潜能的忽视，降低了老龄人口接受教育的必要性，并导致老年教育的教育身份缺失（王剑波、宋燕、高文燕，2020）。

二、老年教育的目标与价值

（一）老年教育的目标

当前老年教育理论主要形成了社会参与和丰富老年人生活（自我发展）两个取向。前者是西方国家人口老龄化背景下老年教育实践最重要的理论，它从人与社会共同发展的角度强调老年人是社会的一员，是社会成果的分享者和社会发展的参与者，强调社会参与是实现老年人自身发展的根本途径，也是成功老龄化目标的核心内容。而后者是我国老年教育的理论取向，更注重老年人的休闲活动与生活质量（李学书，2014）。

从本质上来讲，社会参与取向和自我发展取向都是以参与活动（个人或社会活动）为目标，并受哈维格斯特提出的活动理论的影响。该理论认为成功老化的人是那些仍保留中年时的社会角色与个人关系的老年人，它的基本假设是参与的活动越多，生活满意度越高。这一理论相对于卡明斯（Cummings）和亨利（Henry）提出的脱离理论（建议将老年人从积极参与生活事件和社会关系中分离出来为即将到来的死亡做准备）是进步的，但遭到了超老化观感研究者拖恩斯戴姆（Tornstam）等人的质疑。

进入老年期后，老年人对积极独处的需要与快乐非常明显，而对社会活动及其他活动的参与变得非常精心选择，并且对他们的生活与社会活动有高度的满意感。也就是说，无论是退休还是因身体疾病退出社会角色与活动去享受沉思与独处的老年人同样能够具有积极的心理状态和较高的生活满意度。

进入终身教育时代，“教育的起点是社会要求，终点是人的发展”——

杜威的教育目的说已得到来自学前教育、教育学、成人教育学和老年教育领域理论家与实践者的一致认同。然而，未成年人、成年人和老年人三个生命存在的特殊性却决定了教育的“发展目的说”在具体的教育实践应用的极为不同。如果说未成年人教育具有未来性，因为要把身心尚未成熟的未成年人培养成为一定社会需要的人才；那么成人教育则应该具有现实性，因为“具有独立人格的成年人的学习意向与其承担的社会角色及其发展任务是紧密相关的，并且是以解决职业生活、家庭生活、社会生活中的实际问题为中心”；而老年教育则具有超然性，因为要引导逐渐退出社会角色的老年人获得超老化观感的精神发展，即发现生命的意义、寻找内心平和，促其自我接纳和完善（李洁，2015）。

（二）老年教育的价值

1. 推动全面建成小康社会

我国目前正在全面建成小康社会，这里的全面小康是面向全民的小康社会，是社会各个方面全面进步的社会。无论是推进经济发展、文化繁荣，还是民主进步，都不能离开和摆脱老年群体的作用。老年人曾经为小康社会的建设做出了重大的贡献，未来小康社会的全面建设依旧需要老年人进一步发挥力量。开展老年教育可以更新与优化老年人的智能结构，挖掘与开发蕴藏于老年人身上的潜能，还可以使老年人的文化知识、专门技术、业务能力、实践经验得以传播和应用。由此可见，老年教育是推动全面建成小康社会的不可忽视的重要力量。

2. 营造学习型社会

21 世纪是一个学习型社会。党的十六大报告中已经指出要“形成全民学习、终身学习的学习型社会，促进人的全面发展”。在学习型社会中，教育活动、学习活动无处不在、无时不在，呼吁全社会动员起来，全体国民参与起来，人人都有受教育的权利。老年教育的开展为老年人进一步学习提供了平台，保障了老年人受教育的权利，满足了他们继续学习的愿望与要求。概而言之，营建学习型社会需要老年人继续学习与继续受教育，使得学习既是老年人的权利，也是老年人乐意承担的义务。

3．提高老年人生活质量

生活质量包括物质生活质量和精神生活质量两方面。现代生活使老年人的物质生活有了基本保障，根据需求层次理论，个体的基本需要获得满足后会开始重视更高级需求的满足。对于老年人而言，他们更高级的需求是文化生活与精神追求，即需要健康、长寿、知识、幸福，需要得到精神慰藉，多方位地享受生活的美好。即使是对于精神生活而言，许多老年人也不单纯满足于下棋、打牌这些简单的文化生活。老年教育以科学合理的教育目的、丰富多样的课程内容、灵活弹性的学习形式、民主和谐的教学氛围、自由平等的人际交往尽可能地满足老年人生活质量提高方面的各种要求，使其体验到老年生活的价值与意义。我国 30 多年老年大学的发展实践也证实了开展老年教育有助于提高老年人的生活质量。

4．推动个体再社会化

个体社会化的过程伴随人的一生，直到生命终止，老年期社会化是个体社会化的最后阶段。个体进入老年期后，社会角色的重大变化使得老年人需要开始新的生活，适应新的生活秩序。当老年人从工作岗位上退下来之后，其扮演的社会角色随之发生了重大变化，如果对此未能做好心理准备，可能会出现不同程度的失落、空虚、孤独、抑郁、无所事事甚至绝望的心理。此情况若处理不当，则容易使老年人走向封闭，开始逃避社会，对身边事物漠不关心。而老年教育恰好能满足老年人的许多需要，例如为老年人提供活动、交流与学习的机会以充实与丰富他们的晚年生活，使老年人及时了解社会发展的现实状况，正确把握社会发展对老年群体的要求，养成以科学理性和乐观向上的态度来了解社会、参与社会，继续融入社会发展中，推动老年人再社会化。通过老年教育，老年人能够更好地与社会发展休戚与共，成为名副其实的社会一分子（王未，2005）。

（三）价值标准转变是老年教育的产生契机

当今社会经济发展不再是社会发展的主流目标，个体的价值不再囿于直接为社会创造财富。人的价值开始扩展到文化、精神等各个领域，由直接贡献扩展到间接贡献、隐性贡献，因而所有年龄阶段的个体都能为社会发展做贡献，所有人都拥有能力与智慧这一新的观念日渐被认识。

这一认识首先颠覆了社会对老年群体的价值认识。老年人拥有潜能、经验、学习能力以及在社会中与他人交流经验的能力，甚至具有促进经济和整个社会发展的价值。伴随人口老龄化时代到来，世界各国先后制定的延迟退休政策更是突出了老龄人口的价值。老龄人口的价值被认可，其价值需要被挖掘增值，老年教育能够发现并挖掘人的价值与潜能，因而获得发展契机。

（四）人口老龄化问题解决需求是老年教育的产生助力

当今世界人口预期寿命不断延长，人口结构继续老化。2019 年全球人均预期寿命为 72.6 岁，比 1990 年提高了 8 岁，预计到 2050 年将提高到 77.1 岁，而目前中国人口平均预期寿命已达 77 岁。其中，中国当前的老龄化率为 12.0%，在全世界排第 57 位；预计 2050 年为 26.1%，排第 33 位。此外，日本是全球人口老龄化最严重的国家，65 岁以上人口比例达到了 27%，排名世界第一，而意大利 23%、德国 21% 位居第二名和第三名。这说明，随着寿命的延长，人口老龄化是全球的大趋势，各国应及早规划应对人口老龄化的政策和实施措施。

人口老龄化对养老基础设施、养老资金和养老服务的更高要求，将造成社会保障、健康保健以及其他福利花费过高，在加重国家财政负担的同时，也会加剧不同社会机构间对于公用稀缺资源的竞争。相应的，不加引导的被动老龄化会使老年人社会参与度与自我价值感降低，不利于身心健康，从而加剧人口老龄化对社会发展的负面效应。

1990 年世界卫生组织提出“健康老龄化”理念，提出生理、心理与社会适应这三个健康老龄标准，旨在通过提高老龄人口的生命质量缓解养老与医疗给家庭以及社会带来的负面影响。1999 年，世界卫生组织进一步提出“积极老龄化”，倡导老龄化应提高老年人的生活质量，使健康、参与和保障的机会尽可能发挥最大效益。积极老龄化在重视健康维护基础之上更加强调经济、政治、文化等社会与精神层面因素与老龄化过程的互动影响。从这个角度看，积极老龄化应用于老年教育就是“教育养老”，老年教育是应对人口老龄化问题的必然产物，解决人口老龄化问题的需求本身就是老年教育的产生助力（王剑波等，2020）。

三、老年教育与超越经验

老年人将个人经验（经历）带入学习情境，这既是他们最大的资源，也可能是他们最大的绊脚石。因为经验可能导致智慧和快速解决问题，但也可能导致教条主义。无论如何，经验的影响是老年人学习不可避免的条件。因此，教育者不能忽略老年人的经验。只有把教育目标放在整个人类生命周期的概念中，老年教育才能达到其目的。

老年人已经在社会中生活了几十年，当他们学习文学、历史或心理学等学科时，他们已对所学现象具有广泛的经验。老年人不一定对老年教育所提供的学科有足够的知识，但是他们有另一个优势——他们能结合生活经验来理解这些知识，并能够扩宽知识的应用范围。在60岁或70岁时开始学习这些学科的老年人，与18岁的大学生相比，在很多方面都更有能力通过拓宽或加深对生活的理解，来理解文学、历史学或心理学这些学科知识给个体带来的收获。因而，在老年大学的教育过程中，教师首先应认识到老年人可以给课堂带来的特殊优势，其次，利用老年人的经验优势来丰富他们对知识的理解。

（一）经验的困境

随着工业化和人工智能的发展，社会的经济和技术体系降低对生活经验的需求，倾向于青睐那些必须不断更新的技能和知识。除技术领域以外，在风俗、价值观和家庭生活领域，老年人也处于劣势——在快速更新的世界中，他们的生活经验越来越没有价值。如果老年人试图保存来自生活经验的教训，他们在某种程度上只是试图保存他们的存在感，然而，这种自我保护的尝试可能会破坏老年人心理发展和适应的可能性。老年教育者应站在老年人立场理解这种困境，因为教师的角色是通过教育把个体生活经验转化为力量。

老年人对自身的态度影响着他们的生活质量。否认过去意味否认自身当前的能力和拥有的东西；认可自身，积极展望未来，积极参与教育和其他活动，有利于适应社会和心理健康发展。例如，退休后被返聘或是选择参与老年教育与活动的老年人，利用自身的经验和力量，发展兴趣和贡献理论，继续发光发热，这是对自身认可的表现。他们更多的是接受人类时间经验的不可逆性，他们既没有因为生活在过去有太多的困难而气馁，也没有否认过去、逃避未来。相反，他们对眼前生活是主动接受。

成功老龄化最深刻的定义是：活在当下，修复过去，展望未来。老年人活在当下并意识到当前自身在老化，这不意味着逃避未来（对我们所有人来说，未来的终点都是死亡），而是以最积极的方式为之做好准备。它不意味着否认过去，而是从过去经验中寻找方法来修复它。对老年教育来说，利用学习者的生活经验可以帮助他们重新认识自己、以过去的经验学习新的知识。实际上，可以把老年人接受老年教育看作“探险”，他们通过学习，从生活经验中发现新意义。

从心理动力学的角度来说，生命回顾的过程是老年发展的主要任务。老年人回顾他们的生活经历——就像我们所有人一样，无论年龄大小，如果我们在回顾过去时，如 5 年、10 年、50 年前，能够反思自身者，可能会想，回顾过去意味着什么？老年人独特的力量在于他们的生活经验，当他们回顾自己的过去时，如果能找到其与当前的联结，就会展现出惊人的成长和理解能力。

老年教育的目的是通过揭示老年人如何借助生活经验和生活环境的联系，并把这些转化为知识。这样获得的知识是一种超越特定情境或个人生活史的经验事实的飞跃，它揭示了一个被生活经验忽略的更广阔的视野。在我们的文化中，许多老年人已经内化了消极的自我形象，“我太老了，学不会东西了”或者“我的经验已经过时了，没有价值了”，这些错误信息使老年人将自身放置在社会累赘的位置，忽略其价值。实际上，老年人已经拥有了丰富而有意义的一生经历，只要教育中能发掘其隐藏的潜力，则可以成为主动的学习者，成为社会的积极贡献者。

（二）教育与超越经验

对老年人来说，晚年最大的幸运是仍然能够安排自己的生活，学习新知识以适应生活，通过参与老年大学的学习他们能够既摆脱了无聊时光，又获得新朋友和知识。根据马克思的存在主义哲学，只有存在才能赋予生命意义，这就要求老年人必须避免“闭关自守”，必须通过关注当下以超越自己的过去。老年人只有通过参与，才能在老年时保持健康。

根据人类生命发展周期的观点，教育过程要适应学习者不断变化的发展需要。人生的前半部分致力于获得工作和家庭相关的自我认同，而后半段则要求我们剥去自己的人格——“成人角色和社会面具”。后半生的目标是一个心理个性化或自我实现的过程：回归本源，成为以自我原型为象征的完整、统一的人格，转向内在以获得完整。正如部分老年性精神病是由于老年人无法接受生命周期中这些不断变化的发育任务，对个体而言，超越过去的发展进程必须植根于对过去的接受。老年的独特任务表现在自我完整与绝望的两个极性上，自我完整意味着接受一个人唯一的生命周期是必须存在的，而且必然不允许任何替代。

在童年和青年时期，生活经历是一个不断上升的过程，可能因为职业的进步，也可能因为抚养孩子是幸福的来源，或者因为一个人的生活水平提高了，或者因为有了更丰富的知识——向上进步的观念在中年时可能仍然存在。然而，到了老年期，退休后的老年人可能会突然发现他已经“无处可去”了，他不再需要为了晋升或者增加薪资而奋斗，他会突然失去目标。换句话说，随着老年的到来，人类对时间的体验发生了根本性的变化，“未来的海市蜃楼”消失了，人们意识到“自己不再需要为一些事情奋斗”。在我们以未来为导向、以成就为导向的文化中，这种认识可能引发巨大的心理危机。例如，对于面临突然退休的人来说，危机可能真的会威胁到他的生命：如果时间在缩短，我们不再相信未来，那我们活着是为了什么？不管我们是已经达到了目标，还是被成功所迷惑，或者我们发现我们永远不会成为我们年轻时想象的那个人。无论如何，生活总是自我封闭的，需要超越过去的目标。

超越是同时接受已经完成和未完成的过去。“超越过去”意味着放开过去，承认它已经结束，而不是作为“唯一的生命周期”被重复。超越意味着超越一个人以前的角色和对自我的定义。老年教育的价值在于，每一门学科的研究都能揭示这个未恢复的自我的一个方面。

第三节　积极老年观与科学老年观

受教育权是个体的基本权利，而受教育可以是贯穿个体一生的，特别对于老年人来说，参与老年大学的学习是他们获得富有意义的生活的重要途径，是帮助他们发挥潜力，成为促进社会持续发展的不可或缺的一环。本节探讨老年人教育的基本问题与相关理论，以积极的老年观看待老年教育，将科学的理论观点应用于解释老年教育的重要性。

一、积极老年观——开展老年教育的前提

西塞罗（Marcus Tullius Cicero）深受古希腊文化与古罗马文化的影响，其中柏拉图学派与斯多葛派的思想对其影响最为显著。柏拉图（Plato）认为老年人非但不是社会的负担，反倒是统治城邦、护卫国家的卫士。斯多葛认为理性与幸福是一致的，是实现人类幸福的必备条件，“一切顺其自然的事情都应该被认为是好事”。西塞罗作为斯多葛学派晚期的代表，自然主义思想体现在老年幸福与否问题的论述中。

针对体力衰弱问题，西塞罗认为每个年龄段都有其特色，“童年稚弱、青年激情、中年稳健、老年睿智”，老年期可以享受不同于年轻人的幸福。

在面临死亡时，西塞罗认为没有什么比老年人寿终正寝更顺应自然的了。老年人只需要按照自然写的人生剧本演出即可，不要过分地留恋。因此，斯多葛派自然主义思想是西塞罗论证老年是幸福的理论基础，更是西塞罗积极老年观的思想来源。

（一）西塞罗积极老年观的内容

1. 积极健康的生活观念

第一，在生活态度方面，西塞罗认为老年人应该保持积极的生活观念，可以并且应该积极从事社会公共事务。老年人有老年阶段的优势，应该积极地参与社会，实现老有所为。大多国家的重要领导人都是老年人，这说明老年人也有其优势。

第二，在生活习惯方面，西塞罗认为老年人应该保持健康的生活习惯以保持体力优势，保持心灵和理智的健康。西塞罗认为老年时期体力衰弱往往是由于年轻时落下的病根，而不是由于变老造成的。正如老一代的人以体力劳动为主，由于工作环境恶劣等，他们年轻时落下很多慢性病，老后发展成各种疾病，使社会形成“老＝病”的观点。

第三，在生活情趣方面，西塞罗提倡老年人应该培养自我生活爱好，坚持终身学习的爱好，在积极参与社会中融入社会获得快乐。西塞罗认为“一个总是在学习和工作中讨生活的人，是不会察觉自己老之将至的”。老年人找到自我生活兴趣，积极参与社会之中，既是对自己心灵和理智的锻炼，也是对社会的一种贡献。

2. “顺应自然”的积极心理

自然与坦然是老年人保持积极健康的心理观念的重要法则，也是老年人积极参与社会的关键所在。各个年龄段都有其优势，经历过人生大风大浪的洗礼，老年人在看待人生时比青年人缺少一些激情，却多了一份豁达与坦然。西塞罗倡导的“顺其自然、坦然面对”的心理观念，表面上是带有宿命论的消极观念，实则是帮助老年人解开年老所带来的体力脑力衰弱、地位下降、感官之乐消失以及离世临近等心理问题的一剂良药。只有解开老年人心中的烦恼，以“自然坦然”的心理去面对老年，才能真正积极参与社会。

（二）重视老年教育的积极教育观

通过教育得到提升既是老年人参与社会的重要条件，更是老年人的基本权利。然而长久以来，人们将受教育与投资挂钩，将受教育与儿童青年人对应起来，将老年人排除在受教育的考虑范围之外。究其原因是人们潜意识里将老年人视为一种负担而非希望。早在两千多年前，西塞罗就看到老年人的闪光点。

第一，美德教育是提升老年人参与社会的基础，美德是解释老年人所有抱怨的答案。通情达理、性格随和、心胸开阔的老人都会觉得老年很好过；而性情乖戾、脾气不好的人无论什么年纪都会觉得日子不好过。

第二，死亡教育是积极参与社会的心理前提。面对离世临近这个客观难题，西塞罗认为逝世不仅不是一种可怕的事情，反而是一种愉快的事情。离世是自然安排的最后一场戏，如同春天消逝与秋天到来，是无法改变和避免的。保持这样的积极观点，将有助于老年人打破再次融入社会的心理障碍，老年人会比青年人有更多的自信和勇气（崔旭东，2019）。

因此，这种教育观不仅应该应用于年轻人的教育，更应该融入老年教育之中。

二、科学老年观的理论基础

（一）自我发展取向的老年教育理论支撑

老年教育理论及其取向涉及老年教育发展的价值定位和未来走向，对其进行研究有助于检视老年教育阶段性特点、现存问题以及相应改进策略，是促进老年教育及其学科建设发展的前提。

老年教育作为一种教育形态，其独特性除了表现在教育目的和宗旨外，还表现在理论渊源方面。老年教育的理论渊源主要是社会学相关理论和国际社会为推进老年教育发展的新近理论成果，如第三年龄理论、积极老龄化理论、健康老龄化理论。在社会学理论中，除了马斯洛需求层次理论外，经济福利理论已经成为老年教育的直接理论基础。社会冲突和调适理论是社会学理论之一，它源于20世纪50年代中后期形成的西方社会学派，关注社会不平等现象，强调社会冲突在社会变迁中的作用。调适是指人们为了适应社会环境等变化，必须避免和减少对立冲突，以达到和谐共存的目的。而对老年人而言，由于其生理和心理等方面原因，其社会角色和定位往往被边缘化，引发一系列冲突，必须加以调适。通过教育，老年人才能知道自己身心不适应的原因并有效改善。

1. 社会群体理论和社会互动理论

群体是根据一定的特征（阶级、民族属性、共同活动的情况、人际关系的发展水平、组织特点等）而从社会整体中区分出来的人群共同体。社会群体理论认为群体构成的前提是形成一定的社会关系，成员之间要互动和交往，在此基础上形成认同感和归属感。老年人在学习过程中必然形成一个特殊群体，老年大学就是该群体的活动场地，是老年人融入社会发挥老有所为的重要平台。

社会互动理论认为，生活在社会各阶层的人们随时都在与他人发生接触和交往，以及情感交流等相互作用。因此互动可以说是社会存在的基础、人类社会化的前提，参与教育是一种很好的群体互动方法，通过互动让个体正确认识提升、完善自我。

2. 连续、脱离和活动理论

连续理论是以老年人个性研究为对象，认为老年人生活方式不同程度地受到中年期影响，中年期性格开朗，老年期也会积极参与社会活动，反之则可能消极避世。该理论看到了老年个体的差异性，老年教育应该采取差异化的管理，满足个体的教育需求。

脱离理论又被称作撤退理论或休闲理论。该理论指出，老年人身心衰退是他们脱离社会的生理基础，这种脱离可以是主动撤退也可由社会启动，古代的退隐和今天的法定退休就是表征。老年人的撤退有助于老年人晚年生活和社会的继承，具有普遍性和必然性。

活动理论可以和撤退理论形成互补。该理论强调，老年人应该积极参与社会，才能保持生命活力，提高自我满意度，而老年教育是老年人参与社会的重要途径，可帮助老年人形成新的社会角色，获得新的自我认知和社会地位。

3. 超老化观感理论

超老化观感是一种内在的超然的心理状态，它代表了个体从唯物主义和实用主义的世界观发展为一个更广阔、更超越自然的世界观。超老化观感理论尊重老年人的个性化发展，寻求老年人的自我完善，帮助个体战胜老化恐惧，优雅变老。

超老化观感可在与已有的相关理论的比较中明晰其本质和特征。首先，超老化观感理论与脱离理论有着明显的区别。脱离理论倡导老年人要从熟悉的工作（生活）环境与社会关系中退出，以便为即将到来的退休生活做准备，这不可避免地带来孤独与消极的情绪和心理状态。而超老化观感所倡导的是与社会生活自然积极的脱离过程，尊重老年人的个体意愿与自主性，满足老年人积极独处与沉思的需求。

其次，超老化观感对待老年人参与社会活动的态度更为全面和理性，老年人是否积极参与社会活动与积极健康的老龄化并无直接关联，而正确的衡量标准应是看是否尊重老年人的自主性选择。

最后，超老化观感实为一种超然性的精神发展，意味着能够平和地接纳完善自我。这与美国发展心理学家埃里克森（Erikson）的心理社会发展阶段理论中第八个阶段颇为相似。第八个阶段（65 岁以上）为成熟期，面临的任务是自我调整与绝望期的冲突。老年人在面临无法避免的身体和心理衰老的过程中，可能回忆过去，内心充实完满，也可能心怀绝望离世。这时候，积极调整自我，理性看待现实。当调整大于绝望时，埃里克森便认为其获得了智慧的品质，即“以超然的态度对待生活和死亡”。但托恩斯戴姆认为超老化观感超越埃里克森的心理社会发展阶段理论之处在于，埃里克森成熟期的自我完善是在一个与以前相同的对世界的定义中向后整合的过程，而超老化观感不仅可以重新定义现实本质，还包括向前或向外的整合过程。因此，超老化观感更为全面地考虑到了老年期的个体差异，并尊重老年人的自主选择，让老年人在更自由的范围内遵循其内心，用一种积极的心态决定是否参与社会活动（李光、秦可越，2019）。

4．康复理论和社会适应理论

康复理论是我国老年教育实践的主导理论，社会适应理论是其补充，但都是以丰富老年人的精神文化生活为追求，教育形式和内容主要以组织开展休闲的文体和健身活动为主，"进取""求知"和"有为"往往成为年轻人的事情。事实上，老年人要想不成为累赘并更有尊严地生活，就必须不断提高自身素质，以便更好地迎接"第二春"的挑战。

社会适应理论是对康复理论的补充，认为老年教育应该以提高老年人素质为目标开展。当下的老年人由于时代所限，在生命前期所接受的文化教育非常有限，而现在社会经济科学技术的发展日新月异，老年人要想生活质量不断提高就必须不断提高自身的素质，跟上社会发展的步伐，更好地融入和适应现代社会生活。

自我发展取向的老年教育理论是以老年个体、群体的心理需求和精神文化生活为关注点，从心理、精神文化角度分析老年人的参与和学习需求，寻找适合老年人发展的科学理论。从社会群体理论、社会互动理论、连续理论、脱离理论、活动理论，到超老化观感理论、康复理论和社会适应理论，无一不是以老年人自身发展为基础，但是，却难以帮助老年人实现积极老龄化。究其原因，身心健康固然重要，但身心健康和社会参与二者相互补充，老年人才能真正实现健全发展。

（二）社会参与取向的老年教育理论支撑

1．权利理论

"二战"后世界人权运动的发展，推动了对包括老年人受教育权在内的老年人权的关注。西方发达国家在老年教育发展过程中越来越重视将开展各种老年教育活动作为实现老年人受教育权以及保障老年人其他人权的重要渠道和手段。特别是20世纪80年代以来，西方社会老年教育对老年人的“赋权”（Empowerment）以及“解放”（Emancipation）作用越来越强调，“解放”是教育的核心所在，因为这意味着获得控制自己生活的权利。权利理论在各国相关的教育法律规定中都有具体的体现。

2. 福利理论

目前，英国、美国、澳大利亚等大多数西方国家都把发展老年教育作为一项社会福利事业纳入社会经济发展战略当中，在政府社会政策和财力的支持下各国开展了各种形式的老年教育活动。如美国教育法律规定，老年人进入各类高等教育机构学习的，可以给予免费、减免或奖助，长者游学营的经费由老人所在州和联邦财政补助。此外，英美等国的政府还鼓励非政府组织和民间团体开展各种有益于老年人的教育活动，并设置了专门的资金对其进行保障和相应的补贴。

3. 自我完善理论

自我完善理论认为，人的自我完善包括生理、心理和社会三个方面，这同样也是老年人自我完善的重要内容，而教育能使老年人提高自我保健能力，保持健康乐观的情绪，提高对瞬息万变的现代社会的适应能力，实现健康老龄化所确立的延长老年人的生理年龄、心理年龄和社会年龄的发展目标。自我完善理论强调“以人为本”，注重教育对老年人自身主体性的培养，在学习方式、内容以及组织等方面尊重老年人的意愿，实现老年人的自我升华，其他社会力量在老年教育活动中只是一个辅助和支持的作用。这一理论在西方国家老年教育实践领域主要体现为注重老年人的参与教育、自我教育和互助教育。

4. 终身教育理论

终身教育理论的核心思想也是“以人为本”，但更注重微观个体和宏观社会教育与学习的结合，强调通过保障全体社会成员在不同阶段和不同层次的各种学习需求，满足每一位社会成员在毕生各个时期、各个阶段的各种学习需求，实现人的全面发展。终身教育的宗旨是实现国家对每个公民（特别是社会弱者）个人学习权的切实保障。在原有的教育体系下，相对其他群体，老年人的受教育权一直是被忽视的，而终身教育理论的提出进一步明确了老年人也与其他任何年龄段的群体一样，享有不可剥夺的受教育权利。

5. 社会参与理论

社会参与理论认为，社会活动是社会生活的基础，对各个年龄组的人口来说都是如此。老年人只有保持充分的活力和参与社会活动，才会获得更加积极的自我形象，体现出老年人的社会价值，生活得更好。社会参与包括老年人对自身发展、家庭生活、社区管理、社会服务等社会、经济、文化、精神和公民事务等领域的参与。在社会参与理论的影响下，西方国家老年教育的课程包含了大量的老年人的人力资源开发和社会经济参与与服务方面的内容（王英，2009）。

总体上，国外老年教育理论取向有一个从注重老年人的个体发展到注重老年人与社会共同发展的演变过程。权利理论是从老年人个体角度强调老年人的受教育权利；福利理论是从国家责任角度强调国家保障老年教育的义务；自我完善理论是从老年人健康的角度强调老年教育“以人为本”的教育原则和发展目标；终身教育理论强调毕生学习和整个社会学习的必要性，指出老年人受教育权利的不可剥夺性，并对老年人与社会的关系进行了探索；社会参与理论从人与社会共同发展的角度强调老年人是社会的一员，是社会成果的分享者和社会发展的参与者，社会参与是实现老年人自身发展的根本途径。社会参与理论是积极老龄化目标的核心内容，也是当前西方国家人口老龄化背景下老年教育实践最重要的理论。

通过前面中外老年教育的理论取向的介绍，不难发现，我国老年教育更注重老年人文化生活的满足和丰富，体现了我国老年人的被动性和伦理性，而国外老年教育更强调老年人的社会参与和进取。老年人的发展和其生活幸福密切联系，社会参与能激发生命张力，体验晚年生命的真谛，产生存在感。因此，老年教育应借助于伦理视角，把老年教育价值置于整个社会环境中加以考量。

老年群体即被动的资源供给群体、社会负担等错误认识，直接导致老年人的社会参与机会减少与能力下降，老年人也因此被忽视，甚至受到蔑视。老年教育本身也没有正视教育对老年人的社会环境应对能力提升和潜能开发的价值，教育功能被狭隘化了。目前我国老年群体自我价值贬低，社会地位不高，精神资源贫瘠，是老年人生存发展条件不能持续改善的原因（李学书，2014）。尽管我国在政策和财政上已经开始支持老年教育的发展，但仍然缺乏对老年群体的积极教育，如自我认知、老化态度、自我老化刻板印象、积极心理健康等内容仍未被提及，未来老年教育的发展仍任重道远。

【参考文献】

[1] 李洁. 老年教育基本理论问题研究：基于谁要学、为何学和学什么的思考［J］. 河北师范大学学报（教育科学版），2020，22（2）：102－110.

[2] 周德荣. 老年教育的理论与实践［D］. 上海：华东师范大学，2005.

[3] BANDURA A. Pensamientoy acción：fundamentos sociales［M］. Barcelona，España：Martínez Roca，1987.

[4] 王英. 中外老年教育比较研究［J］. 学术论坛，2009（1）：201－205.

[5] 岳瑛. 积极老龄化与我国老年教育［J］. 老年教育（老年大学），2012（1）：14－17.

[6] 李玲. 人力资本运动与中国经济增长［M］. 北京：中国计划出版社，2003.

[7] 王剑波，宋燕，高文燕. 老年教育基本问题探析［J］. 中国成人教育，2020（1）：12－18.

[8] 李学书. 中外老年教育发展和研究的反思与借鉴［J］. 比较教育研究，

2014（11）：54－59.

［9］李洁. 老年教育理论的反思与重构：基于西方现代老龄化理论视野［J］. 开放教育研究，2015（3）：113－120.

［10］王未. 论老年教育的价值及发展策略［J］. 继续教育研究，2005（2）：74－76.

［11］全球人口统计最新报告：世界人口继续老龄化中国人口将缓慢下降［EB/OL］.［2019－06－19］. http://health.people.com.cn/n1/2019/0619/c14739－31168811.html.

［12］2019年全球人口老龄化国家排行情况、发达国家人口年龄分布预测、未来全球平均年龄趋势及全球人口老龄化的影响分析［EB/OL］.［2019－10－29］. http://www.chyxx.com/industry/201910/799000.html.

［13］崔旭东. 西塞罗老年观内容解读与实践价值［J］. 区域治理，2019（51）：106－108.

［14］李光，秦可越. 超老化观感理论视域下我国老年教育发展思考［J］. 中国成人教育，2019（11）：73－77.

第四章
积极心态：积极心理健康教育

积极心理学对心理健康的理念、研究方式与实践导向产生深远的影响。积极心理健康是积极心理学的重要组成部分，也是积极心理学在心理健康领域的应用。在心理健康相关学科的学术和实践领域，积极心理健康的理念与观点已经成为当下心理健康发展的新方向，受到社会的广泛关注。如何将积极心理健康的相关理论应用于促进积极老龄化，是当前老年教育者和研究者需要探索的问题。基于此，本章探讨积极心理健康的概念、老年积极心理健康教育及其体系建构。

第一节　积极心理健康

积极心理健康是顺应积极心理学应用于心理健康领域而出现的概念，其研究观点和思路更符合当前各个年龄阶段心理健康教育的需求，因而受到较多关注。本节介绍积极心理健康及其邻近概念，并探讨个体的智力、情商、应对方式、依恋和积极情绪对积极心理健康的影响。

一、积极心理健康概述

积极心理学是20世纪末兴起的一个心理学发展趋向。其倡导者塞利格曼认为，心理学家在新的历史转折时期须扮演着极为重要的角色和担负新的使命，他们担负促进个人与社会的发展、激发与发掘人的积极力量、帮助人们走向幸福的责任（Seligman，2002）。

积极心理学强调心理学要以人实际的、潜在的和具有建设性的力量、美和善等为出发点，提倡用新的积极的心态解读个体心理现象（包括心理问题），从而帮助个体最大限度挖掘自己的潜力并获得幸福的生活。积极心理学视野下的心理健康被称为积极心理健康，积极心理健康因其在心理健康领域的三个新观点而受到越来越多的关注。

（1）健康概念的界定——强调心理健康并不仅指心理没有问题，而且还包括个体各种积极品质和积极力量的产生和积累。积极心理健康认为，并非仅消除或摆脱各种心理疾病就能称为心理健康，个体的心理健康应该包括两方面：一是没有各种心理问题的困扰，二是个体的各种积极品质和积极力量的产生和增加。当个体确立健康目标后，他会为达到这个目标而形成相应的策略，也就是说个体在生活过程中会有意识地去努力使自己的态度及行为与目标始终保持一致，在生活中不断追求和发展自身。

（2）研究对象的确定——强调心理健康相关学科在研究各种心理问题的同时，也要研究人的各种积极力量和积极品质。积极品质或积极力量的培养过程实质上是克服各种心理问题的过程。例如，在情绪研究领域，人们发现消极情绪的去除并不意味着积极情绪的生成，个体只有通过有意识地培养自己的积极情绪，才能使自己真正战胜消极情绪。

（3）研究思路的选取——强调心理健康研究要从关注个体总的心理状态水平转向关注个体内各品质的变异。在具体研究方法上，积极心理健康主要继承过去传统心理健康相关学科发展起来的实证方法体系（这一点和人本主义健康心理学完全不同）。但在研究思路上，其表现出明显的不同：积极心理健康强调心理健康研究要从以关注个体总的心理状态水平为主转向于以关注个体内各心理品质的变异。

传统心理健康的研究思路其实也是一种回归思想的体现，其假定某个年龄人群的心理健康水平呈正态分布，然后运用确定心理健康的几个核心因素所制定的量表来测量某一个体总的心理健康水平在同龄人中所处的位置。如果得分处在中等或中等以上范围，则为健康或优秀，反之则认为该个体可能具有某种心理问题。

然而，这种研究思路可能存在明显的不足：没有考虑到个体内变异对心理健康的影响，即某一个体或某一个体的某一种心理水平发生状态异常时，应如何区分。个体的心理健康水平不同于其智力水平，从过去的研究来看，个体在一段时间内的情绪、观念、自尊等因素的变异和他的心理健康有密切联系，个体在某一段时间内的总水平状态又与其在此时间段内各因素的变异大小无关。

也就是说，通过测量所获得的总体水平是无法反映个体的内在各因素在这段时间内的变异大小，而如果一个人的内在变异较大而其总体水平正常，这个人也很可能是一个隐藏在正常人群中的“不利因素”。根据生活经验，我们可能认识一些人是这样的：老同志在外与朋友聚会、参与活动表现得积极开朗；在家中可能因为家庭关系不和谐、独居生活伴随着的孤独感的影响，抑郁程度较高，这种一高一低的两种特质在总体分数中并不易被察觉，他可能因此被判定为“心理正常”的老人。

二、积极心理健康与邻近概念

积极心理健康教育概念的出现并非主观臆造，而是在整合借鉴西方积极心理健康、积极心理治疗、积极心理学、积极教育诸方面思想和实践的基础上提出来的，具有历史的必然性。

（一）心理健康

随着积极心理学运动日渐兴起，其对心理健康的核心概念产生了深远的影响：心理健康并不仅仅是指没有任何问题，还包括个体各种积极品质和积极活力的产生和增加。它包括两方面：一是指没有各种心理问题的困扰，二是指各种积极品质和积极活力，意指促使人走向完美的身体、精神或道德上的活力的产生和增加。

传统心理健康理论把价值重心定位于消除心理问题，即没有心理问题的人就是一个心理健康的人，而积极心理健康则把自己的价值重心转向于发掘和培养人的积极品质上。从根本上说，这种对心理健康概念的界定其实是意味着积极心理健康是在健康与问题之间划出了一个非健康也非问题的中间状态，并主张这个中间状态不应该被当作心理健康相关学科的终极目标。

（二）积极心理学

积极心理学的提法，最早出现在1954年马斯洛的《动机与人格》一书中，但直到美国心理协会前主席马丁·塞利格曼在1998年的美国心理协会年度大会上明确提出把建立积极心理学作为自己任职内的一大任务时，积极心理学才开始正式受到关注。

积极心理学以新的视角诠释心理学，将心理学的研究关注点放在心理健康和良好的心理状态方面，是一门旨在促进个人、群体以及整个社会发展完善和自我实现的科学。它强调心理学不仅要帮助那些处于“逆境”条件下的人们知道如何求得生存并得到良好的发展，更要帮助那些处于正常环境条件下的普通人学会怎样建立起高质量的社会生活和个人生活。积极心理学的兴起，为创立积极心理健康教育提供了直接的思想动力。

（三）积极心理健康

玛丽·贾赫德（Marie Jahoda）于1958年在《当代积极心理健康观》一书中提出“积极心理健康”这一概念，认为积极心理健康可以被视为促进持续发展的人格特征与社会环境的良性互动状态。该书提出积极心理健康包括：积极的自我态度，全面的成长、发展和自我实现；自主发挥功能的能力，对现实的准确认识；能掌控自己周围的环境。目前，积极心理健康的内涵有了新的演绎和发展，主要包括：情感控制、情绪调节、自我感觉良好、积极的人生观、良好的应对技能、交朋友的能力、幽默感、积极的自我感觉等。积极心理健康概念的发展完善，为创立积极心理健康教育提供了理论基础。

（四）积极教育

积极教育是20世纪末由美国发起的、蔓延西方的一场教育运动。积极教育是指以学生外显和潜在的积极力量为出发点，以增强学生的积极体验为主要途径，最终达成培养学生个体层面和集体层面的积极人格而实施的教育。积极教育重视技能、态度、行为、交流风格等的教育，强化个体自信、自尊、忍耐、尊重他人、爱护环境等积极品质，以此激励、促进个体和人类的发展。

积极教育的核心价值观表现为：所有人不论年龄和生活状况，都能学习和成功；持续的、创造性的方法要能打开一个人的心智；家庭、学校、专业人员、环境和年长的人结合起来为当代和未来的学生提供支持；重视和尊重人的文化遗传、年龄、生活情景、信仰和个人的特点。积极教育的兴起，为创立积极心理健康教育提供了教育学的支撑。

（五）积极心理治疗

诺斯拉特·佩塞施基安于1969年在德国开设自己的心理诊所之后，逐渐形成了积极心理治疗思想。与从疾病出发、把患者看成是疾病载体的传统心理治疗有所不同，积极心理治疗从个体发展的可能性和能力出发，强调每个人天生潜能在解决心理问题中的重要性。积极心理治疗中的“积极”指治疗并非以消除患者身上现有的紊乱为唯一标准，而是还需要努力发掘患者身上存在的潜力。积极心理治疗拓展了积极心理健康的实践领域，丰富了积极心理健康的内涵，为创立积极心理健康教育奠定了实践基础。

（六）积极心理健康教育

积极心理健康教育是在继承和整合积极心理健康、积极心理治疗、积极心理学、积极教育诸方面思想和实践的基础上，以积极和发展为取向，有目的、有计划地增进学生和国民心理健康的理论和实践体系。

积极心理健康教育强调加强人自身的积极因素和潜能的开发，以人固有的、实际的、潜在的和具有建设性的力量、美德和善端为出发点，用积极的心态解读心理现象（包括心理问题）。在内容上，积极心理健康教育诠释和解决当前的许多社会心理危机、矛盾、冲突和困惑，用积极的内容和方式激发个体内在的积极品质。通过接受积极心理健康教育，让个体学会创造幸福，分享快乐，使自身潜能得到最大限度发挥，使心理免疫力和抵抗力得到大幅度提升，使生命最佳状态得以丰富和发展，从而塑造与和谐社会相匹配的充满乐观、希望和积极向上的美好心灵。

概括地说，积极心理健康教育就是根据教育对象的生理、心理发展特点，以个体的向善性为价值取向，运用积极的内容、方法和手段，从正面发展和培养个体的积极心理品质，防治各种心理问题，促进个体身心全面和谐发展的教育活动。

三、影响积极心理健康的因素

积极心理健康的模型概述了心理健康与积极情绪、情商等的关系，在此基础上又将积极心理健康与智力、依恋等的关系纳入模型（George，2012；Alan，2012）。实际上，影响老年人心理健康的因素很多，对于他们而言，智力、情商、应对方式、依恋和积极情绪随着年龄增长都会从各个方面影响其积极心理健康。探讨这些因素对老年人建构积极的老年期，促进他们形成更多的积极心理和行为，对全社会实现积极老龄化具有重要意义。

（一）积极心理健康与智力

高智商和积极心理健康并不等同，然而，心理健康和智力都包括有效的问题解决和对环境适应的能力，两者存在密切联系。

心理健康状况影响智力活动的开展。一方面，心理上的长期和严重的不健康状态，如过度焦虑、忧愁、烦恼、抑郁、不安和愤怒，会带来一些身体上的不适，如高血压、神经官能症、偏头痛、胃病等；另一方面，心理健康在情绪上的重要表现就是拥有积极健康的情绪体验，这又能调节人的智力活动。有研究表明，因受到表扬而引起的喜悦、快乐、得意等健康的情绪会促进智力的发展；反之，因受到训斥而引起的不安、紧张、烦恼等不健康的情绪则会阻碍智力的发展。

智力包含了认知、记忆、思维等因素，这些因素随着年龄的变化会对老年人心理健康产生影响。随着年龄的增长，老年人的认知、记忆等的下降会让他们在日常生活、学习以及人际交往中体会到更多受挫感和孤独感，从而影响心理健康。但老年期个体积累的经验、阅历、技能等往往达到顶峰，老年人可以依据经验，快速、完善地处理问题，这有利于满足他们的自尊心，加强自信心，有利于加强老年期的积极心理健康。

（二）积极心理健康与情商

彼得·萨洛维（P. Salovery）和约翰·梅耶（J. Mayer）于1990年提出“情商”这一概念，情商即情绪智力商数，可以扩展为5个主要领域：了解自身情绪、管理情绪、自我激励、识别他人情绪、处理人际关系，其被定义为个体社会智力的一部分。可以将情商解释为“生气是很容易的，但要对正确的人、在适当的程度上、正确的时间里为了正确的事情生气却并非易事”。

以成人和青少年为样本的实证研究结果都表明，情商高的个体，出现心理问题或患心理疾病的可能性较低。对青少年而言，情商的高低，直接影响其心理健康与身心的全面发展。心理和谐的前提是情绪和谐，情商高的个体能够准确地识别、评价和理解自己及他人的情绪，在面临各种情境时能做出正确的决策。相反，情商低的个体缺乏这种对自己和他人情绪的识别和理解能力，无法产生相应的行为应对，可能会出现诸多不同程度的适应性障碍。

对老年个体而言，情商高低直接影响其人际交往，进而影响心理健康和晚年生活幸福感。高情商的老年人善于交际、朋友圈子广，他们更懂得“交际的艺术”。他们在为人上有胸怀，既懂得欣赏别人身上的优点，又能够接纳别人身上的缺点，所以，他们很少会与人产生矛盾。在别人眼中，他的形象常常是通达厚道的，因此，身边的人都可能在他通往成功的道路上为他助力。

（三）积极心理健康与应对方式

应对方式是个体面对有压力的情境和事件时所采取的认知和行为方式。已有研究表明：应对方式与心理健康有密切的关系，但是积极应对方式和消极应对方式对心理健康是否都存在预测作用仍存在争议。应对的特质理论认为个体采取的应对策略具有跨时间跨情境的稳定性，且正是这种中等程度的稳定性对个体长期的心理健康产生了影响。

研究发现，应对方式可通过三个路径对个体的身心健康造成不良影响：①应对方式可能影响神经化学反应的频率、强度、持续时间和模式；②当过度吸烟、饮酒或使用其他有害物质，或选择参与对生命具有威胁性活动的应对方式时，将影响身心健康；③采用某些自我防御机制，如否认、压抑、合理化、投射、过度代偿等，可能会妨碍适应性的健康行为。

由此可见，应对方式对个体的心理健康水平有着不可忽视的影响，相同的应激源由于不同的应对方式可能导致个体心理向不同方向发展。因此，当老年人处于应激状态时，应当采取有效的应对方式处理情绪或生活事件，保持心态积极是应对应激事件、预防心理疾病的关键。

（四）积极心理健康与依恋

鲍比（J. Bowlby）的依恋理论认为，人都有与特殊对象建立强烈感情纽带、建立亲近和依恋行为的基本特征，而人们的情绪波动和心理障碍可以归因于对某一对象情感依恋的受阻。研究发现，恐惧型的依恋与高水平的抑郁显著相关（Paul et al.，2003）。不安全依恋的个体更容易患抑郁症，更容易出现抑郁症状。

个体在婴幼儿期与主要照料者的密切接触中会形成对自我、重要他人及相互关系等的一种稳定认知，这种稳定的内在心理表征会通过无意识的方式影响到人际交往中的情感、情绪、认知和行为。具体而言，那些有不安全依恋关系的人，当他遇到压力事件时，可能较少地通过社会支持来缓解压力，从而产生心理困扰的可能性也就越大。这类人内部工作模式会促使他们对自我和他人持有消极观念，导致自我的无助、无望，这些消极观念进而可能会影响到情绪调节和行为的产生，从而影响个体的心理健康。

对于个体而言，在婴幼儿时期如果不能形成安全的依恋，成年后甚至是老年期的为人处世都会受到影响。从社会学习的角度来解释，父子依恋较好的儿童，父亲能够给儿童提供一个较好的行为榜样，儿童也更愿意学习，因此能够从父亲身上学到更多为人处世的原则，有助于降低儿童的品行问题；而良好的母子依恋又能使儿童从母亲身上学到更多移情、人际相处的技巧与知识，有助于利他行为的产生。童年期的依恋形成直接影响个体的个性和人格形成，甚至影响毕生发展。在童年期没有形成安全依恋的老年人，遇到压力事件时，可能更容易采用消极的应对方式，甚至形成消极的老化态度，将生活的困难归咎于身体老化，难以克服自身的消极情绪。

（五）积极心理健康与积极情绪

消极情绪会使注意力窄化，产生只见树木不见森林的结果。而积极情绪尤其是愉悦，可以让思维模式变得更灵活、更有创造性、更完整且更有效。放眼未来，积极情绪可以增强个体对陌生人的忍耐力，提升个体的道德水平。积极情绪可以促进心理健康，随着对两者关系深入探索，王振宏等（2011）认为，积极情绪能够通过建设个人的心理弹性、压力应对、幸福感、信任感、心理健康和身体健康等方面的资源来提高个体心理健康水平。

老年人应如何保持积极情绪，促进自身的心理健康呢？

（1）老年人有丰富的工作经验，有条件的应继续服务于社会，参与社会活动，在力所能及的范围内承担有偿或无偿的工作，发挥经验的优势。

（2）加强艺术修养和培养广泛的业余爱好，可适当学习绘画、书法、音乐、诗词等，特别是多听音乐。

（3）种菜、种花、养鱼、钓鱼、养鸟、下棋等，可以增进生活情趣，修身养性。

（4）旅游对老年人的身心健康也大有裨益，因为大自然的秀丽风光能启发人们的心灵。

（5）参加学习。学习不但能扩大视野，而且能推迟大脑的衰老。

（6）要坚持健身运动，严格遵守作息制度。饮食有节、起居正常、生理活动有节奏，有助于老年人保持积极情绪。

第二节　老年积极心理健康教育

积极心理健康教育已成为我国重要的心理学研究领域，但其在老年教育领域的实践仍较少。为了进一步推进老年教育和心理健康教育教学工作的顺利进行，应将积极向上的心理学理念引入老年教育教学之中，让老年人以积极的心理更好地学习。进而将积极的心理学思潮引入到实际生活之中，帮助老年人挖掘自身潜能，增加对积极生活的体验，促进全面发展。本节介绍积极心理健康教育的概念、内涵，并比较积极心理健康教育与传统的心理健康，帮助读者了解积极心理健康教育并学会将其应用于老年教育中。

一、积极心理健康教育

积极心理健康的观点提出，心理健康的人首先应没有各种心理疾病，而且还要具有积极品质。这与传统心理健康理论的功能界定不同，并非将心理健康简单地定义为摆脱或者消除心理问题，也没有简单地将没有心理问题的人归类为心理积极的人，而是把发掘和培养积极品质作为工作重点。

（一）开展积极心理健康教育的重要性

教育对于国家的发展和人才的培养具有重要作用，积极心理健康对学生的培养具有指导意义。从20世纪末开始，美国掀起了积极心理健康教育的热潮。研究者认为首先要营造一个良好的学校教育环境；其次，在学校心理健康教育中要善于挖掘学生外显的和潜在的积极力量；最后，要在心理健康教育中加强学生对学习、活动、参与等的积极体验，从而培养学生的积极人格。

在我国，大、中、小学已重视开展规范的心理健康教育，关于积极心理健康教育的推进也在加快，并获得较好的效果。而在老年教育领域，由于专业人员与资源相对缺乏，较少老年大学有开设老年心理健康相关课程，而在老年心理健康教育中纳入积极心理学的因素更是鲜有案例，因此，需要在老年教育中宣传、推广心理健康教育，从积极心理学的视角分析老年人的心理，促进老年人的心理健康发展，不断提升老年人群的心理幸福感。

（二）老年积极心理健康教育的内涵

积极心理健康教育对人性持积极的评价取向，重视人自身的积极因素和潜能的开发，以人固有的、实际的、潜在的和具有建设性的力量、美和善为出发点，用积极的心态解读心理现象（包括心理问题），从而激发个体自身内在的积极品质。根据以上概念解读，可以推论老年积极心理健康教育是帮助老年人学会创造幸福、分享快乐、保持生命生活的最佳状态，从而提高心理免疫力和抵抗力；帮助老年人塑造洋溢着积极精神、充满乐观希望和散发春天活力的心灵。

简言之，老年积极心理健康教育就是一切从“积极”出发，即用积极的视角发现和解读老年期的生活和生理现象，用积极的内容和途径培养老年人积极向上的心态，用积极的过程诱发老年人积极的情感体验，用积极的反馈强化积极的效果，用积极的态度塑造积极的人生，最终帮助老年人实现积极老龄化。

积极心理学认为心理健康不仅指没有心理疾病，而且意味着积极的理想追求、较好的社会功能、高效的工作状态、建设性的人际关系、独立自主的人格和丰富多彩的精神生活等。对于老年人而言，接受积极心理健康教育能够帮助他们保持对生活的积极心态，保持对生命的探索和热爱，重新审视老化和老年期的各种事件。对于老年大学而言，积极心理健康教育是在继承和整合积极心理健康、积极心理治疗、积极心理学、积极教育诸方面思想和实践的基础上，根据构建社会主义和谐社会的需要而创立的以积极发展为取向，有目的、有计划地增进老年学员的理论和实践的体系，帮助他们解决心理困惑，度过幸福、积极的老年时期。

在老年大学中开展积极心理健康教育的宗旨为：以积极的态度看待老年人及其学习需求，发掘老年人自身的积极因素和潜能，以老年人固有的、实际的、潜在的经验、力量、美和善为出发点，帮助他们创造幸福，分享快乐。从积极的视角解读老年人的心理现象（包括心理问题），从而激发老年人内在的积极品质，帮助老年人以最佳状态迎接老年生活和学习，其核心任务是帮助老年人奠定幸福有成的人生。

二、积极心理健康教育与传统的心理健康教育

近年来，我国开始重视老年群体的心理健康，但在我国老年大学中，老年心理健康教育仍未得到充分重视，除部分一线、二线城市的老年大学开设了心理健康课程以外，大部分老年大学对心理健康教育仍未有足够的重视。而在已开设心理健康课程的老年大学中，大部分教授内容为养生、保健，未涉及专业的心理健康知识，未能达到宣传心理健康知识、促进老年人心理健康发展的目标；而讲授心理健康知识的课程，则以消极的心理健康观点为引导，注重解决问题，仍未关注普通老年人发展自我、完善自我的需要。实际上，即使已经开展多年并成熟的青少年心理健康教育，仍是“发现问题→解决问题”的模式，并未从积极的视角看待不断发展的个体，缺少积极的眼光、发展的视角来促进个体健康发展。

（一）传统心理健康教育与积极心理健康教育侧重点的差异

传统的心理健康教育在价值取向上偏离了心理健康的积极心理学取向，而侧重于心理疾病预防和治疗的病态心理学取向。与传统心理健康教育相比，积极心理健康教育有其侧重点和特色，他们的差异表现在以下几个方面（见表4－1）。

表 4－1　传统心理健康教育与积极心理健康教育的对比

项目	传统心理健康教育	积极心理健康教育
教育哲学基础	人性恶	人性善
教育性质	治病救人	教书育人
教育目标	培养无心理问题和心理疾病的人	培养积极向上幸福有成的人
教育任务	消解心理问题和心理疾病	开发心理潜能，培养积极心理品质
教育功能	诊断性、病理性、跟踪性	发展性、预防性、前瞻性
研究对象	面向问题学生和学生的问题	面向全体师生家长和全面心理素质
教育结构	教师中心、教师单主体	学生中心、教师学生双主体
教育内容	补救性、治疗内容为主	发展性、预防性教育内容为主
教育方式	认知讲授、咨询辅导为主	情境体验、活动参与为主
教育途径	心理课和心理咨询为主	全方位、全过程、全员参与、全学科渗透
教育过程	问题入手—探究问题根源—解决问题	正面入手—潜能开发—化解问题
教育评价	诊断性评价、终结性评价	形成性评价、过程性评价
教育效果	治标不治本	标本兼治

来源：孟万金．积极心理健康教育：奠基幸福有成人生［J］．中国特殊教育，2010（11）：3－8.

其中，传统心理健康教育与积极心理健康教育在教育目标、教育内容以及研究对象上的差异尤为突出。

一是教育目的标，传统的心理健康教育把减少或消除学生的心理问题视为教育目的，而积极心理健康教育提出“没有心理疾病≠心理健康”，主张通过发展来解决问题，把培养积极心理品质放在首要位置，之后才是克服心理与行为问题，充分体现教育的发展性和预防性功能，这种积极、主动的态度与传统心理健康教育的消极明显不同。

二是教育内容，传统的心理健康教育关注学生消极心理的方面，重视如何消除或解决学生的消极心理问题，而积极心理健康教育更关注激发、调动学生积极的、正向的、内在的潜能和动力。

三是研究对象，传统的心理健康教育以问题学生、心理障碍学生为研究对象，而积极心理健康教育则把研究对象范围扩大到全体学生，甚至将教师、家长包含在内。

（二）传统心理健康教育存在的不足

1. 心理健康教育观念传统，忽视积极心理学

心理健康教育在教育工作中应占据重要地位，即通过对学生心理问题与心理压力的引导，促进学生的健康发展。但大部分心理健康教育在开展过程中，其主要以消极心理状态作为理论基础，形成了传统的心理健康教育形式。这种消极的心理健康教育在开展过程中，更加强调对学生心理问题的挖掘，忽视心理健康教育的其他职能。此外，在心理健康教育开展过程中，教师对积极心理学的重视程度不够，没有把积极心理学融入心理健康教育之中，导致心理健康教育仍主要关注学生的消极心理方面，没有应用积极角度看待学生心理，发现学生潜能，调动学生的能力，不利于学生积极心理的形成。

现阶段在老年大学教育教学过程中，对于老年学员心理健康教育的关注较少。部分老年大学成立了专门心理咨询室，聘有专门的心理工作者，但教育工作重点依然在解决部分有心理问题的学员上，忽视正常环境条件下的学生，忽视把积极心理学的积极理念贯穿于心理健康的课堂中，积极心理健康教育仅仅处在“纸上谈兵”阶段。

负责心理健康工作的教师大多还是从传统的咨询观和治疗观入手，从问题角度出发，以问题解决为最终目标，在日常的教育教学中，没有及时学习新的知识和接受新的意识及观念，长此以往，积极心理健康教育难以得到有效落实。

2. 心理健康教育方法因循守旧，缺乏创新

目前，虽有部分老年大学开设与心理健康教育相关的课程，但课程的专业性不强，课程中未能注重学生积极潜能的开发和积极品质的塑造，只是沿袭传统心理健康教育模式，以消极理念为主导，根据问题解决问题，没有切合老年学员的实际需要，使得他们难以习得切合自身的心理健康知识，更无法获得积极体验，无法最大限度地发展自我、成就自我。

同时，现代网络信息技术迅速发展，这也为心理健康教育开辟了一条崭新的途径。然而，在网络新媒体逐渐发展过程中，部分老年大学依然采取传统的课堂讲授模式，忽视了网络隐含的教育资源，没有意识到将积极心理健康课程与网络相结合，更没有推进网络积极心理健康教育。

传统心理健康教育注重以理论教育学生，虽然在教授心理健康知识上起到重要作用，但在教育教学过程中，心理健康工作者忽视引导学生积极主动参与，在面对面沟通交流时缺少情感沟通，心灵的契合程度低。目前，部分老年大学虽然使用了一些相对新式的教育方法，比如进行团体心理辅导课、开展心理行为训练等，但是受师资水平、硬件设施、经费等客观原因影响，难以持久推广。

3. 积极心理健康教育缺乏系统性

积极心理健康教育的成功率和普及度，需要学校、家庭、社会三者的共同配合，并非课堂教学这条单一途径可以实现。但目前仍有大多数人认为学校应该是负责的主体，比如有的学员心理素质差，出现焦虑、抑郁、自杀等问题，就会被认定为学校的心理健康工作做得不到位；有的学生在生活中，遇到挫折就浮躁不安，出现消极情绪，这也会被认为是学校的心理疏导工作做得不及时。积极心理品质的形成，不仅仅是学校心理健康教育课和教师心理辅导就能达到的，而是家庭及社会共同作用的结果。从家庭环境来说，家庭教育、亲子关系、家庭和谐程度等都是影响学员积极心理品质形成的重要因素；从社会环境来说，政府政策、资金投入、媒体舆论等都会直接或间接影响学员的心理。只有学校一方重视，没有家庭和社

会的支持协助，积极心理健康教育难以形成系统的体系，难以在教育教学中扎根，更难以形成积极的文化氛围。

4. 心理健康教育内容单一，教育资源利用不合理

在开展学生心理健康教育时，由于部分学校及教师对心理健康教育的认知过于片面，导致其内容在安排上，仅是增加关于学生心理问题方面的知识，却没有利用心理健康教育引导学生树立正确的价值观念，培养学生道德品质，导致心理健康教育的开展处于落后状态。且心理健康教育内容单一，还体现在教师在开展心理健康教育时，没有合理利用教学资源，学生无法准确地掌握心理健康教育知识，失去开展心理健康教育的意义。

与此同时，学生心理健康教育在开展过程中，由于心理学知识过于抽象化，教师未能合理利用信息技术，为学生构建心理学情景，增加学生代入感，致使学生难以对心理学具体内容形成正确的认知。同时，教学资源利用不合理，还体现在学校没有发挥自身的职能，为学生心理健康教育提供教学资源，为其营造良好的教学环境。而且由于学校对心理健康教育的忽视，导致其没有设立学生心理健康教育课程，心理健康教育仍是以咨询的方式存在，影响心理健康教育活动的开展。

5. 心理健康认知偏差，心理评价体系传统

学员作为心理健康教育的主体，其对心理健康教育的认知存在偏差。在消极心理学的影响下，学员认为只有存在心理问题，才能进行心理健康咨询，致使学员形成了心理问题与心理健康教育等同的认知。学员在学习心理健康教育知识时，其所学习的内容也是关于心理问题，极易促使学员代入其中，学员没有出现心理问题，也会产生心理问题，不利于学员发展。

此外，心理评价体系的传统化，也影响学员心理健康教育活动的开展。在传统心理评价体系中，其主要是评价学生的心理疾病状态、不良情绪等，从侧面反映出其主要是评价学生的负面情绪，但这种评价体系的使用，导致教师忽视学员积极心理方面，与学员的实际情况并不相符，且心理评价结果的呈现，极易促使学员出现心理问题，进而影响其身心健康发展。

（三）积极心理健康教育理念的优越性

目前，积极心理健康教育的优越性得到较多关注，教育界开始针对我国国情，建构学校积极心理健康教育理念。以此理念为指导，各阶段学校开始推动积极心理健康教育深入开展。

1．心理健康观——心理异常的社会建构

一般而言，学校心理健康教育往往从本体论出发，强调“心理异常”的客观存在。社会建构论否认任何所谓“事实”和“规律”的客观性，强调社会文化的建构。在17世纪，人们把“忧郁症”（现称抑郁症）当作迟到的借口，而现今很少有学生会把抑郁症当成自己上课迟到的借口。就心理健康而言，该理论认为个体与社会都有自己的意义系统，社会的意义系统是主流的、强势的，当二者存在矛盾、不协调时，个体的心理就表现为“心理异常”状态。

由此可见，在心理健康教育中学生“心理异常”这一“事实”是社会文化建构的结果。积极心理健康教育则首先确立了积极的心理健康观，其不像传统的心理健康，以关注学生是否存在心理异常这一客观事实为重点，而是关注塑造学生的积极人格并发现学生的潜能，因为把学生的心理状态表达成心理异常本身就带有歧视或否定的色彩。

2．学生观——学生角色的社会建构

学校心理健康教育的主体是学生，如何看待学生和如何看待心理健康，同样是积极心理健康教育的着眼点。社会建构论认为，人之所以成为人，是因为社会的建构。在积极心理健康教育过程中，对学生这一社会角色的认识上，教育者也应看到是社会成就了学生的角色。换言之，人们通常认为学生应该遵守纪律，以学习为主要任务，不该谈恋爱等，这些对学生角色的认识都不是本质性的。即这些认识并不是学生自身固有的根本属性，而是社会认为学生应该有的样子。因而，学生这一角色是社会建构的结果。

在积极心理健康教育过程中，教育者要认识到学生的角色是作为一种“事实”被社会所建构的，学生不是生下来就拥有学生的身份。如果一个学生不认同自己的学生角色，那么周围人则认为他的思维方式不符合社会主流思维方式，这个学生则被视为异常。对此，积极心理健康教育者的关注点要放在学生角色的建构上，要引导学生用他人所认同（共识）的方式来表达自我，进而建构自己的角色，使之获得周围更多的认可。

3．教育目标——以“关系”为中心，非以“问题”为中心

在心理健康教育过程中，教育者总是习惯问同样的一个问题：学生的问题在哪里？教育过程中还有哪些不足或需要改进的地方？这让我们看到，无论是教育者还是教育对象，都陷入负性的思维模式中，即先从弱势或问题出发来看待人和事件。从另一视角看，尽管每一个体有这样或那样的缺点，但他们为什么能进行正常的生活、学习，而且还会在各个方面获得不同程度的成长？传统心理健康教育通常的问法是：学生为什么有这样或那样的问题？要找到其中的根源，从根源入手去解决问题。

在心理健康教育的过程中，如若只关注教育对象不好的部分而不关注积极的部分，其最终结果会导致教育者和被教育者都“以问题为中心”。如果人们一直纠结于究竟有多少“心理问题”，则难以得到一致的答案。以此理念开展心理健康教育工作，只能发现并修补问题，或者称为“头痛医头，脚痛医脚”，而忽略原本就在眼前的美好、积极的事物。

传统的心理健康教育遵循现代文化的因果叙事，即凡事皆有因，有因必有果，消除原因就能改变结果，这种教育理念是本质主义的表现，它认同自我形成后的相对稳定性及其在行为中所体现出的规律性。因此，在传统心理健康教育中无不倾向于从教育对象的内部寻找原因，来解释其存在的心理问题。社会建构论认为，因果叙事只是许多叙事之中的一种，是被现代文化建构起来的，心理问题不是内在的“客观事实”，由什么导致了这种所谓“事实”的发生并不重要，重要的是理解某种“事实”和特定的意义是如何被建构的。

由此，在教育目标上，学校积极心理健康教育要放弃对“心理异常”形成的关注，将视角转向学生内在主观意义的建构上来。客观事物本身并

不能对学生的心理产生影响，而学生能对客观事物赋予一定的意义，并且这种赋予的意义是学生主动建构的，建构出的意义影响和制约着自己的心理。可以说，真正对学生起作用的不是在他们身上发生了什么客观事实，而是学生对所发生的客观事实建构出来的意义。基于建构理论的老年大学积极心理健康教育的教学目标，应当侧重于帮助老年学员建构“老年大学学员”和“老年人”的角色内涵。通过展示积极的老年人形象，帮助老年人寻找积极的人生态度，进而改变他们的心理和生活方式。

社会建构论强调关注现实日常生活中的人际互动，因为所谓的“心理问题”这一“客观事实”是出现所谓“心理问题”的单独个体无法建构的，而是在人际互动的过程中个体建构出来的一种意义系统，即该个体存在“心理问题”。那么，学校积极心理健康教育目标应以“关系”为中心，在积极的“关系”中建构积极的意义，而非以“问题”为中心。

具体而言，积极心理健康教育以“关系”为中心，是要教育者放弃“对问题的关注”，转而关注他们与学生的关系以及学生之间的关系，尝试建立一种积极的关系，进而关注在积极的关系中建构积极的意义。将此应用于老年大学教育，意味着在帮助老年学员建构积极的关系过程中，引导老年人关注自己的意义系统与社会主流的意义系统之间的差异，进而建构出新的意义。例如，将“老而无用”的态度转为“老有所为”，将“老了学不会了”转为“活到老，学到老”，使老年人的心态与社会主流的意义系统相协调，以一种新的、积极的意义建构消除老年人在社会上既存的消极老化刻板印象，帮助他们恢复或达到某种理想的心理协调状态，实现积极老龄化。

4．教育内容——积极的人格、积极的环境

积极心理学是一门旨在促进个人、群体和整个社会发展、完善和自我实现的科学。这说明，它不只关注个体获得良好的发展并建立起高质量的生活，还意识到积极的团体或组织在个体成长过程中的重要性。中国社会文化的一个突出特点是强调集体的力量，生活在这一文化背景下的中国人特别注重社会取向，他们会以集体的标准为参照。

由此，学校积极心理健康教育内容涉及两个方面：积极的人格、积极的环境。人格心理则涉及三个方面：个性心理特征（能力、气质、性格），个性倾向性（态度、需要、动机等），以及自我。积极心理健康教育要建构积极的人格，也主要涉及这三方面。其中，自我处于核心地位，积极心理健康教育建构积极人格的关键点是形成积极自我。进一步而言，积极人格的培养要以“自我”为中心展开。具体来说，积极心理健康教育要让个体形成积极的自我认知。

积极心理健康教育者主要从以下两个方面展开对学生积极自我认知的教育。

一方面，开展自我认知的内容教育。自我认知的内容教育首先是要让个体回答“我是谁”。个体对自我的了解往往是模糊的、不全面的、不客观的，哪怕是有丰富生活经验的老年人，也不一定能形成正确的自我。通过教育，让个体对自我所包含的内容有初步的了解，这是积极心理健康教育工作的基础。即主要让个体在生理、社会角色及心理三个层面了解自我，让他们对自己的身体、相貌、所扮演的社会角色、能力、气质、性格、情绪和情感、意志、兴趣、爱好等有全面的了解。例如，清楚认识到“我是老年人、老年服务志愿者、父亲和爷爷等”的责任和权利，知道“我脾气不太好，但我有改正的能力”，“我喜欢书法和文学，我可以教后辈这些”等。

另一方面，在自我认知的内容教育的基础上开展自我认知的方式教育。老年人全面了解自我并不代表他们能够积极地认知自我，这就需要积极心理健康教育者开展自我认知的方式教育。当老年人只关注到消极的自我方面时，教育者要让学生认识并体验到他们在认识自我时存在个体的差异，也会受到个体内在心理环境和外在社会环境的影响。在此基础上，引导学生将关注点聚焦于积极的自我方面，并将积极自我的影响力最大化。

环境包括自然环境和社会环境（社会物理环境和社会心理环境），积极的社会心理环境是积极心理健康教育的重要内容。学生由于其角色的特殊性，他们生活的场所主要是校内和家庭，他们所处的社会心理环境富有多维性。依据社会建构论，通过积极心理健康教育建构积极的环境的关键点，是发挥学生的积极力量。

因此，可以从以下方面展开积极心理健康教育。

首先，形成积极认知环境。自我认知是对“小我”的认知，环境认知是对“大我”的认知，“小我”结合“大我”在关系互动中展现出一个多样化的自我。通过积极认知，让学生的“小我”积极地影响“大我”。因此，积极心理健康教育要建构学生新的、积极的个体意义系统，使之与社会主流的意义系统相协调，才有可能形成对社会环境的积极认知。

其次，引导积极适应环境。积极心理健康教育要让学生在一种“平衡—不平衡—平衡”的动态变化过程，对环境的变化做出反应并重建一种新的平衡，这也是社会建构论思想的重要体现。社会建构论强调个体的意义系统与主流的或强势的意义系统之间要协调，这种协调就是一种平衡。因此，在积极心理健康教育过程中，要充分发挥学生自身的主观能动性，以达到与周围环境（主流的或强势的意义系统）的适应。

最后，积极影响环境。从某种程度上说，尽最大可能去改变环境才是比较高级、主动的适应，而这正是社会建构论思想的写照。社会建构论主张个体的积极力量可以带动社会的积极力量。当个体的意义系统与主流的或强势的意义系统之间出现矛盾或是不协调时，强调让个体树立改造环境的意识，从而建构一种新的、积极的环境。这是一种主动、积极的社会建构。社会可能存在一些老年人是消极的、啰唆的、生病的等负面老化刻板印象，老年人面对这些质疑可以通过加强身心素养，以展示老年人的积极面貌，击溃错误的老化刻板印象。

综上所述，树立积极的心理健康观和学生观，在此基础上确立积极心理健康教育的目标和内容，以“关系”为中心，构建积极的人格和积极的环境，这是学校践行积极心理健康教育理念的本质所在。

第三节　建构老年积极心理健康教育

在积极心理学视野下，需要构建老年大学积极心理健康教育体系，从模式、实施途径入手，不断丰富老年大学心理健康教育的内涵。在此举措下，使教师转变教学理念，重视从教学内容、途径、目标和成效方面对老年学员进行积极的心理教育，将积极心理健康教育应用于老年教育，预防和减少老年学员心理问题的产生。

一、老年积极心理健康教育模式的建构

积极心理健康教育不是对传统心理健康教育的简单否定，而是对传统心理健康教育模式的矫正、发展和补充。国内外心理健康教育的模式可分为四类，分别是医学模式、社会学模式、教育学模式和心理学模式。综合这几种模式不难看出心理健康教育发展的基本趋势：心理健康教育从消极、被动、补救向积极、主动、预防和发展的方向转型；从面向个别学生及其问题向面向全体学生和全面开发心理潜能、提高心理素质方向转型；从专职教师的专门服务向全员参与的全过程、全方位服务方向转型。积极心理健康教育在继承和借鉴这些经典心育模式的经验和发展趋势的基础上构建起自己的基本体系。

而老年积极心理健康教育除了需要继承传统积极心理健康教育的模式，还要从老年个体的心理需要出发制定适合老年人学习的模式，从老年大学教育的方向与目标、任务与功能、对象与内容、原则与特点、途径与方法、成效与评价等角度，建构老年积极心理健康教育体系。

（一）老年积极心理健康教育的方向与目标

积极心理健康教育秉承积极心理学对人性持积极评价的取向，研究和教育重心是人和社会的积极因素方面，坚持“弘扬浩然正气”的大方向。马斯洛曾经指出：“如果一个人只潜心研究精神错乱者、神经病患者、心理

变态者、罪犯、越轨者和精神脆弱者，那么他对人类的信心势必越来越小，因此对畸形的、发育不全的、不成熟和不健康的人进行研究，就只能产生畸形的心理学和哲学。”这表明，积极心理健康教育不是与传统心理健康教育方向相对立，而是对传统心理健康教育方向的矫正。对于老年大学而言，面对的学员早已思想成熟，具备自愈和自救能力，对他们开展积极心理健康教育更应该发现他们的积极面，帮助老年人发现自身的优势。

根据心理健康教育三级目标，可以将老年大学的积极心理健康教育划分为：一级目标是以预防教育为主，面向全体老年学员，注重潜能的开发和心理素质的培养，帮助老年学员开始关注自身；二级目标是以解决心理问题为主，针对普遍的心理问题进行辅导和咨询，帮助有心理困惑的老年人解决一些心理问题；三级目标是以治疗心理疾病为主，针对有心理障碍和疾病的个体进行心理诊断和治疗，重点关注这些老年人的心理变化。对于老年大学管理者和班主任，应该要强化一级目标，兼顾二级和三级目标，实现三级目标之间的有机统一，使积极心理健康教育落实到全体老年学员，使老年学员“老有所乐，老有所学”，度过幸福的晚年。

（二）老年积极心理健康教育的任务与功能

积极心理健康教育观认为，每个人都有积极的心理潜能，都有自我向上的成长能力。因此，积极心理健康教育将重点放在培养学生内在积极心理品质和开发心理潜能上，如积极的思维品质、积极的情绪情感体验、积极习惯的养成、积极人格的塑造、积极认知方式的形成、积极意志品质的磨炼、积极心态的调整、积极组织与积极关系的建立等。具体来说，由于老年人已有多年生活阅历和较为完善的情绪调节策略，在老年大学开展老年积极心理健康教育，应着重培养老年人真诚、忠诚、坦诚、诚实、正直、仗义、率真、信用、自信心、自制力、情绪控制能力、情绪调节能力、认识自己、客观地评价自己、有效地管理自己的能力、心理承受能力、环境适应能力、人际交往能力、人际吸引力等积极心理品质和各种潜能而非开发智力。

积极心理健康教育的功能不仅包含发展性功能、预防性功能和补救性功能，还致力于使人具有积极的理想追求、较好的社会功能、高效率的工作状态、建设性的人际关系、独立自主的人格和丰富多彩的精神生活等。

（三）老年积极心理健康教育的对象与内容

传统心理健康教育对象主要聚焦在少数问题学生身上。积极心理健康教育的对象在指向问题学生及其心理问题的基础上，特别强调面向全体学生，并且还包括教师和家长。在老年大学的教育过程中，老年学员既是自我教育的主体，又是接受教育的对象，老年学员、教师和学校管理者应该构建起新型的双主体平等关系。

积极心理健康教育极大地丰富和发展了传统心理健康教育的内容，根据美国4本主流咨询心理学杂志的内容分析，将积极心理品质按频次由多到少做了归纳和总结，具体内容及顺序为：价值观、道德规范、自我效能、成就、自尊、调节、应对、移情、目标设置、自我概念、问题解决、自我控制、亲情、思想开放、现实化、幸福感、动机、希望、适应性、一般能力、领导力、生活满意度、创造性、洞察力、见识、乐观、灵性、道德判断、情感智力、爱、生命力、积极情绪。

根据我国老龄化国情和老年学员参与学习的实际需求，老年大学心理健康教育应综合考虑时间指向（过去、现在、未来）、活动类型（生活、学习、工作、社交）、关系维度（对人、对事、对己）等方面，以真实有助于促进老年人的心理健康为核心目标，制定适用于老年大学心理健康教育的教学内容。综合考虑老年人的学习需求、学习目的和老年大学的实际条件，将下列十四项优先列为老年积极心理健康教育的核心内容：增进主观幸福感、提高生活满意度、开发心理潜能、发挥智能优势、改善学习力、提升自我效能感、增加沉浸体验、培养创新能力、优化情绪智力、健全和谐关系、学会积极应对、充满乐观希望、树立自尊自信、完善积极人格。

（四）老年积极心理健康教育的原则与特点

积极心理健康教育在尊重传统心理健康教育的基本原则的基础上，着重强调：激扬生命、播撒阳光雨露；分享欢乐，传播幸福；开发潜能，增强心理免疫力；学会应对，提高生活学习效能；扬长避短，发挥多元智能优势；预防和发展为主，修复为辅；全员参与，突出自主发展；团体训练为主，兼顾个别咨询；情景体验、活动参与兼顾认知传授。

根据我国高校、中小学心理健康教育的特点，以及老年教育中开展心理健康教育的实际情况，老年大学积极心理健康教育的研究应具备以下特点：第一，理论探索正在稳步推进，在目标、任务、内容、措施和方法等方面形成老年大学积极心理健康教育的理论体系。第二，开发、修订适用于测量老年人积极心理品质的测评工具，逐步建立老年积极心理品质的数据库。第三，逐渐开展关于老年心理健康的实践研究，部分有条件的老年大学正在将积极心理健康教育实践进行丰富和发展。

（五）老年积极心理健康教育的途径与方法

当前开展心理健康教育的途径和方法呈现多元化，综合高校和中小学开展心理健康教育的多年经验和老年大学的实际，建设多途径、多方法的老年积极心理健康教育。

老年积极心理健康教育应提供全方位、全过程、全面渗透、全员参与的途径，形成以学校分管领导为统领，以专业心理教师为核心，以班主任为骨干，以学科教师为生力军，以老年学员为主体，以正向的校园文化、社会环境和媒体宣传为积极氛围的积极心理健康教育立体网络。在具体方法的选择和运用上，老年积极心理健康教育应更加强调情景性、参与性、互动性和体验性，将老年学员视为可自主发展、自主进步的学习主体。可在老年大学开展一些活动辅助开展老年积极心理健康，比如：多元智能途径、心理情景剧、心理活动课和心理拓展训练等老年人喜闻乐见又富有成效的积极心理健康教育的途径与方法。

（六）老年积极心理健康教育的成效与评价

老年积极心理健康教育的成效除了表现为传统心理健康教育所追求的心理问题的消解、心理障碍的减少以外，更看重如下几个方面。

第一，积极心理品质的发展。老年个人层面上的积极人格特质包括智慧、乐观、爱、人际交往、美感、感恩、创造性等。老年群体层面的积极组织系统包括如何创造良好的社会环境以促使老年人发挥其人性中的积极品质，如责任感、利他、文明、忍耐和职业伦理等；以及如何减少社会中对老年人的负面刻板印象、年龄歧视以有助于老年人更好地生活。

第二，主观层面的积极情绪体验，如主观幸福感、生活满意度、沉浸体验、自尊、自信、乐观、希望等。根据幸福曲线，进入老年期，老年人的压力感逐渐降低，幸福感和完善感逐渐增强，接受积极心理健康教育能够促进他们有效地管理情绪，增加积极情绪体验。

第三，心理问题的积极预防。与青少年不同，老年个体具备自我管理和自我完善的能力，而传统的心理健康单纯地关注个体身上的弱点与缺陷，不能产生有效的预防效果，应该通过发掘老年人自身的力量来有效地预防心理疾病。人性层面的积极力量和美德，如勇气、乐观、爱、交往技能、职业道德、信仰、希望、忠诚、坚韧等，这些积极心理品质对老年人起着不可忽视的预防、调节和缓冲作用。

第四，临床心理学模式的转变。未来的心理治疗不仅仅是修复创伤，将会更加提升人们所具有的美德和力量，用更加开放、欣赏性的眼光去看待和理解人类的潜能、动机和能力。积极心理健康教育最核心的评价是对积极心理品质的评价，把评价当作促进心理健康教育的有效手段，因而对形成性评价情有独钟。积极心理健康教育通过经常的形成性评价，可以经常监控、调整心理健康教育过程，也可以使老年人不断得到反馈和强化，自觉调整自己的发展方向。

二、老年大学积极心理健康教育实施途径

（一）积极心理健康教育的课程模式

积极心理学注重激发人自身积极的力量，开发人类优秀的内在品质，并利用这些理论和品质来帮助人们获得良好的心理环境。传统的心理健康

教育依靠事后抚慰来防止悲剧的发生。积极心理健康教育通过全方位、全过程、全面渗透、全员参与的途径，重点培养学生内在积极心理品质，开发学生心理潜能。

1. 明确心理健康教育的教学目标

积极心理健康教育强调教育的目标应激发个体内在的激情，帮助个体发展综合的技能，在其自身和环境许可范围内达到最佳的心理功能，承担生活的责任，成为有社会能力和富有同情心、人格或个性更加完美的人。

明确心理健康教育的目标，需要做到在心理知识普及的基础上。对于缺乏心理健康教师的老年大学来说，可以定期开展具有针对性的团体心理辅导，或者通过开展心理知识宣传和培训讲座，让教师和学员共同意识到心理健康的重要性，让大家接受积极心理学的理念。老年大学管理者能够构建心理健康教育与服务体系，将积极心理学教育融入学校的教育教学工作中，根据当前学校拥有的师资队伍，不断打造心理健康教育团队以及建立咨询机构，促进老年大学心理健康教育的顺利开展。

在日常生活中，运用心理健康教育内容开展实践活动，帮助老年学员解决生活和学习上的问题，为学员的交际、求知以及身心健康等提供有效的帮助。心理健康教育和老年大学的教育教学实践有效结合，不断提高老年学员心理素质，使其对积极心理学有更深层次的认识；在新知识的学习过程中，老年学员也能够逐渐掌握更多的情绪、身体调适方法，积极地面对老年生活以及生活中的问题。

2. 教学途径及方法

学校应将心理健康教育始终贯穿于教育教学全过程。全体教师都应自觉地在各学科教学中遵循心理健康教育的规律，将适合老年学员特点的心理健康教育内容有机渗透到日常教育教学活动中。要注重发挥教师人格魅力和为人师表的作用，建立起民主、平等、相互尊重的师生关系。要将心理健康教育与班主任工作、班团队活动、校园文体活动、社会实践活动等有机结合，充分利用网络等现代信息技术手段，多种途径开展心理健康教育。

传统心理健康教育的基本途径是“从问题出发—分析原因—找出对策—化解问题”，这样的路径最终最大成效也就是解决问题，相当于生病后的康复，至多也就是达到无病状态，但并不能向提高体质体能和免疫力这一高水平发展。因此，老年大学的教师可以采取以下方法帮助老年学员从心理健康教育中获益。

（1）在心理健康教育教学实践的过程中，要不断提高老年学员参与课堂的积极性，增强其抵御挫折的能力，建立心理问题防御机制，不断培养老年学员的综合素质，提升幸福感。在传统的心理健康教育中，教师主要是以讲授为主，很多学生无法真正理解教育的内容。然而，随着社会的不断发展，当前的老年人更加具有个性，而且接触的信息比较多，所以老年大学可以不断拓宽心理健康教育的路径，在课堂上要坚持和学生进行互动。

（2）开展心理健康专题教育。专题教育可利用地方课程或学校课程开设心理健康教育课。心理健康教育课应以活动为主，可以采取多种形式，包括团体辅导、心理训练、问题辨析、情境设计、角色扮演、游戏辅导、心理情景剧、专题讲座等。心理健康教育要防止学科化的倾向，避免将其作为心理学知识的普及和心理学理论的教育，要注重引导老年学员心理、人格积极健康发展，最大限度地预防老年学员发展过程中可能出现的心理行为问题。

（3）建立心理辅导室。心理辅导室是心理健康教育教师开展个别辅导和团体辅导，指导帮助老年学员解决在学习、生活和成长中出现的问题，排解心理困扰的专门场所，是学校开展心理健康教育的重要阵地。在心理辅导过程中，教师要树立危机干预意识，对个别有严重心理疾病的老年学员，能够及时识别并转介到相关心理诊治部门。教育部将对心理辅导室建设的基本标准和规范做出统一规定。

心理辅导是一项科学性、专业性较强的工作，心理健康教育教师应遵循心理发展和教育规律，向老年学员提供发展性心理辅导和帮助。开展心理辅导必须遵守职业伦理规范，在老年学员知情自愿的基础上进行，严格遵循保密原则，保护老年学员隐私，谨慎使用心理测试量表或其他测试手段，不能强迫学生接受心理测试，禁止使用可能损害老年学员心理健康的仪器，要防止心理健康教育医学化的倾向。

（4）充分利用校外教育资源开展心理健康教育。学校要加强与基层群众性自治组织、企事业单位、社会团体、公共文化机构、街道社区以及青少年校外活动场所等的联系和合作，组织开展各种有益于老年学员身心健康的文体娱乐活动和心理素质拓展活动，拓宽心理健康教育的途径。

（5）采用多元智能路径进一步找到扬长避短或扬长补短的方法。美国哈佛大学发展心理学家霍华德·加德纳（Howard Gardner）提出个体至少具有九项智能，包括：语言、数理逻辑、空间、身体运动、音乐、人际、内省、自然探索、存在智能。通过多元智能，优化学生观，即每位老年学员都有自己的优势，都能在自身优势方面得到最优的发展；优化新知的表现形式，比如：语文智能——故事，空间智能——多媒体，音乐智能——歌曲，动觉智能——肢体语言/表演，等等；优化教学活动形式，比如：观察、合作学习、演讲、计算、推理、演剧、绘画、歌谣、反思等；优化评价效果，采用多元评价，让每位老年学员看到自己的优势和进步，建立自信，提高兴趣和成绩。

每一个体都有自己的智能优势或智能组合优势，如果老年人都能找到并善用自己的优势智能，就能够使潜能得到最佳发挥，补偿年龄增长带来的丧失。通过这种方式，老年人能够预防和化解各种心理问题，抵御干扰，克服心理障碍，成为最优的自己。

（二）积极心理健康教育学科渗透

近年来，党中央、国务院高度重视心理健康服务和社会心理服务体系建设工作。习近平总书记在2016年全国卫生与健康大会上提出，要加大心理健康问题基础性研究，做好心理健康知识和心理疾病科普工作，规范发展心理治疗、心理咨询等心理健康服务（王思北、施雨岑，2016）。《关于加强心理健康服务的指导意见》（国卫疾控发〔2016〕77号）提出，心理健康是影响经济社会发展的重大公共卫生问题和社会问题。为深入贯彻落实党的十八届五中全会和习近平总书记在全国卫生与健康大会上关于加强心理健康服务的要求，国卫疾控根据《精神卫生法》《“健康中国2030”规划纲要》和相关政策，提出加强心理健康服务、健全社会心理服务体系的要求。

学校心理健康教育以帮助学生塑造健康心理为重点，并对学生的心理发展进行调适和矫正，提高学生心理素质和促进其心理的良性发展（程美华、王海霞、刘青瑞，等，2011）。积极心理学倡导心理学的积极取向，研究人类的积极心理品质，关注人类的健康幸福与和谐发展，其提出“激发个体内在的积极力量，培养人类的优秀品质，并利用这些积极力量和优秀品质来帮助个体获得良好的生活”的新观点，为学校心理健康教育提供新的视野和思路（黄裕花，2017）。因而在老年教育中倡导心理健康教育与心理健康教育学科渗透是当代形势下老年教育需要多方面探索的重要领域。

1．心理健康教育学科渗透概述

在老年教育中，心理健康教育学科渗透指老年大学教师在各学科教学中有意识地运用心理学的原理和方法教授学员知识、技能，发挥其创造力的同时，增强学员应对社会变化和自我发展能力，全面提高学员的心理素质（陈怡华，2016）。从教学设计取向看，心理健康教育学科渗透可以学员为中心，重视学员的人格塑造和心理发展；可以问题为中心，理论联系实际，帮助学员解决心理问题；也可以活动为中心，加强心理训练，塑造学员良好的心理品质等。

在老年大学中进行心理健康教育学科渗透的必要性体现在：一方面，学科与心理健康教育的教学目标同为促进学员更好地发展，将心理健康教育贯穿于教育教学活动中，促使学员形成符合社会主义核心价值的情感、态度、价值观以及良好的心理素质，为终身学习奠定良好的基础；另一方面，心理健康教育“以人为本”的理念以及灵活多样、适合学员身心发展特点的课堂模式，为创设和谐课堂氛围做出了示范。这种教学模式能改善师生关系、实现民主教学，有利于促进学员的学习、激发学员的求知欲，使得教师乐教、学员乐学，教育教学质量得到不断提高。

在老年大学中进行心理健康教育学科渗透的可行性体现在：第一，就学习目的而言，老年学员以愉悦身心为参与学习的重要目的，在老年大学教学中进行心理健康教育学科渗透可满足学员的心理需要；第二，就教育目的而言，学科教学是以帮助老年学员掌握基础科学文化知识，促进其身心健康为目的；第三，就教育载体而言，老年大学开设的各类课程中有许多心理健康教育资源可供开发利用；第四，就我国老年大学现状而言，各类课程体系已相对稳固，以学科渗透的形式进行心理健康教育，可充分利用现成的资源。

2. 在老年大学教育教学中渗透心理健康教育

探讨老年大学心理健康教育学科渗透的途径，即探讨老年大学教育工作者和教师在教学管理中如何把教学目标、内容、过程和方法与心理健康教育的内容相结合（王春玉，2017）。

教学目标是设计和开展教学活动的依据，在教学目标中梳理和明确渗透心理健康教育的因素，是心理健康教育学科渗透的重要前提。在教学目标的三个维度表述（知识与技能目标、过程与方法目标、情感态度与价值观目标）中，都包含观察、记忆、思维、情感、意志、动机和需要等心理健康教育因素，通过这些因素的科学体现能提高学员的学习效果和教学质量。

教学内容是开展教学活动、实现教学目标的重要中介，教材具体内容包含相应的心理健康教育因素。例如，完成老年大学的舞蹈课程需记忆、分析、综合、想象、情绪情感、意志及个性等心理内容的参与。因此，教师可通过选择和组织科学、合理的教学内容来保证教学计划和任务的完成。

教学过程由各教学环节构成，主要包括导入、新课、总结和作业几大部分，是教学活动的具体实施。教学过程的每一环节，都和学员的心理过程息息相关。例如，导入过程直接影响学员学习本课程知识的动机、兴趣和回忆以形成适度的学习准备状态等；总结环节的内容则影响学员对所学知识的系统化水平和学习习惯等。此外，各教学环节的顺序和层次都与学员内部认知过程有关，老年大学教师应正确指导学员对知识进行有序列和有规律的加工，提高教学过程的有效性。

教学方法是教师在教学过程中为实现教学目标而采用的方式和手段。每一种教学方法的选择和运用既指向特定的教学目标和任务，又指向学员的心理活动和行为习惯。例如，讨论法是各学科教学常用的教学方法，在组织学员讨论的过程中涉及学员的兴趣、动机、记忆、思维、情感以及人际交往等；问答法的科学运用能直接影响学员分析、抽象、概括、比较和系统化等思维过程；直观法涉及学员的注意、观察、思维、动机和情感等；练习法则涉及学员的记忆、思维、想象、创造、需要、情感和个性等。

老年大学教师在使用心理健康教育学科渗透的内容和途径的过程中，应注重体现灵活性和个性化，即根据老年大学课程和教学对象的特点，对教学内容和途径加以丰富和完善，进一步增强心理健康教育学科渗透内容和途径的全面性和实用性。

3. 在教育教学中渗透心理健康教育的策略

（1）正确树立现代教学观和学生观。

现代教学观明确提出以学生为学习活动的主体，在教学中要注重“以学生为本”“一切为了学生”。新时代的老年大学教育工作者首先要树立正确的教学目标观，把促进老年学员的全面发展作为教学的终极目标，帮助老年学员形成积极主动的学习态度和树立正确的价值观；其次，要树立正确的教学评价观，重视教学活动中的过程性评价和形成性评价，更多地发现学员身上的闪光点，开发其潜能，健全其人格（李晓丽，2016）。

（2）营造民主、平等、和谐的课堂氛围。

课堂氛围对学员的学习状态和情绪变化有重要影响。良好的课堂氛围有助于提高学员的课堂参与度和学习效率；而过于紧张压抑的课堂氛围则易导致学员紧张、惶恐不安、学习效率低下。因此，营造民主、平等、和谐的课堂氛围，不仅可以帮助学员开阔思路、丰富想象、激发求知欲、增强记忆力，还可以加强教学过程中教师与学员、学员与学员在认知和情感方面的交流互动，从而缩小教师与学员的心理距离，更有利于师生关系的和谐发展。

（3）营造良好的心理环境。

营造良好的心理环境是学科渗透心理健康教育的前提条件。学员的身心健康发展离不开良好的心理教育环境，公平的教育环境对营造良好的心理环境至关重要，而营造良好的心理环境又与学校的教育密切相关。从教师的角度看，这要求其在日常教学中既要关心学员的个性和身心发展，促进学员德智体美等综合素质的提升，还要耐心、平等地对待学员，无论是后进学员还是优秀学员都应给予关心与照顾。从学校的角度看，学校应积极组织各种有益的学习兴趣活动以促进学员的身心健康发展以及丰富校园文化。

另外，营造良好的心理环境还要照顾到教师的心理环境。老年大学应根据其教学目的和对象的特殊性完善教学评价制度，不能以学员的成绩优劣作为衡量教师教学水平高低的唯一标准。老年大学应根据其特殊性设计适当的评价体系，如更多地注重学员的课堂收获和体验以及对教师营造和谐课堂氛围的能力、与学员沟通的能力等的评价，减轻教师的身心负担，使教师能以积极的心态在教学实践中渗透心理健康教育。

（4）充分发掘教材。

老年大学教师要找到所授课程与心理健康教育的契合点，让老年学员在享受获得知识的满足感的同时，产生情感上的共鸣与认同，从而认识和把握自己的心理，使心理素质得以提高（吴逊，2009）。同时，可以选择图文并茂、简单易懂的教材来激发老年学员的学习热情，这种热情将产生持续、稳定的推动力，给老年学员的学习以巨大的鼓舞，使他们积极主动地完成学习任务。

（5）选择恰当的教学方法。

在一般的学校课堂教学中，教师比较重视知识和技能的教学，对教材中的知识和技能因素发掘得比较充分，而对过程和方法因素特别是对关于情感、态度、价值观即心理健康教育方面的教育因素的发掘和利用较少。然而，老年大学的学员是以发展身心、陶冶情操为学习的主要目标，这种以传授知识和考试技能为主的教学方法显然不适用于老年大学的教学。

教学与心理发展是相辅相成的两方面，心理健康教育学科渗透要求心理发展要在掌握知识过程中进行，而学员心理水平的提高又有助于掌握知识；为达到培养学员情感、态度和价值观的教学目标，恰当的教学方法一般都蕴含丰富的心理健康教育内容。因此，学科渗透心理健康教育的教学方法的选择应更多地考虑教学过程中心理健康教育的因素，注重心理健康教育与传授科学知识的同步性。

（6）合理设置学科心理健康教育目标。

教学目标是学科教学顺利开展与进行的方向标，教学目标是否科学合理是决定教学工作成败的重要环节。学科教学中设置心理健康教育的教学目标应体现科学性。首先，教材本身就直接或间接蕴含心理健康教育的内容。其次，各学科教学的目标应把知、情、意、行相结合，各目标相互交融、相互渗透，要有整合性质。最后，在制定各学科教学目标时，应根据学科间不同程度的差异进行适当调整。

4. 在具体学科中渗透心理健康教育

心理健康教育学科渗透的目的为消除教学设计、评价和管理中一切不利于学员心理健康的因素，预防由此导致的心理健康问题，使老年学员能够在和谐、愉快的情境中学习，以维护和促进老年学员心理健康。在老年大学进行心理健康教育学科渗透，教师应根据老年学员的心理及学科特点，自觉遵循心理健康教育的规律，在教学中有机、灵活、适度地将适合学员特点的心理健康教育内容有机渗透到日常教学活动中。

（1）艺术教学中渗透心理健康教育。

在老年大学艺术类课堂中，教师可给老年学员搭建一定的平台，鼓励学员表现自己。比如，在欣赏歌曲后，让学员分享心理感受；或者学习一段舞蹈后，教师给学员提供当堂表演的机会，这样既能鼓励内向的学员参与其中，又有助于发现他们的闪光点（袁封梅，2017）。在这个过程中教师需通过鼓励来肯定学员的进步，这样不仅能让学员掌握课堂内容或发现自身学习问题，还能提高学员的自信心，真正做到一举两得。

实践证明，不同的音乐旋律、速度、强弱、音色、节奏可以触动个体身体机能产生不同的情绪和反应。例如，轻缓柔美的音乐，能够调节心率和呼吸，消除紧张情绪，从而起到平复心情的作用。而相对欢快的乐曲，则可帮助老年学员消除压抑感、缓解疲劳和带来愉悦。因此，在艺术课程教学的同时，教师可通过充分挖掘并合理利用艺术类学科的有利素材，在教学中渗透心理健康教育。

（2）体育教学中渗透心理健康教育。

在体育教学中有意识地渗入心理训练，即体育任课教师在组织开展老年人体育教学活动时，有意识、有目的地对老年学员的心理施加影响，并以此来提高学员的自我调控能力和心理素质，实现心理健康教育的目的（王德明、金永乐，2005）。如在团体性体育运动项目的教学中，可着重培养学员团结协作的意识和竞争精神，以提高老年学员的社会适应能力，这些均是对学员进行心理健康教育的有效途径。

例如，在柔力球教学课程中，教师通过演示，学员能较好地学会柔力球的五类基本技术和普通套路；学员通过课程学习，了解体育锻炼对身心发展的益处，并能持之以恒地加以练习、养成自觉锻炼身体的习惯，培养自身的平衡、协调、柔韧和耐力素质，从而达到在体育教学中渗透心理健康教育的目的。

（3）文学欣赏中渗透心理健康教育。

角色扮演可让老年学员体验各种情感，有助于提高其社会认知能力，更好地理解他人的感受，从而更好地适应社会。文学欣赏常以角色扮演为主要教学方法，即教师指导学员扮演文本中的正面人物，引导其融入文本人物的时代、情境，促使其换位思考，达到理解人物心理和思想感情的目的。

在文学欣赏教学过程中，为激发老年学员的学习情绪，教师可创设典型的情境，寓教学内容于具体情境，以促进老年学员情感活动和认知活动的结合（纪红艳，2010）。如通过实物情境演示、生活情境再现、音乐情境渲染等，帮助老年学员理解教材，并使其心理机能得到发展。

5．增强教师“心理保健医生”的角色意识

要把学科渗透贯彻落实到课堂中，就必须提高学科任教教师的心理健康教育意识、实施此种教育的技能以及掌握心理健康教育学科渗透的策略。

（1）提高学科任课教师的心理健康教育意识。

所谓“教书育人”，“育人”是目的，“教书”只是手段，而要“育人”，首先必须“育心”。这样看来，教学过程应该是一个育人的过程，一个进行心理健康教育的过程。为此，各科教师必须有强烈的“心理保健医生”角色意识，对教学过程中学员出现的状况不能做单一的政治、思想、道德、能力方面的评价，要更多地从学员心理发展的角度去考察，着力优化学员的心理素质，发掘学员的心理潜能，使学员成为学习主体，促使他们自觉、主动、积极、出色地完成学习任务。

（2）提高任课教师进行心理健康教育的技能。

从培训的途径来看，有条件的学校可适当采取“走出去”的方式，先培训管理者和骨干教师，回来再培训其他教师；也可采取“请进来”的方式，即选聘有经验和技能的教师（这是一种省时而又节约成本的好方法）。

从培训的内容来看，除了观念更新外，应着重对教师心理学、教育学等学科知识与原理（如发展心理学、教育心理学、学校心理健康教育的知识与原理等）、心理健康教育技能（如了解学员的能力、创造性的教学设计技能、应变能力、组织教学、管理教学的技能等）和心理健康教育方法的培训（如学科渗透的目标设定与教学策略、健康课堂心理氛围的营造等）。

（3）掌握心理健康教育学科渗透的策略。

教师可充分挖掘学科课程蕴含的心理健康教育资源。例如，可利用蕴含心理健康教育资源的历史、思想政治等课程激发学员的爱国情感；利用艺术类课程陶冶学员的心灵等。此外，教师的人格魅力源于高尚的道德修养、深厚的知识积累、优良的心理品质；而教师乐观的心态、坚强的意志、宜人的性格会给学员带来积极的情感体验，产生不可抵御的吸引力（Paul et al.，2003）。因此，具备高尚的职业道德和无私奉献的敬业精神的教师，可成为学员模仿的楷模，有利于学员加强心理修养、优化心理素质以及促进心理健康教育在老年大学教育教学中的渗透。

心理健康教育学科渗透对老年大学教育教学具有重要作用。老年大学可根据实际情况多途径、逐步开展与推广心理健康教育学科渗透。老年大学教育工作者和教师在教育教学与管理中应用心理学原理开展心理健康教育，促进老年人的全面发展。

【参考文献】

[1] SELIGMAN E P. Positive psychology, positive prevention, and positive therapy [M] //SNYDER C R, LOPEZ S J. Handbook of positive psychology. New York: Oxford University Press, 2002, 11 (2): 3-9.

[2] VAILLANT G E. Positive mental health: is there a cross-cultural definition? [J]. World psychiatry, 2012, 11 (2): 93-99.

[3] Carr A. Positive mental health: a research agenda [J]. World psychiatry, 2012, 11 (2): 100.

[4] PAUL C, MARK S, MARK J. The relationship of attachment style to depression, catastrophizing and health care utilization in patients with chronic pain [J]. Pain, 2003, 104 (3): 627-637.

[5] 王振宏，吕薇，杜娟，等. 大学生积极情绪与心理健康的关系：个人资源的中介效应 [J]. 中国心理卫生杂志，2011，25（7）：521-527.

[6] 王思北，施雨岑. 努力全方位、全周期保障人民健康：习近平总书记

在全国卫生与健康大会上的讲话引起强烈反响［N］. 人民日报，2016－08－23（1）.

［7］国卫疾控. 关于加强心理健康服务的指导意见［Z］. 2016.

［8］程美华，王海霞，刘青瑞，等. 大学生心理健康教育与思想政治教育的有机整合的研究［J］. 中国科教创新导刊，2011（22）：246－247.

［9］黄裕花. 积极心理：学校心理健康教育的新视角［J］. 新课程（中学），2017（6）：270.

［10］陈怡华. 对学科教学中渗透心理健康教育的再思考［J］. 中小学心理健康教育，2016（15）：38－39.

［11］王春玉. 浅谈学科渗透心理健康教育内容和途径的图表式操作策略［J］. 点石成金，2017（25）：92－93.

［12］李晓丽. 学科教学中心理健康教育的渗透［J］. 教学与管理（理论版），2016（5）：110－112.

［13］吴逊. 试论心理健康教育的学科渗透［G］//国家教师科研基金“十一五”成果集（中国名校卷）：四.［出版地不详］：［出版者不详］，2009：128－131.

［14］袁封梅. 关于在小学音乐教学中渗透心理健康教育的探讨［J］. 中华少年，2017（21）：204－205.

［15］王德明，金永乐. 成人心理健康与情商的相关研究［J］. 辽宁教育行政学院学报（综合版），2005，22（7）：56.

［16］纪红艳. 应对方式与心理健康关系研究综述［J］. 辽宁教育行政学院学报，2010，27（1）：51－53.

第五章 运动与健康

生命在于运动，运动是生命存在的特征之一。唐代医学家孙思邈曾经说过："养生之道，常欲小劳。人欲劳其形，百病不成。"对于老年人来说，健康的身体是实现积极老龄化的前提，喜爱社交和运动的人往往感觉生活更为幸福，坚持体育锻炼是老年人保持身心健康的重要方法。体育活动对老年人有很大的好处，有可能减少疾病发病率和延长寿命。无论年龄多大，积极锻炼身体并保持健康永远都不晚。本章介绍运动的理论及其在老年群体中的应用、妨碍和促进老年人参与体育锻炼的因素，并提供促进积极老龄化的老年人锻炼建议。

第一节　心理社会条件与身体锻炼

生活水平的提高和医疗科技的不断发展延长了发展中国家和发达国家人民的预期寿命，目前世界大多地区男性和女性平均寿命达到75岁以上。寿命延长与机器延长使用期限相似，长寿意味着个体的身体随着年纪增长会伴随着越来越多的机体损害和功能丧失，即独立进行基本和工具性的日常活动的挑战增加，正如机器使用时间久了会有一些毛病，维修频率和费用会增加。身体机能的衰退可能导致老年人产生心理痛苦感，使慢性疾病恶化，身体虚弱和易受伤害。而体育活动能充分调节每个人的身体、社会、心理和认知状况，老年人可以通过坚持体育锻炼来预防身体机能衰退。

体育活动促进老年人身体能力和身体素质的提高，如力量、灵活性、耐力和整体身体素质。同时，众多研究证实，心理社会因素与老年人的身体锻炼有关，体育锻炼有利于身心健康，而缺乏体育锻炼会带来众多负面的身心健康后果。然而实际情况是，绝大多数老年人（65 岁以上）由于种种原因，在合适的情况下仍然不愿意锻炼，甚至刻意减少活动量。本节介绍一些与老年人锻炼相关的，特别是老年人独特的社会心理因素，并且提供一些干预措施帮助老年人做出改变。

一、老年人的身体锻炼

锻炼对老年人身体健康具有多种益处，包括减缓与衰老相关的生理变化、促进认知和心理健康、改善身体功能、预防和管理慢性病、延长寿命、降低中风的概率等（Chodzko - Zajko et al.，2009）。相反，缺乏体育锻炼会对老年人的身体健康产生显著的负面影响，如增加与慢性疾病相关的风险因素，导致更差的健康状况、更多的就医、更多的药物治疗以及更高的医疗成本。所有这些结果都给老年个体、家庭和社会带来负担。

（一）我国老年人的锻炼状况

随着人均寿命的延长，个体处于老年期的时间更长，老年人更容易患有多种慢性病，而定期参加身体锻炼可以减轻其中许多慢性病的病症或减少患这些慢性病的概率。在此基础上，体育活动计划可以最大限度地减缓老年人运动能力的下降，防止功能丧失或无能力状态，从而增进健康。例如，研究证实经常锻炼的老年人死亡率以及患心脏病、高血压、中风、Ⅱ型糖尿病、结肠癌和乳腺癌的比例更低（徐京朝、李晓智，2021）。

冀云和马艳杰（2020）以 2016 年中国老年社会追踪调查数据为依据，分析我国老年人整体参加体育锻炼的现状、城乡老年人参与体育锻炼的差异、社区的设施对老年人体育锻炼需求的满足程度等问题。结果显示：我国城乡老年人参与体育锻炼的比例为 15.4%，性别差异不显著，不参加体育锻炼的比例为84.6%。农村老年人参与体育锻炼的比例（8.6%）显著低于城镇老年人（20.2%），农村老年人参与体育锻炼的频次略低于城镇老年人。城乡老年人参与体育锻炼的主要目的均是增强体质和预防疾病。

总的来说，无论是城镇还是农村，老年人最经常参与的体育锻炼项目依次是步行、跑步和舞蹈类。老年人参与体育锻炼多以个人形式进行，71.8%的城镇老年人和82.1%的农村老年人是自行活动，24.5%的城镇老年人和14.7%的农村老年人以锻炼者自发组织的方式参与体育锻炼。76.2%的老年人参与体育锻炼是无人指导的，且能够给予老年人体育指导的人员最多的是有锻炼经验的邻居或朋友（15.9%），社区体育指导人员和社区工作志愿者占比仅为3%。老年人常用的体育场地依次为就近的空地、公园、街道边、自己庭院或室内，公共体育场地、单位场地和收费体育场馆等正规场地的使用比例较低。

从上述数据中可以知道：第一，老年群体参与体育锻炼的比例相对较低，积极倡导老年人参与体育锻炼仍需进一步努力。第二，城乡老年人参与体育锻炼，特别是农村老年人体育锻炼的情况更值得关注。第三，缺乏专业人员指导是老年人体育锻炼的突出特点。体育锻炼不仅能够有效促进老年人身体健康，还与老年人生命质量、幸福感、生活满意度、心理健康水平密切相关，分析并改善老年人参与体育锻炼现状势在必行。

（二）生态模型视角下老年人的锻炼

人口老龄化对公共卫生构成了前所未有的挑战，应对这一挑战需要增加财政支出，并对现有基础设施进行升级改造，以提供老年人锻炼所需要的服务。例如，通过加强宣传、改善社区环境、增加基础运动器材来促进老年人的健身行为，帮助老年人保持体育锻炼以延缓或预防慢性病。在制定增加或保持锻炼、活动参与的干预措施时，应考虑到老年人可能会有自身多年形成的习惯和态度，如若老年人的习惯和态度都不愿意参与锻炼，将锻炼意识突然强加于老年人反而会增加他们不愿意锻炼的意愿。因而，促进老年人的身体锻炼需要以引导为主、循序渐进。

生活环境对老年人的影响不言而喻，研究环境因素对老年人身体锻炼的影响成为近年的热点。生态模型被广泛用于研究与个体健康行为的因果关系中，老年人生活的环境（社会环境、自然环境、建筑环境）影响其行为，社会活动、环境设施与老年人的健康都有紧密关联。当老年人身体功能下降、锻炼的空间有限以及锻炼的经验较少时，他们更倾向于在就近环境中活动，因而社区环境在老年人的行为中扮演着重要的角色。社区安全行走的小道、体育设施的供应、宜人的风景、社区活动的吸引力促进老年人参与，反之则可能降低老年人的锻炼积极性。老年人生活的社区绿化环境越好、绿地越多，老年人更愿意参与规律的身体锻炼。社区足够的绿地能够为促进社会参与、体育活动与自然互动提供良好的场所，它不仅能为老年人的活动、与人互动提供安全舒适的场地，而且能有效刺激大脑和感官，延缓衰老。为促进老年群体的健康，政府及有关部门应加强社区环境建设，健康促进者为老年人制定策略时应考虑环境的影响，以促使老年人积极参与身体锻炼。

（三）老年人参与锻炼的益处

影响老年人身体锻炼的心理社会因素有很多，有些因素是不可改变的，如性别、年龄、社会经济地位等，但有些是老年人特有的，如兴趣、时间宽裕、身体实际需要等，可以通过干预这些因素来促进老年人增加身体锻炼。为了促进老年人的身体锻炼，需要关注和讨论社会、社区、群体、个人等层面的可改变因素，为设计干预措施和健康促进计划提供更多参考。

体育活动、健康、生活质量与老化之间的关系已引起学界的关注，并在过去几十年出版的大量相关著作和论文中得到了证实。健康专业人员一致认为，体育锻炼是成功老龄化过程的重要因素。锻炼对老年人的益处众多，具体如下。

1. 降低发病率

成年人应该每周进行体育活动，最好是保持每天至少 30 分钟的中等强度锻炼。根据《2014 年全民健身活动状况调查公报》，70 岁及以上人群参加体育锻炼的人数百分比为各个年龄段最低，为26.0%。随着年龄的增长，有规律的体育活动与死亡率和发病率之间的相关越来越大。流行病学研究表明，发病率和死亡率的风险随着老年人身体状况（心肺功能）的增加而降低。美国癌症中心2020年研究显示，长期进行规律科学锻炼的人，有13种癌症发病率会明显低于其他人。这项研究共有来自美国和欧洲的144万人参与，历时长达18年，是规模大而全面的关于锻炼与癌症发病率关系的研究，具有参考价值。

2. 增强肌肉力量

除了有氧运动外，力量训练是提高老年人灵活性和整体自主性的关键。老年人可以根据自身的情况，每周选择两天（非连续）进行中等到高等强度的力量训练，以最大限度地提高适应性增益。有空闲时间或有条件的老年人通过耐力性力量练习，例如，对于大肌肉群每次至少进行10～15次的重复训练，或者通过健美操、自负重和累进式阻力训练（如弹性和重量器械），可以使身体达到较好状态。

3. 增强灵活性

在体育锻炼中加入柔韧性训练，可以锻炼主要肌肉和肌腱群，增加老年人的灵活性。老年人要控制体重，做类似于手指操、弹跳运动、反应游戏等提升身体的反应速度、协调性、柔韧性、灵活性。同时，还可以坚持每天拉伸全身各部位的肌腱、韧带、肌肉，扩大关节的活动范围，做各种复杂的有利于提高身体协调性的体操等，保持良好的体态和灵活性。

4. 增强平衡能力

老年人致残和死亡的主要原因之一是跌倒，导致老年人跌倒的因素很多，如肌肉衰退、食用药物、视力不好、关节炎等，尽管如此，有规律的体育锻炼仍然可以减少35%～45%的跌倒和相关伤害的发生（Robertson et al.，2002）。世界卫生组织（2010）的数据表明，行动不便的老年人坚持定期和安全的体育活动计划，可以减少约30%的跌倒风险。

5. 促进心理健康

心理健康状况不佳是老年人关注的一个重要公共卫生问题。有证据表明，体育锻炼可以有效改善老年人的心理健康和心理幸福感（Windle，2014）。抑郁是老年人最常见的心理健康问题，中年时的体育活动可有效预防和减少老年时的抑郁症状（Chang et al.，2016）。对于有抑郁症状的老年人来说，规律的锻炼可以降低抑郁症的严重程度，在治疗老年抑郁症中起着重要作用（Catalan – Matamoros et al.，2016）。

6. 维持认知功能

随着世界范围内人类平均寿命的延长，与年龄相关的疾病发病率显著增加，如认知障碍的发病率显著提升。流行病学证据表明，体育锻炼与降低老年认知能力下降的风险有关（Bauman et al.，2016），与锻炼较少的人相比，锻炼较多的人认知能力下降较慢，痴呆的风险较低。身体锻炼对老年人执行功能、记忆、认知加工速度、视空间知觉等产生影响，对提高或者延缓认知老化起作用（王肖、王剑，2019）。老年人如果长期处于闲适、无所事事的状态，认知功能会逐渐减退，其发生强迫症等精神障碍的可能性增加。有针对性地根据老年人的身体和心理特质开展适度锻炼，对其不同肌肉群和器官进行锻炼，有助于改善和促进认知功能（安涛，2019）。

7. 保持社会参与和社会联结

社会性作为人类的本质属性，人类只有通过后天的社会化才能够真正融入社会，而获得社会化的过程主要是对社会的不断适应和改造。老年人参与体育锻炼既可以交友，又能强身健体，锻炼的过程就是老年人不断适应身体生理变化和社会环境变化的一个桥梁。通过体育健康行为，老年人能够更好地融入老年生活，提高老年阶段的社会化。

体育锻炼具有一定的群体性特征，能够在综合老年人身体机能和兴趣爱好的基础上，为具有相同爱好和特征的老年人提供活动和交流的空间，通过体育锻炼中与周边人员的交流和沟通，既能起到抒发情感，缓解负性情绪的重要作用，又能有效避免老年人由于长期独处和失落感等原因，所产生的对于人际交往的不自在和自卑感。另外，定期、定时开展体育锻炼，能够使老年人对生活提升信心，愿意寻找适合自身的生活方式。同时通过在锻炼过程中与他人的交流沟通，减缓产生焦虑与抑郁症状的可能性，以更加平和与积极的心理状态应对老年生活。体育锻炼的开展能够通过循序渐进的活动，促进老年人对室外空间、人群等外界环境的适应，避免产生人群恐惧、社交恐惧（安涛，2019）。

8．平衡家庭经济

人类是生产力构成中的基本要素，而健康的身体则是创造生产力和财富的基础，由此来看，身体素质的高低对生产力以及财富创造力都有着重要的影响。老年人群体虽然已经退休，但在家庭中依然是不可或缺的重要角色。老年人的身体健康依然是每个家庭的重中之重，老年人的健康是对自己和家庭的重要的经济贡献。而体育健康行为则能很好地实现这一点，提高老年人的身体素质，减少就医和慢性病的侵扰，减少家庭照料老人的时间和经济成本，也是体育健康行为对于老年人和家庭经济方面的促进效果（陈熙，2020）。

二、老年人的个人因素与身体锻炼

老年人，特别是没有锻炼习惯的老年人，刚开始锻炼时往往会面临许多挑战，他们可能难以坚持、害怕跌倒、没有同伴等，这些因素可能使他们很难进行身体锻炼或保持锻炼的生活方式。许多个人层面的心理社会因素与参与身体锻炼有关（例如锻炼的意愿、对身体锻炼的满意度），这是许多老年人所共有的。本部分介绍对老年人影响较大的个人层面的因素，包括对跌倒的恐惧、对身体锻炼适宜性的看法、身体锻炼的意图和动机以及自我效能感。

（一）年龄

年龄是影响身体锻炼的一个重要因素。年龄的增长使老年人运动功能逐渐呈现衰退的趋势，身体活动能力下降导致老年人对身体锻炼的热情与兴致减少。例如，年龄增长导致的脑萎缩及其他脑退行性改变使老年人反应时间长、动作的协调能力差，导致在运动时容易发生摔倒、骨折等损伤。

此外，随着年龄的增长，肌肉不可避免地开始出现萎缩和肌肉力量的损失，老年人运动时更易出现疲劳、虚弱、体力不支。由于老年人各项生理功能的衰退、生理结构的改变及不适当的身体锻炼和对锻炼风险认知不足，他们在参加身体锻炼的过程中更容易发生与运动有关的损伤，从而影响身体功能、生活质量，为家庭带来负担而降低对身体锻炼的信心甚至产生排斥感（陈晓、王曙红、王国妃，2017）。因而，向老年人宣传身体锻炼健康及制定干预措施时，应充分考虑到年龄因素，制定适宜的策略以优化教育与干预的效果。

（二）疾病因素

健康状况直接影响身体活动，甚至是身体锻炼的决定性因素。尽管适当的身体锻炼能有效控制疾病，但由于疾病本身给老年人身体带来的疼痛、不舒适等，使得老年人更不愿意参加锻炼。程怀志等（2014）发现，我国慢性病患者主要集中在65岁及以上的老年人群，其中有64.5%的老年人至少患有一种慢性病（如心脏病、糖尿病、慢性阻塞性肺病等），患有一种或多种慢性疾病的老年人参加身体锻炼的比例（23%）低于没有患慢性疾病者（30%）。这一结果可以解释为：患有慢性阻塞性肺病的患者为了适应劳力性呼吸困难而减少身体活动，脑卒中患者由于继发性的并发症如骨质疏松、脆弱性骨折等原因，可能自发减少身体活动。

不良的健康状况（慢性疾病、活动受限）是老年人参与身体活动的重要阻碍因素。患有慢性疾病的老年人抑郁症发病率高，而抑郁是抑制老年人参加身体活动的障碍因素。从心理学的角度解释，慢性疾病导致身体锻炼的路径可能是“慢性疾病—抑郁—减少身体锻炼”，因而，要促进患有慢性疾病的老年人积极参与适合自身情况的身体锻炼。

（三）对跌倒的恐惧

跌倒是我国人群伤害、死亡的第四位原因，而在65岁以上的老年人中则为首位，老年人跌倒死亡率随年龄的增加急剧上升。跌倒除了会导致老年人死亡，还可能导致更高的残疾率，并影响老年人的身心健康。例如，跌倒后的恐惧和创伤体验会降低老年人的活动能力，使其活动范围受限，生活质量下降。由于跌倒的频率和与其有关的消极的生理和心理结果，许多老年人害怕跌倒，甚至采取少动的方式防止跌倒。

对跌倒的恐惧包括心理社会方面的担忧，如恐惧、焦虑、丧失信心以及与能够正常行走的同龄人的对比落差，会影响曾经跌倒甚至没有跌倒过的人。对跌倒的恐惧与社交活动参与的减少有关，而社交活动的减少又会导致社交孤立，社交孤立者往往更少外出，更少参加锻炼。实际上，身体锻炼可以减少对跌倒的恐惧。在 30 项针对社区老年人的干预研究中发现，运动干预可以减少老年人对跌倒的恐惧，力量和平衡练习有助于预防老年人跌倒致残的风险（Kendrick et al.，2014）。当前，老年人的身体锻炼以有氧运动为主，根据以上研究结果，老年人可以适当加强力量和平衡锻炼，减少跌倒的风险。

（四）自身的观念

老年人对自身的观念，对自身衰老的内隐态度和性别角色的分配，都会影响其参与身体锻炼的频率。现有的社会规范也会影响老年人是否运动，以及他们参与的身体锻炼的类型。研究表明，老年人对衰老的负面印象越多，他们参与锻炼的可能性就越小（Sánchez et al.，2009）。这些偏见不仅影响老年人，也影响健康专业人士。例如，医生向老年患者推荐体育锻炼的可能性要小于中年患者，这些对老年人的刻板印象，会降低老年人锻炼的意愿。根据理性行为理论，积极态度和主观规范与行为的意图相关，个体对身体锻炼的态度是参与行为意图的强有力的预测因素。当老年人认为锻炼用处不大，并且锻炼还可能加大跌倒的风险时，自然选择减少锻炼甚至不锻炼。

（五）心理压力

老年人自我报告的压力、抑郁、焦虑等水平越低，心理健康水平越高，参与身体锻炼的可能性就越大。老年人自杀率、自残率、认知功能障碍及某些慢性疾病的发生、发展与抑郁的发生有关系，而生活压力是加重心理压力的主要原因，生活和心理压力给老年人、家庭和社会都带来负担。65岁以后老年人的抑郁症状会随着年龄的增长呈线性增长，身体锻炼能有效预防或降低抑郁的程度，同时，老年人抑郁会影响身体锻炼的参与意愿。

心理压力与身体锻炼存在相关性。心理压力预示着身体活动、锻炼的减少甚至久坐不动，无论是主观的（悲痛）还是客观的（生活事件）压力都与身体锻炼的减少有关联，压力对身体锻炼带来积极（行为激励）的影响，这可能与部分人将身体锻炼作为应对压力的方式有关。关注老年人的健康问题，帮助老年人将压力转变为身体锻炼的积极动力。为老年人制定健康促进策略时不仅要考虑身体锻炼因素，还要考虑不良心理和情绪对策略实施的阻碍作用，充分考虑两者间的相互关系能为策略的有效实施提供保障。

（六）自我效能感

自我效能感（Self-efficacy）是社会认知理论的核心概念，是个体对自己完成某一行为过程或执行某一行为能力的信念。它是预测老年人参与身体锻炼的重要预测因子之一。根据自我效能理论，对自我能力具有高效能的人对身体锻炼更加积极，且更有可能参加并维持锻炼。自我效能感影响活动的选择、所付出的努力和在参与活动时克服障碍和困难的毅力。

运动自我效能水平较高的老年人比运动自我效能水平较低的老年人更活跃、更乐于坚持锻炼。在锻炼领域，自我效能感包括进行运动自我效能感（任务自我效能感）和障碍自我效能感（自我调节效能感）。当老年人决定锻炼身体时，面对一些障碍，如缺乏时间、健康状况不佳、天气恶劣、缺乏锻炼的经验、缺乏对现有健身器材的熟悉，以及缺乏锻炼的榜样等情况时，都可能降低老年人的运动自我效能感。

运动自我效能感和障碍自我效能感具有可塑性，增加身体锻炼会提高锻炼的自我效能感，可以用逐进式的积极的反馈来提升运动自我效能感。同样，一个人的障碍自我效能感可以通过制定克服潜在障碍的策略来提高。例如，住在低层公寓大楼的老年人，在恶劣天气下运动自我效能感较低，在不适合外出散步的情况下，可以鼓励他们在公寓大楼的走廊上散步。自我效能感的变化与身体锻炼的变化有关（Rejeski et al.，2003）。障碍自我效能感可以通过帮助老年人制定策略来克服身体锻炼的障碍来提高。运动自我效能和障碍自我效能都能预测锻炼行为及其维持效果，因此，为促进老年人的运动，两者都必须得到发展。

（七）教育程度

教育程度与身体锻炼水平之间呈现关联性。与接受教育程度较高的人群相比，教育程度较低的人群身体锻炼水平较低，对其实施促进健康的身体锻炼改变其不健康行为的干预措施的成功率也较低。受教育程度高的人群更普遍接受并坚持身体锻炼，这可能源于他们有足够的自信和能力保障锻炼效果，更能考虑到身体锻炼对身体健康带来的长期影响，他们受身心问题、投入到身体锻炼的资金及附近户外环境等问题的影响更小。

教育程度对老年人的身体锻炼起到预测作用。教育不仅对感知控制产生影响，而且使老年人对身体、身体锻炼的认知情况也有所不同。教育程度低的老年人比教育程度高的老年人参与身体锻炼的可能性小，且对身体锻炼的依从性较差。因此，加强身体锻炼的宣传，可以从提高老年人对锻炼的正确认知、锻炼信心入手，促进老年人的锻炼行为。

三、老年人的人际关系因素与身体锻炼

由于年龄的增长和发病率的增加，老年人的社会网络发生了变化，与促进身体锻炼有关的心理社会因素显得越来越重要。广义的社会支持是指个人社交网络成员的支持行动，这种支持可以通过非正式（如家庭、朋友）或正式（如政府、卫生保健）网络提供。社交网络的变化可能通过非正式社会支持的变化改变参与锻炼的积极性，而正式社会支持和社会经济地位对身体锻炼参与的影响可能更大。

（一）社交网络

老年人社交网络的缩小容易增加孤独感和孤立感，而这些心理变化都

对锻炼的意愿产生负面影响。曾经参与集体锻炼的人可能会发现，集体的氛围提供了很好的社会互动机会，而锻炼与集体活动提供的社会化可以延缓记忆力衰退。与他人一起参加身体锻炼的老年人有更多机会进行社会互动，并获得资源来扩大社会互动。老年人可以选择与志同道合的同伴组队锻炼，这种方式不仅能增加交谈和社交的频率，还能促进身体锻炼。

（二）社会支持

由于社会网络的变化，老年人对身体锻炼的非正式社会支持可能会减少。社会支持分为三类：工具性支持是有形的支持（例如，为锻炼计划提供乘车接送服务），情感支持是关心、爱和同理心的表达（例如，鼓励和分享），信息支持是提供意见和建议。社会支持通常被定义为人们通过社交网络（家人、亲戚、朋友、同事）获取所需的资源。社会支持通过提供身体锻炼有益于身心健康的信息，提供锻炼器材等激发、维持或提高锻炼意愿。身体锻炼行为与社会支持有明显的相关性，有家人、朋友一起参与锻炼的老年人表现出更高的锻炼积极性，对坚持规律锻炼的信心更强。对于老年人而言，结伴锻炼能够通过观察、学习他人的行为，从他人身上获得锻炼的积极反馈信息，从而对锻炼建立积极的社会认知，继而自发、积极地参与体育活动。

增加老年人的社会支持是促进和保持身体锻炼的重要举措。在社会认知理论和群体动力学框架下，老年人组队锻炼有了情感支持，还能进一步增加社交频率和运动量（Cress et al.，2005）。此外，自我效能感较高，但社会支持程度低的老年人也不太可能进行身体锻炼，而自我效能感较低的老年人，即使有较高的社会支持也不太可能对锻炼表现得很积极（Warner et al.，2011）。这表明，干预措施应该同时提高老年人的自我效能感和社会支持。不同性格的老年人所倾向的锻炼方式不同，例如，有些老年人更喜欢在社交场合进行身体锻炼，家人可以鼓励、陪伴他们去到社区、广场进行身体锻炼；而有些老年人喜欢独自锻炼，他们可以选择购买健身器材在家里锻炼，或者晨跑。

实际上，并非所有社会支持来源都有助于促进身体锻炼，因为部分家人、朋友甚至医疗保健人员都可能由于认知不足，鼓励老年人减少锻炼，因为他们坚信身体锻炼应该随着年龄的增长而减少。在生活中，老年人经常被过度保护，即自身或家人出于对安全或健康的考虑，不允许老年人参加一些室外活动或身体锻炼，这些都会破坏老年人的自我效能感和锻炼意愿。

（三）社会经济地位

社会经济地位是预测身体锻炼行为的重要因素之一。社会经济地位越低的人往往不健康的行为越多。老年人社会经济差异对休闲散步运动行为影响的研究显示，经济收入低的人比收入高的人参加休闲散步的可能性更小。从社区观念和个人认知的角度分析，步入老年后，绝大部分老年人退出劳动领域，收入骤减，经济条件变差，社会角色转换和经济条件制约会让老年人更容易感知到社会环境不好的一面，进而就有可能减少他们感知行为控制的期望，并对规律体育运动的态度产生负面的影响。

职业地位能有效预测身体锻炼行为。基线水平上职业地位越高的参与者后期参与身体锻炼的时间也越多，随着职业地位向上移动，参与者身体锻炼的时间比那些维持蓝领地位的人群高5.5倍。职业地位越高可供选择的体育运动方式、体育器材越广泛，新的工作环境、同事、朋友给予的支持或者带动作用越多。尽管老年人从工作岗位上退休，但是过去运动的经验塑造了当前运动的观念和对身体锻炼的实践行为，过去参加身体锻炼的经验越多则越有利于实现当前锻炼行为的参与。

第二节　运动的理论基础

理论是一组相互关联的概念（或构念、变量），它通过明确变量关系来解释和预测现象。在过去的几十年里，理论被越来越多地用于帮助理解、解释和促进老年人的身体锻炼，涉及社会、教育和健康领域。关于老年人锻炼的理论主要采用基于个人心理方法的理论和模型来理解健康行为。

研究者在信念—态度的研究中组织和展示理论实例，如健康信念模型（Health Belief Model，HBM）、动机保护理论（Protection Motivation Theory，PMT）、理性行为理论（Theory of Reasoned Action，TRA）、计划行为理论（Theory of Planned Behavior，TPB）、自我效能理论（Self-efficacy Theory，SET）等，他们总结了将理论应用于老年人身体锻炼的文献和举措，这些研究为干预老年人锻炼的发展、变化的潜在机制提供了指导。

一、健康信念模型及其应用

（一）健康信念模型

态度是个体对特定对象（人、观念、情感或者事件等）所持有的稳定的心理倾向，蕴含着个体的主观评价以及由此产生的行为倾向。态度可以预测行为，这一因素已经被纳入许多模型中以解释与健康相关的行为。例如，我们欣赏竞技体育的美感，我们对某个运动项目的喜爱度较高，则会倾向于多参与运动。然而，现实中的人们往往存在态度与实际行为的差距，即我们所想的并非与我们的真实行为一致。社会认知方法将态度与其他重要的基于信念的结构相结合，可以解释行为机制与真实态度的差异。

决定个体采取某种行为的直接心理活动是知觉、态度和信念。知觉也可以理解为“意识”，如老年人是否能够意识到久坐伤腰椎，是否能够意识到腰椎受损会影响以后的活动和生活质量，是否能够意识到自己具有改变久坐的习惯的能力等。态度可以理解为个体对某事物或某人的看法及心理倾向，如改变久坐的习惯需要经常注意起来走动，改变这一习惯是否值得自己花时间去做。信念是态度的强化，是稳定的心理倾向，如老年人已经了解久坐的弊端，坚定改变久坐的坏习惯以促进健康长寿。

健康信念模型是一个通过干预人们的知觉、态度和信念等心理活动，从而改变人们的行为的健康教育模型。例如，老年人为了健康进行锻炼，他必须相信锻炼确实有益于他的健康状况（结果预期），而且他有能力开展这种锻炼（效果预期）。健康信念模型提出，个体改变其健康行为的理由是多种因素相互作用的结果，如拥有一定程度的动机和知识，当前病情会威胁到自我，确信采取预防行动或治疗的有效性，并坚定认为能够解决行动中的困难（见图5－1）。

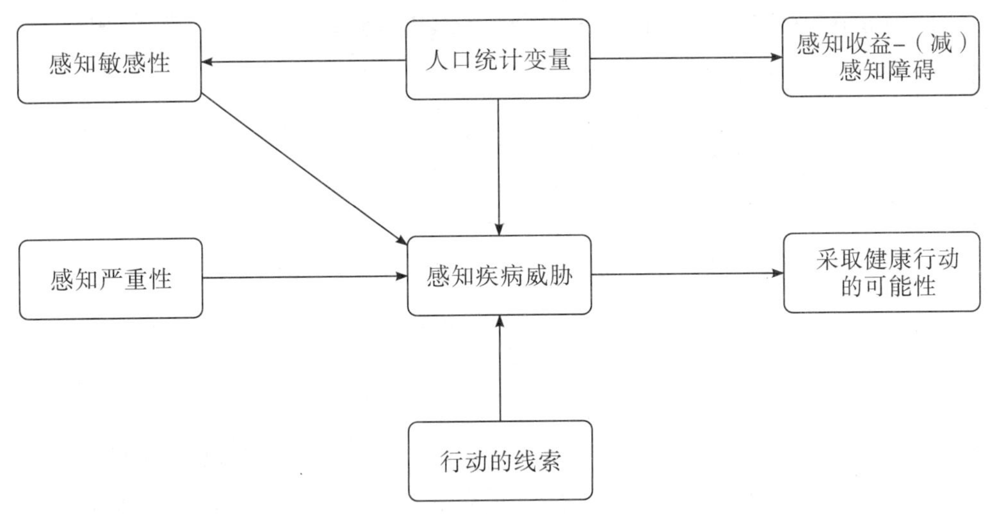

图5－1 健康信念模型

健康信念模型的基本假设是：个体的行为会发生改变，前提是①感到一种疾病或残疾是可以预防或避免发生的；②意识到只要采取建议的措施（行为）就可以避免其发生；③相信自己能够成功地改变这种行为。这些因素受到社会经济和人口统计因素的影响，并通过媒体信息或亲密朋友曾患疾病等“行动的线索”进一步修正（Janz & Becker，1984）。

早期健康信念概念中，与健康相关的行动取决于：个人对特定疾病的易感性、感知疾病的严重程度、环境因素改变（如行动的线索），权衡感知障碍和感知收益采取预防措施的可能性。健康信念模型的目标是降低患疾病的风险，其大多数研究涉及预防新疾病或预防现有疾病的并发症。将健康信念模型单独应用于身体锻炼是有问题的，因为许多人从小开始身体锻炼的动机不是为了避免疾病，可能是为了保持体态、顺从长辈的安排或者热爱某项运动等。然而，为了避免疾病和相关症状（如关节炎引起的疼痛）而“强迫”自己锻炼的意愿往往随着年龄的增长而增加，这使得健康信念模型适合解释老年人的运动动机。

对于老年人而言，增强锻炼意愿首先要激发自信心，从“我不行”到“我可以”，并对锻炼的结果有积极的预期和赋予锻炼积极的意义，思想从“我可以做”到“这值得做”。老年人通过不断积极地给自己暗示锻炼的意义，将锻炼作为生活的一部分，始终享受锻炼的过程，最终收获更多锻炼的益处。

（二）健康信念模型应用于老年群体

健康信念模型的各个因素能够预测老年人的身体锻炼意愿。对老年人身体锻炼的研究表明，改善身体健康的愿望（Pentecost & Taket，2011）、感知运动在预防疾病方面的功效，以及感知不运动会带来疾病威胁（Hill et al.，2011）等因素能够预测锻炼意愿。简而言之，老年人受到某些因素的影响，主动进行锻炼能较为直接地促进运动。例如，医生看了体检报告后的锻炼建议，可以预测平时不运动老年人短期身体训练的开始或增加。

对于一直没有运动习惯的老年人来说，他们往往会通过权衡“身体锻炼改善健康状况，但需要毅力（感知障碍）”与“担心身体锻炼可能导致跌倒或其他伤害的恐惧（感知威胁）”，从二者中进行取舍。在预知自己身体随着年龄的增长会出现更多的健康问题的情况下，感知障碍比感知威胁更有利于促进身体锻炼（Koch，2002）。缺乏安全感是老年人群中常见的障碍，但他们对身体锻炼安全性的信心可以通过基于健康信念模型的观点，通过邀请专业指导员和邀约同伴抱团锻炼来提高（Fitzpatrick et al.，2008），例如中老年人的广场舞群体、暴走团。此外，部分不喜欢锻炼的老年人没有锻炼的意愿，他们高估锻炼带来疼痛的预期或不良体验，则是对感知威胁的预估值高于感知障碍（Hill et al.，2011）。

根据健康信念模型，老年人接受正确的医学常识，意识到自身的实际身体情况（感知敏感性），例如自身是否需要每天锻炼，锻炼的强度应该如何把握；以及对目前生活状态存在的问题和将来可能会面临的健康问题（感知严重性）。从以上两个角度了解自身实际情况，意识到锻炼是生活的一部分，锻炼其实可以很轻松，进而为自己量身定制锻炼计划。老年人还可以邀请同伴一起约定“锻炼奖惩”，互相监督，既达到锻炼的目的，又增加生活趣味。

二、动机保护理论及其应用

（一）动机保护理论

动机保护理论与健康信念模型具有相似之处，都是基于信念的方法，但其最初是为了解释恐惧或“恐惧诉求”对改变健康行为的影响而提出。动机保护理论认为，采用健康行为的意图（保护动机）源于个人如何看待威胁（威胁评估）和个体应对威胁的能力（应对评估），如图 5－2 所示。“威胁评估”包括对疾病发生的可能性和严重程度的感知，“应对评估”包括对抵抗疾病行动的有效性以及采取该行动的难易程度的看法。正如部分老年人开始注重养生、锻炼，往往是因为看到身边的朋友、亲人生病，他们或因病失去生命，或因病花费一辈子的积蓄甚至是负债累累，为了不让自己的晚年变得跟他们一样，老年人开始关注健康信息。可能潜在疾病的威胁使他们能够坚持锻炼，保持身体健康。

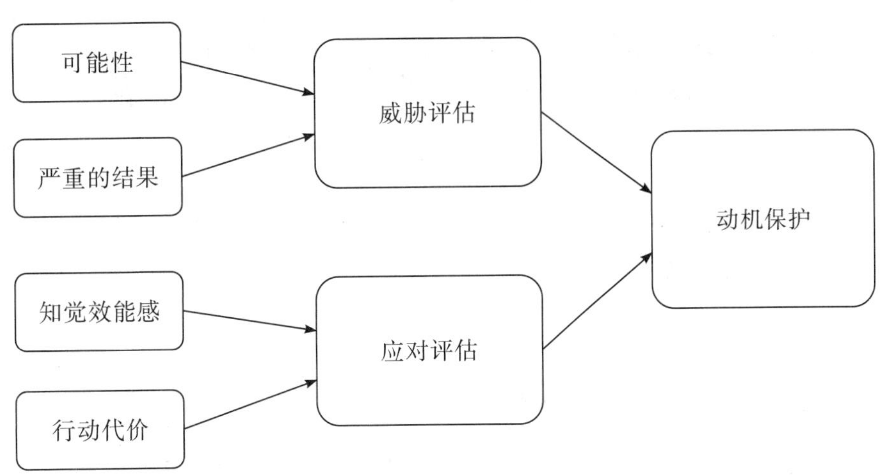

图 5－2　动机保护模型

（二）动机保护理论应用于老年群体

对老年人的研究表明，威胁评估和应对评估可能以不同的方式有针对性地激发身体锻炼。一般来说，威胁评估可以刺激老年人的锻炼意愿，但在某些情况下，他们可能会因为过多的威胁评估信息而感到疲劳，从而导致这种方法失效。例如，老年人可能因为接受很多关于老年人跑步出意外、散步被抢劫等的信息放弃选择跑步这种运动方式。然而，即使对威胁的感知已经很高，老年人仍然可以通过应对评估信息来说服自己采取行动（Ritland & Rodriguez，2014）。正如运动能够有效增强体质，降低各种疾病的发生率，相比于考虑运动过程中可能出现的意外，运动带来的收益更多，二者权衡之下老年人会以此说服自己去参与运动。

三、理性行为理论和计划行为理论及其应用

（一）理性行为理论和计划行为理论

理性行为理论建立在态度和主观/社会规范等因素预测行为意愿的假设之上，意图是行为的直接决定因素。态度是行为信念和对行为可能结果的评价的函数。主观/社会规范是一个重要的其他人的信念的功能，以及一个人在多大程度上被激励去遵从这些人的信念。在理性行为理论的基础上，考虑个体感知行为控制，形成计划行为理论。在解释意志控制相对较低的行为方面，计划行为理论比理性行为理论更具解释力。两种模型如图 5－3 所示。

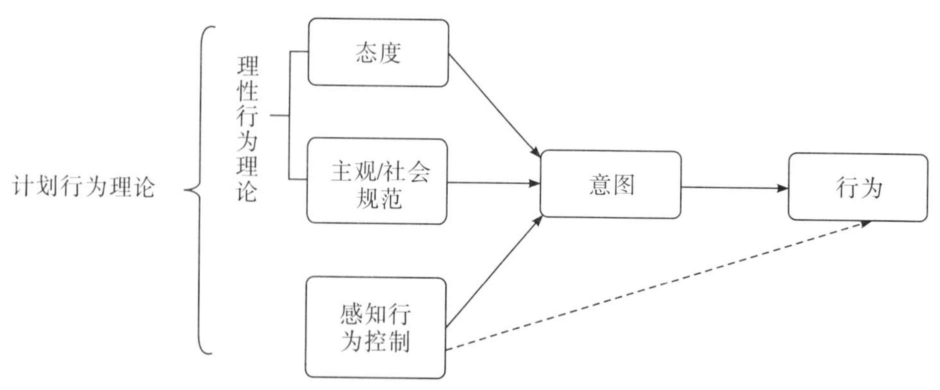

图 5－3　理性行为理论和计划行为理论

（二）理性行为理论和计划行为理论应用于老年群体

态度对中年人身体锻炼的预测优于其他因素，但主观/社会规范和感知行为控制是老年人参与锻炼的最佳预测因子。关于主观/社会规范和行为控制的研究表明，更多社会支持的环境能够促进老年人身体锻炼（Kosma，2014）。增加老年人对身体锻炼主观规范的认知，例如，以预交一定金额按计划完成锻炼任务后可加倍返还形式的活动，能够显著增加社区中老年人快步走的频率（Reger et al.，2002）。

在计划行为理论中，感知行为控制的含义是“感知行为的难易程度”。感知行为控制必须接近实际控制，才能准确预测行为。对于老年人而言，他们一般会确定自身有能力完成一个活动才会全身心地投入参与。此外，感知行为控制可以通过增加意图来预测行为。例如，尽管坚持锻炼对于部分老年人来说很难，但是他们为了保持身体健康、减少医疗支出、减轻家庭负担，他们会自觉增加参与锻炼的意愿，促发更多的锻炼行为。理性行为理论和计划行为理论都是单向模型，它们注重社会心理感知可能会削弱它们对所有人群的适用性，只用于预测未来的行为，并不能解释过去的行为。

四、自我效能理论及其应用

（一）自我效能理论

自我效能理论最初用于解释个体对自身能力的信念与其目标和成就的相互作用。自我效能理论可以解释为，个体通过自我效能感评估自身是否有能力执行某一行为，并得到预期的结果。影响自我效能感和结果预期的四个主要因素是：掌握经验（行为）、建模（认知）、言语说服（社会）、情绪/生理唤醒（生理），如图5－4所示。自我效能理论认为，自我效能感和结果预期仅能预测特定的行为，正如我们不能仅凭一时之勇就认为自己能够只身穿越可可西里无人区，在这种情况下自我效能很高、结果预期也很高，但政府部门、家人不会同意此行为，该行为在一般情况下无法实现。

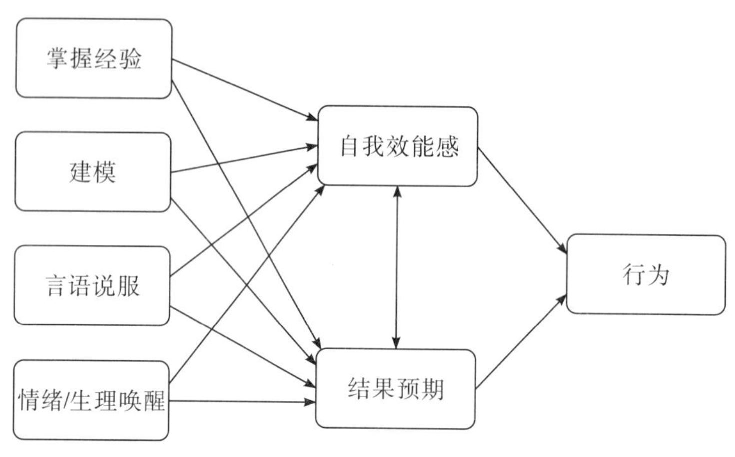

图 5－4　自我效能理论

（二）自我效能理论应用于老年群体

在老年人中，自我效能感与身体锻炼具有相互促进的作用，自我效能感增加了身体锻炼意愿，而身体锻炼后的健康体魄和优美仪态反过来又提高了自我效能感。老年人的自我效能感可以通过合理安排自我管理、与朋友或医生的共同讨论或身体锻炼等举措来提升。然而，一些对年轻人有效的自我效能技巧，如设定行为目标和自我监控行为，对老年人却没有那么有效（French et al.，2014）。这可能与老年人多年生活阅历形成的习惯和更追求无拘束的生活有关，他们更倾向于随心度过老年生活。

五、控制点理论及其应用

（一）控制点理论

控制点（Locus of Control）这一概念，最初是由美国社会学习理论家朱利安·罗特（Julian Bernard Rotter）于 1954 年提出，旨在对个体的归因差异进行说明和测量。不同的心理学家从不同的角度和各自的目标出发，对这一概念进行了研究，提出了不同的看法。其中，心理学家格洛佛（Glover）在其 20 世纪 70 年代出版的《教育心理学》一书中提出“控制点指个体感到自己的成功与失败的位置在哪里——内部的或外部的”这一观点最有代表性。内部控制点指把责任归于个体的内在原因（如能力、努力程度等），外部控制点则是指把责任或原因归于个体自身以外的因素（如环境因素、运气等）。

（二） 控制点理论应用于老年群体

罗特（1954，1966）提出，个体的学习或条件设置是基于其正强化或负强化的经验，这些经验发展出内部或外部的控制点。内部控制点的人更容易受自我启动改变，而外部控制点的人更容易受他人影响。

健康控制点指个体对健康的感知控制，个体对其健康经验的评价，如生病或痊愈因经验和评价而异（Wallston & Wallston，1978）。“内部”控制点认为健康结果是由于个人行为引起的认知，而“外部”控制点认为健康结果是由于偶然、外部因素或他人行为引起的认知。根据健康控制点理论，对自己的健康表现出更多控制（内部控制）的个体更有可能参与促进健康的行为，如体育活动。事实上，对自身身体健康有较大信心的个体更能自我控制。受教育程度较低的群体，特别是老年人，往往是外部控制的人。他们一旦得知自己的健康状况恶化，会表现出丧失感甚至是抑郁，因为他们相信生病是自身不幸，无法改变这一现实。

第三节　锻炼促进实现积极老龄化

人口老龄化已成为一个日益严重的全球性现状。目前威胁老年人健康的主要疾病都与生活方式和行为习惯密切相关，这些都可以通过规律的体育锻炼来预防和改善。本节介绍老年人参与锻炼的指南，以锻炼促进实现积极老龄化，为政府应对人口老龄化、促进老年人的身体锻炼和健康提出一些建议。

一、老年人体育运动指南

随着医疗技术的进步和人们生活条件的改善，人类寿命不断延长，人口老龄化已成为一个日益严峻的全球性问题。在较早进入老龄化社会的国家，老年人的健康问题日趋凸显，我国目前处于加速老龄化时期，也即将面临老年群体的健康问题。目前威胁老年人健康的主要疾病与生活方式和生活习惯密切相关，这些都可以通过规律的体育锻炼来预防和改善。

对于个体而言，健康是基础。健康不仅仅是没有疾病，而是在生理健康、心理健康、道德健康和社会适应能力等方面的完好状态。进入到老年期，个体面临身体器官老化，抵抗能力降低，易受到各种慢性病的困扰，如心脏病、癌症、关节炎、中风、失眠等，更加迫切需要保持健康。生理机能的衰退与社会参与能力的下降还可能导致老年人出现抑郁、交流困难、滥用药物等心理问题。以上问题无法单纯通过医疗投资来解决，然而，可以通过改变生活方式来促进身心健康。例如参与体育运动，可以有效降低慢性病的发病率和死亡率，提高生活质量，同时减少医疗投资，是省钱省心的好方法。

在较早进入老龄化社会的西方主要发达国家中，各国都积极倡导老年人运动，出台各种相关的鼓励和扶持政策，形成了相对完整的老年人体育体系。这些国家大都出台了老年人体育运动指南或建议，其中某些是针对老年人进行体育运动的专项指南或建议，另一些则是将老年人运动指南纳入国家总的运动指南中。

例如，澳大利亚在其卫生部印发的《全国成年人体育运动指南》的基础上针对老年人推出《关于体育运动有益老年人健康的全国性建议》。这些建议适用于不同健康水平和能力的老年群体，对住在家里和养老院的老年人同样适用。具体有五大建议：①无论年龄、体重、健康和能力如何，老年人都应参与某种形式的体育运动。②老年人应该每天都运动，形式尽量多样，包括健身、力量、平衡和柔韧训练等。③老年人应争取每天累积至少 30 分钟中等强度体育运动。④曾中止过体育锻炼或刚开始一项新体育运动的老年人应循序渐进，逐步增加运动量和运动频率，慢慢达到推荐的水平。⑤只要遵守安全指南，规律进行剧烈体育运动的老年人应根据自身能力继续坚持剧烈运动。

2012 年，英国卫生部出台体育锻炼指导意见，强调了所有年龄段群体参与体育锻炼的重要性，不仅针对儿童、青少年和成年人的指导方针有了更新，还制定了针对婴幼儿和老年人的指导方针。其中对 65 岁以上老年人的指导意见是：①老年人只要参与体育锻炼就有益于健康，包括维持身体健康和认知功能等。参与一些体育锻炼总比不参与要好，参与越多越有利于健康。②老年人每天都应参与体育锻炼。每周至少应进行 150 分钟的中等强度锻炼，以 10 分钟为最小单位。达到这个标准的方法之一就是每周至少参与 5 次 30 分钟的体育锻炼。③对于已经定期参与中等强度锻炼的人来说，每周参与 75 分钟的高强度锻炼也可取得同样的效果，或者是将中高等强度的锻炼结合起来。④老年人每周也应该进行至少 2 次的增强肌肉力量的锻炼。⑤容易跌倒的老年人每周至少应该参与 2 次改善平衡和协调性的锻炼。⑥所有的老年人都应该减少久坐的时间（汪颖，2016）。

二、锻炼是应对人口老龄化和实现积极老龄化的策略

在人口老龄化背景下，促进老年人的身心健康是减少老龄化对社会的负面影响，增加积极作用的重要策略。我国老年人体育锻炼有以下特点：第一，总体参与率不高，锻炼项目主要集中在步行/健步走，体育锻炼强度较低，每次锻炼时间多在一小时以内，但每周锻炼次数较多。第二，老年人锻炼动机主要是增强身体健康。第三，老年人体育锻炼场地以公共场所为主，在专业体育场地的投资和消费非常有限，对目前使用的各类体育锻炼场所满意度一般。老年人体育锻炼多处于无组织状态，体育指导人才非常缺乏。第四，老年人不愿意参加体育锻炼的主要原因是身体状况和时间因素，改善锻炼条件对已参与体育锻炼老年人更有效，个人、家庭和社会等多重因素影响老年人参加体育锻炼。

《“十三五”健康老龄化规划》明确指出：“以维护老年健康权益和满足老年健康服务需求作为出发点和落脚点，大力推进老年健康服务供给侧

结构性改革，实现发展方式由以治病为中心转变为以人民健康为中心，服务体系由以提高老年疾病诊疗能力为主向以生命全周期、健康服务全覆盖为主转变，保障老年人能够获得适宜的、综合的、连续的整合型健康服务，提高老年人健康水平，实现健康老龄化，建设健康中国。”

当前中国老年人参与体育锻炼意识和实际参与人数的比例较低，体育锻炼仍需普及。社会、个人和人际关系因素都在一定程度上对老年人参与体育锻炼有影响。为了更好地引导老年人参与体育锻炼，推进“健康中国”战略的实施，从政府和老年个体角度提出以下建议。

（一）引导老年人树立健康的体育观，提高体育锻炼积极性

老年人的健康观念是影响老年人参与体育锻炼和其体育锻炼频率的重要因素。在个人层面，老年人应该加强自身体育锻炼知识的学习，根据自身条件安排自己的锻炼行为，做到锻炼的合理化与科学化。拓宽选择体育锻炼的局限性，走向更多项目、更大空间、更为专业的体育锻炼。

对此，政府可以采取针对性措施，提高城镇老年人体育锻炼参与的积极性和主动性。宣传上，要充分利用广播、电视、互联网、报纸等媒体，开辟老年人体育健身专题、专栏，积极宣传倡导，在全社会形成关注老年人参加体育健身的良好氛围，提高老年人体育健身意识；要问需于老年人，掌握城镇老年人体育工作发展状况，总结经验，深入分析问题，研究制定切实措施；要加强城镇老年人体育健身的研究和指导，举办体育健身培训讲座和健身指导咨询，普及体育健身知识、传授体育健身技能，推广适合老年人特点、深受老年人喜爱、简便易行、科学、文明、有效的体育健身方法；以基层社区为主，要利用全民健身日、节假日、纪念日，因时、因人、因地制宜地动员和组织老年人举办社区运动会、家庭运动会、楼群运动会等活动，创新活动方式，打造老年人体育品牌活动。

政府应该宣扬积极的健康观，从而引导老年人更广泛地参与体育锻炼。比如，可以通过加强社区宣传或借助新媒体平台的方式来对老年人普及健康知识，提高老年人对健康的理解，促进老年人体育锻炼的参与程度；政

府以及体育相关部门可以向老年人普及体育知识，举办各类免费的讲座，体现体育锻炼对健康的重要性，对不同文化水平的老年人进行锻炼和健康内容的宣传，形成参与体育的意识，特别是促进老年体育在农村的开展。

（二）降低体育锻炼成本，增加老年人体育锻炼的可及性

社会经济地位显著影响老年人特别是农村老年人参与体育锻炼。这是由于农村老年人大多以劳动收入维持现有生活，部分退休老年人退休工资较低，加之有些老年人还需要补贴子女等，没有足够的收入进行体育锻炼。这需要政府通过政策引导，降低体育锻炼成本，减少老年人在体育锻炼的花费，增加老年人体育锻炼的可及性。一方面，政府可以以街道或者乡镇为单位，每年对老年人参与体育锻炼发放一定补贴，鼓励老年人更多地参与体育锻炼，降低其参与体育锻炼的成本。另一方面，政府应在老年人较为集中的社区、村庄或者附近的公园建设适应老年人锻炼的体育设施，特别是一些专业性程度较高的体育锻炼场所，应免费对老年人开放，使老年人参与体育锻炼的成本更低。

（三）完善体育设施，加强体育锻炼的组织和指导

体育设施、体育场地、体育锻炼的组织与指导等社会资源显著影响着老年人体育锻炼的频率。由此，政府应该加大社会资源的投入，以保障老年人体育锻炼。政府首先应有计划地增建社区体育场地，在有限的场地上进行合理规划，尽可能达到场地的多样化使用，完善体育场地设施建设，以适合更多老年人参与。此外，采取政府购买管理服务的机制，以保障公共体育服务的硬件建设和软件建设并重，在设施上进行创新，例如增加移动设施，将场地规划和体育器械产品的开发利用有机结合等。同时，增加公共体育服务支出，加强公共体育指导员队伍建设，提升公共体育服务满意度水平，并在过程中关注老年人的体育服务的生理和心理需求，采取针对性对策与措施，提升地区老年公共体育服务质量和绩效，有效促进老年人体育锻炼行为。

积极为老年人参与体育锻炼创造条件。在运动产品方面，支持体育用

品企业采用新工艺、新材料、新技术，研发老年人体育健身器材、可穿戴式运动设备和运动健身指导技术装备。在人才方面，在城镇广泛组织社会体育指导员、体育科技工作者、体育院校师生、体育运动队等到基层为老年人送服务；有计划、有针对性地培训服务老年人的社会体育指导员等志愿者队伍。在体育设施方面，充分利用现有公共设施，在公园、广场、绿地及城市空置场所等建设适合老年人体育健身的场地设施；盘活城镇存量资源，改造旧厂房、仓库、老旧商业设施等用于老年人体育健身；对现有公共体育健身场地设施进行无障碍或适老性改造；鼓励机关、企事业单位和社会团体内部的体育场地设施为老年人体育健身活动提供便利和服务。另外，子女改变观念，鼓励父母参加各项有益的体育锻炼，或给父母体育锻炼提供科学指导（丁志宏、张现苓、易成栋，2020）。

（四）个人增强坚持运动意识，宣传和服务于运动锻炼事业

老年人自身应增强坚持运动锻炼的意识，积极参与社区等公益机构举办的体育运动活动，改善自身交际环境，与同伴一同进行运动更有利于运动锻炼的坚持。对于不了解的运动项目可以主动寻求体育指导员的帮助，根据生活环境及自身的身体状况，合理地安排适合自己的运动方式。作为老年人的家人或者朋友，也应该鼓励、带动身边的老年人积极参与运动锻炼，并且有规律地、长期地坚持运动锻炼。热爱运动的年轻人也可以选择学习体育运动的相关基础知识，选择从事体育指导员工作，弥补国家在此类人才上的短缺，通过主动扮演相应的社会角色从而提高国家社会支持的水平，为国家运动锻炼的宣传普及贡献自己的力量。

（五）社区组织体育锻炼活动，维护公共体育服务基础设施

社区是城市中特有的基层组织，也是和群众联系最紧密的组织。老年人一般喜欢集体活动，街道和社区应加强引导和做好服务，进一步加大宣传力度，利用网络平台为有不同需求的老年人提供良好的运动和社交环境，让更多老人积极参加体育锻炼。为此，应加大社区宣传力度，针对老年人拓宽获取信息性支持的途径，注重获取途径对于老年人的便捷性。如印发

与运动锻炼相关的免费宣传册，通过电视节目普及相关知识，组织相关的健身竞赛活动和举办公益的健身知识讲座。对于农村地区没有社区组织的老年人，各村委会应承担起相应责任，因地制宜地组织老年人进行运动锻炼。同时更应该加强农村运动锻炼相关基础设施的建设，保证农村老年人参与运动的公平性。确保社区内的活动场地以及公共体育活动设施可用，对于旧损的公共体育设施及时修缮维护。各基层组织还应大力支持老年人自发组成的运动锻炼相关的团体，根据当地实际情况，组织团体参加各类运动锻炼项目的活动，如广场舞比赛、太极拳表演等活动。

（六）社会培养公共体育指导员，企业树立社会责任感

应兼顾提高社会支持水平和公共体育服务满意度，提高公众参与公共体育活动的热情和公平性，培养当地体育文化氛围，增加公共体育服务活动频率，从而使不同年龄段的老年人坚持运动锻炼。公共体育指导员在我国尚未普及，应加大对此类人才的培养力度。根据实际情况扩大公共体育场地面积，在设立公共体育场地时应考虑老年人是否方便到达。实力雄厚的运动产业企业应树立社会责任感，组织一些与运动相关的公益性活动，运动的普及也同样会促进运动产业的发展。

（七）政府加强财政和政策扶持，加大宣传力度

政府要充分认识到老年人体育工作是我国老龄事业和体育事业的重要组成部分，要加强对老年人体育工作的指导与协调，重视发展老年人体育，加强老年人体育发展规划。首先，把老年人体育工作纳入政府议事日程，专题研究，建立老年人体育工作激励机制，结合实际情况制定具体措施，并加强督查落实。其次，通过财政补助、政府购买服务等方式，拓宽老年人体育发展的投融资渠道。最后，根据当地经济发展状况、老年人数量和结构、地域特点及体育健身习惯等因素，因地制宜地对老年人体育项目统筹安排。

此外，政府应加大公共体育事业财政支出，特别是提高全民健身事业经费支出并保证可持续性，要注重完善农村体育基础设施建设。在财政支

出不足的部分可适当地由公共体育场馆提供公益性服务来弥补，对体育产业予以政策性扶持。加大坚持运动相关知识的宣传力度，普及坚持运动对于增强老年人身体素质的认识，侧重在老年人更方便接触到的媒体如电视、报纸上投放相应的公益广告，积极落实“健康中国2030”规划。在政策上兼顾社会支持与公共体育服务满意度的共同作用，发挥政策落实的最大效应。完善相关法律法规，切实保障老年人参与运动的权利。

【参考文献】

[1] CHODZKO－ZAJKO W，SCHWINGEL A，PARK H E. Successsful aging：the role of physical activity [J]. American Journal of Lifestyle Medicine，2009，3（1）：20－28.

[2] 徐京朝，李晓智．中国老年人体育锻炼行为特征［J］．中国老年学杂志，2021，41（3）：649－654.

[3] 冀云，马艳杰．城乡老年人体育锻炼现状及建议［N］．中国人口报，2020－01－20（3）.

[4]《2014年全民健身活动状况调查公报》发布[EB/OL].[2015－11－16]. http://sports. people. com. cn/jianshen/n/2015/1116/c150958－27820851. html.

[5] ROBERTSON M C，CAMPBELL A J，GARDNER M M，et al. Preventing injuries in older people by preventing falls：meta-analysis of individual-level data [J]. Journal American Geriatrics，2002，50（5）：905－911.

[6] World Health Organization. Global recommendations on physical activity for health [M]. Geneva：WHO Press，2010.

[7] WINDLE G. Exercise，physical activity and mental well-being in later life [J]. Reviews in Clinical Gerontology，2014，24（4）：319－325.

[8] CHANG M，SNAEDAL J，EINARSSON B，et al. The association between midlife physical activity and depressive symptoms in late life：age gene/en-

vironment susceptibility-Reykjavik study [J]. Journals of Gerontology Series A: Biological Sciences and Medical Sciences, 2016, 71 (4): 502-507.

[9] CATALAN-MATAMOROS D, GOMEZ-CONESA A, STUBBS B, et al. Exercise improves depressive symptoms in older adults: an umbrella review of systematic reviews and meta-analyses [J]. Psychiatry Research, 2016 (244): 202-209.

[10] BAUMAN A, MEROM D, BULL F C, et al. Updating the evidence for physical activity: summative reviews of the epidemiological evidence, prevalence, and interventions to promote "active aging" [J]. The Gerontologist, 2016, 56 (S2): 268-280.

[11] 王肖，王剑. 老年人健身活动与认知老化的关系 [J]. 当代体育科技，2019 (13): 208.

[12] 安涛. 体育锻炼对老年人心理健康的影响 [J]. 中国老年学杂志，2019, 39 (3): 588-591.

[13] 陈熙. 健康老龄化视域下老年人体育健康行为与效果研究 [J]. 当代体育科技，2020, 10 (4): 160, 162.

[14] 陈晓，王曙红，王国妃. 老年人参加身体锻炼的影响因素 [J]. 中国老年学杂志，2017, 37 (1): 244-246.

[15] 程怀志，郭斌，谢欣，等. 我国慢性病患病率的社会人口学分析 [J]. 医学与社会，2014, 27 (3): 4-6.

[16] KENDRICK D, KUMAR A, CARPENTER H, et al. Exercise for reducing fear of falling in older people living in the community [J]. Cochrane Database of Systematic Reviews, 2014 (11).

[17] SÁNCHEZ PALACIOS C, TRIANES TORRES M V, BLANCA MENA M J. Aging negative stereotypes and their relationship with sociodemographic variables over 65 elderly [J]. Revista Espanola de Geriatria Gerontologia,

2009, 44 (3): 124 - 129.

[18] REJESKI W J, BRAWLEY L R, AMBROSIUS W T, et al. Older adults with chronic disease: benefits of group-mediated counseling in the promotion of physically active lifestyles [J]. Health Psychology, 2003, 22 (4): 414 - 423.

[19] CRESS M E, BUCHNER D M, PROHASKA T, et al. Best practices for physical activity programs and behavior counseling in older adult populations [J]. Journal of Aging and Physical Activity, 2005, 13 (1): 61 - 74.

[20] WARNER L M, ZIEGELMANN J P, SCHÜZ B, et al. Synergistic effect of social support and self-efficacy on physical exercise in older adults [J]. Journal of Aging and Physical Activity, 2001, 19 (3): 249 - 261.

[21] JANZ N K, BECKER M H. The health belief model: a decade later [J]. Health Education Quarterly, 1984, 11 (1): 1 - 47.

[22] PENTECOST C, TAKET A. Understanding exercise uptake and adherence for people with chronic conditions: a new model demonstrating the importance of exercise identity, benefits of attending and support [J]. Health Education Research, 2011, 26 (5): 908 - 922.

[23] HILL A M, HOFFMANN T, MCPHAIL S, et al. Factors associated with older patients' engagement in exercise after hospital discharge [J]. Archives of Physical Medicine and Rehabilitation, 2011, 92 (9): 1395 - 1403.

[24] KOCH J. The role of exercise in the African-American woman with Type 2 diabetes mellitus: application to the health belief model [J]. Journal of the American Academy of Nurse Practitioners, 2002, 14 (3): 126 - 129.

[25] FITZPATRICK S E, REDDY S, LOMMEL T S, et al. Physical activity

and physical function improved following a community-based intervention in older adults in Georgia senior centers [J]. Journal of Nutrition for the Elderly, 2008, 27 (1-2): 135-154.

[26] RITLAND R, RODRIGUEZ L. The influence of antiobesity media content on intention to eat healthily and exercise: a test of ordered protection motivation theory [J]. Journal of Obesity, 2014, 1-10.

[27] KOSMA M. An expanded framework to determine physical activity and falls risk among diverse older adults [J]. Research on Aging, 2014, 36 (1): 95-114.

[28] REGER B, COOPER L, BOOTH-BUTTERFIELD S, et al. Wheeling walks: a community campaign using paid media to encourage walking among sedentary older adults [J]. Preventive Medicine, 2002, 35 (3): 285-292.

[29] FRENCH D P, OLANDER E K, CHISHOLM A, et al. Which behaviour change techniques are most effective at increasing older adults' self-efficacy and physical activity behaviours? A systematic review [J]. Annals of Behavioral Medicine, 2014, 48 (2): 225-234.

[30] WALLSTON K A, WALLSTON B S. Health locus of control [J]. Health Education Monographs, 1978, 6 (1): 100-105.

[31] 丁志宏，张现苓，易成栋. 我国城镇老年人体育锻炼的行为特征、支持及影响因素研究 [J]. 兰州学刊，2020 (6): 174-187.

[32] 汪颖. 西方主要发达国家老年人体育发展现状与政策规划研究 [J]. 体育科技文献通报，2016 (1): 103-107.

第六章
积极老龄化下的社会养老

近年来，面对我国人口老龄化不断加快的趋势，如何保障越来越多的老龄人口的生活质量，并有效推动养老产业的发展，是积极老龄化理念中的“保障”在生活保障方面的具体体现。根据我国国情、社会传统习俗和社会发展的实际，构建和完善多种类、多形式养老模式势在必行，是体现社会在促进积极老龄化发展的重要举措。优化养老模式和养老服务，对提升老年群体生活质量以及缓解中青年人的生活压力具有积极价值。本章探讨我国养老模式的现状，以及当前存在的几种养老模式的特点。

第一节 现行养老模式简介

联合国前秘书长科菲·安南（Kofi Atta Annan）在1998年10月1日国际老年人日的献辞中讲道：“我们正在经历一场无声的革命，它大大超出人口学的范围，给经济、社会、文化、心理和精神均带来重大影响。”他指出：“我们要认识到人生阅历的独特性，这是促使社会乐于接受老年公民的关键。随年龄而增长的知识、智慧和经验的价值是青年人无法瞬间获取的，这些应当在社会中得到激发、重视和利用。”这表明，人口老龄化是社会进步的必然结果，老年人口增加既可以为社会带来红利——老年群体的经验、知识是社会的资源，也会增加社会养老、医疗的负担，使人口老龄化构成社会面临的一大问题。为应对人口老龄化，使老年人“老有所养”，妥善解决养老问题成为重中之重，这也是顺应积极老龄化所倡导的“保障”内涵。

一、我国的养老现状

中国是目前世界上老年人口数量最多的国家，老龄化的速度也是目前全球最快的。我国人口老龄化发展呈现速度快、规模大、程度深、健康水平低以及地域差异大的特征，传统养老模式难以适应新形势下的养老需求。在今后很长一段时间内，老年人口快速增长的精神物质需求与相对不足的养老服务资源和供给之间的矛盾将是中国老龄事业和产业发展的主要矛盾（朱海龙，2020）。在传统家庭农业时代“自给自足”的生产方式中，邻里守望相助，家庭以“大”为荣，老年人掌握生产资料分配权，在家“四世同堂”，享受天伦之乐。在此人文传统背景下，老年人对需求的满足是相对直接、简单而家庭化的，以家庭为基础的养老体系与社会其他各个方面的有机契合，形成“父母在，不远游”的家庭养老模式，也成为中国文明显著的社会特征之一。

随着近代城市化、工业化进程的推进，这种以家庭为基础的养老模式的基础、体系与条件不断遭到侵蚀。首先是家庭农业自然经济的解体，“自给自足”的农耕生活，到“离土不离乡”的初级工业化生活，再到“背井离乡”的市场化生活，过去“儿孙绕膝”的养老服务体系逐渐解体。青壮年离乡，导致老年人（尤其是农村老人）几乎失去人力服务的来源。其次是传统大世族家庭的解体。自实行计划生育以来，中国家庭的人口和结构发生了变化，“4＋2＋1”的家庭模式增多，即四位老人，一对年轻夫妻，一个小孩。全面开放“二胎”和“三胎”后，出现“4＋2＋2（3）”家庭，即四位老人，一对年轻夫妻，两个或三个小孩的家庭逐渐增多，使得家庭养老变得不可持续甚至几乎不可能。再次是生活条件的变化与生活方式的转变，一些新型的老年疾病，尤其随着年龄增长容易患上的高血压、糖尿病等慢性病，极大地增加了老年人的医疗和照料需求；同时，随着生活方式的转变，老年人的服务需求日趋多元化与层次化，养老模式更加具有延展性与弹性。最后是科技发展水平快速提升，家用电器、支付方式、出行方式、购物方式等变化，部分老年人难以适应这些变化，更多地选择留在农村（小城市）生活，而子女在外工作离他们较远，难以提供养老和陪伴，使得传统的家庭养老服务模式陷入困境。

城市化进程除了造成养老服务难供给以外，还造成一个新的社会现象——“空巢家庭”。截至2019年，我国城市空巢老人家庭数量约占城市家庭数量的50%，随着人口老龄化速度的持续加快，估计在2030年，我国空巢老人家庭比例有可能超过90%（秦芳菊，2020）。面对不断扩大的老年群体数量，社会对于养老工作的需求量将会持续扩大，同时，老年人对于养老工作的需求也将朝着复杂化的方向延伸。针对这一社会问题，研究人员指出，有关部门应积极加强对养老工作的重视，促进养老模式多元化发展，同时积极做好相关问题的合理分析并有效实现有关策略的合理制定。

二、现行的养老模式

随着我国人口发展的趋势性变化和家庭模式的多元化发展，在人口老龄化进程加快和人口流动性增强的现实情况下，畅行几千年的以家庭为主的传统养老模式面临严峻考验。为积极应对人口老龄化，有效解决养老问题，中共中央、国务院多次发文，在顶层设计上做出规划和安排。《“十三五”国家老龄事业发展和养老体系建设规划》明确提出了构建和完善“居家为基础、社区为依托、机构为补充、医养相结合的养老服务体系”的目标要求。《智慧健康养老产业发展行动计划（2021—2025年）》《乡村振兴战略规划（2018—2022年）》《国务院办公厅关于推进养老服务发展的意见》《国务院关于实施健康中国行动的意见》《中共中央关于制定国民经济和社会发展第十四个五年规划和二〇三五年远景目标的建议》等文件也都对养老问题提出明确要求、做出具体安排，强调了居家养老的主体地位、社区养老和机构养老的辅助作用，以及医养结合的必要性（吕红平，

2020）。

养老模式是指为老年人提供资源与服务，满足老年人需求的基本形式与内容，即解决“如何赡养老人”的问题。养老模式主要反映老年人和其他社会主体的关系问题，具体包括以下几点。

（1）老年人的需求。老年人的需求具有多样性、层次性和变动性，主要包括经济支持、生活照顾、医疗保障和精神慰藉等，由于老年个体的个性化需求差异较大、家庭支持能力不一，从某种程度上来说，老年人的需求无法得到完全满足。因此，目前为止并无完全相同的养老模式，不同文化、不同国家、不同家庭、不同个人有不同的生活方式，无法真正用统一的方式解决老年人的需求。所以如何赡养老人成为一个社会的文化基础，并进一步塑造社会生活的基本形式。养老问题在国际中一直被关注，在全球老龄化进程加快的背景下，已成为一个社会热点问题。

（2）社会主体所能提供给老年人的资源和服务。资源与服务相互联结，互相转化，资源强调静态的内容供给，服务则更强调动态的供给方式。社会资源和服务的总量有限，需要将资源按各年龄群体的需求进行分配，由于老年人给社会留有“消耗社会资源”“加重医疗压力”等消极刻板印象，部分人对老年人抱有负面态度，这会影响老年群体享有资源的数量和接受服务的质量，这些社会氛围进一步影响部分老年人对自身老化的态度，阻碍全社会实现积极老龄化的程度。

（3）如何将社会主体的资源和服务提供给老年人，也就是双方衔接的形式与路径。在初级社会里，老年人与周边的资源与服务可以直接互动，养老资源和服务提供的形式比较简单——家庭承担养老和提供养老资源。但随着社会的发展，老年人的需求本身，以及社会所能提供给老年人的资源和服务都在不断发生变化，二者之间的关系越来越复杂，使得双方衔接的形式与路径在养老模式中的地位和意义日渐突出和重要。例如，老年人的医疗、保健、教育和生活资料等，由家庭、社区、社会和国家共同承担。如何帮助老年人获取这些资源，以及如何将资源通过各种途径落实到老年人群，是建构养老模式的重要内容。

（一）居家养老模式

居家养老是常见的养老模式之一，主要指老年人根据生活习惯在家庭中进行养老。造成这一养老取向的主要原因在于老年人受到传统思维的影响，对于养老机构存在一定的顾虑与偏见。从概念上看，居家养老概念较准确地反映了老年人养老的居住形式，它是指老年人分散居住在自己的家庭养老，而不是集中居住在养老机构养老。

传统居家养老模式普遍存在于全社会，小城市和农村更多以居家养老为主，大城市的老年人以居家或社区养老为主，机构养老为辅。随着城市化进程加快，选择居家养老的老年人更可能是“空巢老人”、贫困老人，他们可能受传统观念、经济因素的影响，能接受的家庭照料和社区帮助较少，他们往往依赖子女的资助，甚至需要自己外出挣钱。传统居家养老可能存在的问题有：独居老人经常处于无人照料状态，存在风险与安全隐患；与儿女一起居住的老人，在生活作息、生活习惯上与年轻人差异较大，既影响了老年人的休息，也给年轻人带来了沉重的压力和极大的生活负担；而没有经济收入、生病的老人一旦没有了儿女的照料，他们的生存都成问题。这些因素使得传统居家养老模式在时代进步中逐渐被舍弃，政府、社会机构等相继助力，不断完善养老服务体系，出现众多新的、更合理、更稳定的养老模式。

当前，城市居家养老已出现多种新形式，例如上海将“智能四件套”加入为老服务，即通过安装智能门磁、烟感报警器、红外监测和智能读水表仪四件智能设备，打破了街道以往一对一或者一对多的电话、上门关爱独居老人的传统模式，全面辐射辖区内所有独居老人的安全监测云管理。每项智能设备都有“重要监控责任”，街道将智能水表和门磁的终端接入“一网统管”平台，独居老人一旦超过 24 小时未开门或 12 小时用水情况低于 0.01 立方米，后台就会预警，这些情况将及时反馈给街道和居委。在收到政务微信的信息警报后，居委干部会第一时间上门探视老人，并将核实情况上报街道责任科室。同样，接入“一网统管”平台的还有智能门磁，它会在老人超过24小时不开门的情况下发出预警。此外，烟感报警器、红外监测也能实时关注老人的生活动态。这种新模式为独居老人积极探索和拓展为老服务应用场景的全新功能，通过智能化手段服务于独居老人，解决其生活中常见的居住安全和身心健康等问题。

（二）社区养老模式

社区养老是家庭和社会两种养老模式的融合，社区的日间照料和养老服务是社区养老的两类基本职能。社区鼓励老人与老人之间互相帮忙，提倡邻里互助，还提供了日间服务和短期床位，以及娱乐休闲、康复训练等服务（李明晖、晋雪梅，2020）。当前，社区养老主要有以下类型。

1.“嵌入式”养老服务模式

“嵌入式”养老服务模式是以社区为载体，以资源嵌入、功能嵌入和多元的运作方式嵌入为理念，通过竞争机制在社区内嵌入一个市场化运营的养老方式，整合周边养老服务资源，为老年人就近养老提供专业化、个性化服务。此模式下的养护中心一般设于社区，拥有良好的地缘优势，可以采用多种运营模式，如政府托底购买服务、社区完善服务功能等，通过日托、助餐等方式，辐射到社区有需要的老年群体，满足老年人就近养老的需求。

“嵌入式”养老服务模式的目标为营造“养老不离家”的新模式，其突出优势在于规模小、灵活性高、对位置要求低、易布点且对社区日常生活影响弱；资金需求小，管理相对简单，运营要求较低，在推广方面可复制性强。“嵌入式”养老服务克服了传统家庭养老、社区居家养老和机构养老的劣势，是我国养老服务供给的重要形式。

2.“三位一体”社区养老服务模式

“三位一体”是指物业、企业通过与业主、业主委员会签订养老服务协议，向业主提供养老特约服务及综合服务，在促进物业服务升级的同时，又保证社区养老服务项目的落实。

它以社区委员会为中心，以业主委员会为根本，以物业为服务平台，充分发挥物业一线服务作用，体现三方合力优势作用。物业服务企业具有参与社区养老服务的地缘优势，熟悉社区养老服务对象，方便利用物业共用空间和设施。此外，员工队伍稳定和全天候的管理服务，能够保证社区养老服务的即时性、连续性。

物业具有成熟的社区服务平台，如有些物业构建了“互联网+”模式，手机APP、物联网已成为社区物业服务企业的支撑，可以结合现有的社区配套服务体系，整合相关资源，为小区业主提供养老服务。它作为对现有社区养老服务模式的丰富和补充，充分体现了社区养老服务供应主体的协同化观念。

3.“互助型”养老模式

互助养老是指居民互相帮扶和慰藉，满足老年人的养老需求。社区建立联系制度，帮助社区内空巢老人结对子，采取“一帮一”或“一帮多”的互助模式。以社区为依托，将生活在社区内、具有专业特长、热心公益活动的健康老人组织起来成立老年互助社，老人们可以在家庭、社区和养老机构等多种场合实现各种形式的互助。

互助养老具有灵活性、多样性、自愿性、自治性等特征，满足了老年人对家庭、朋友和社区邻里的依恋，高效利用和发挥了家庭和社区的养老功能。“互助型”养老模式是积极老龄化的重要表现，是老年人参与社会的重要途径。在我国养老资源严重不足的情况下，“互助型”养老通过以老帮老、以老养老，为创新养老模式、打造多元化养老格局奠定基础。

4. 政府购买服务模式

政府购买服务是指政府将由自身承担的、为社会提供养老服务的事项，交给有资质的社会组织或街道、社区来完成，并建立定期提供服务产品的合约，由该社会组织提供公共服务产品，政府按照一定的标准评估履约情况来支付服务费用。

目前政府购买服务的方式主要有：第一类是政府补贴资金直接拨付给

社区居家养老服务机构，由其向享受政府购买服务政策的老人在特定时间提供个性化服务；第二类是采用养老代币券、服务券的形式，由老人根据自身需求，到中心或特定机构自主选择服务时间和服务内容。在社区养老服务中建立政府购买服务制度，这既是巩固居家养老基础性地位的一种行之有效的做法，也是推动居家养老服务制度化发展的创新，值得推广和普及。

（三）机构养老模式

机构养老指机构为老年人提供饮食生活、清洁卫生、生活服务、健康教育和娱乐休闲等综合性服务的养老模式。它可以是一个独立法人单位，也可以附属于医疗机构、企业或事业单位；可以是社区组织或者组织的部门或分支机构，也可以是综合性社会福利机构。随着我国即将进入“中度老龄化”社会以及失能、半失能老年人和缺乏家庭照料资源的老年人数量的快速增加，机构养老成为人口老龄化背景下不可或缺的重要养老方式。发展机构养老，是解决失能、半失能老年人和缺乏家庭照料资源的老年人照料护理问题、实现医养结合的必要途径，是当前的重要研究话题。

机构养老的发展仍受到政府投入和个人入住费用高昂、护理人员短缺、老年人不愿意离开家庭等因素的影响，为此，目前出现了一些新型的尝试。例如，2020 年广州市试点“家庭养老床位”，60 周岁及以上的广州市户籍老人如有养老专业服务需求但因各种原因无法入住养老机构的，或目前家庭有一定的照料条件暂时不需要入住养老机构的，经广州市老年人照顾需求等级评定评估为照顾等级 2～5 级，可申请建设养老家庭床位。市民政部门按照每张床位 3 000 元的标准给予一次性建床补贴，其他具体服务项目及收费标准，则由服务机构根据个性化、多元化养老服务需求制定。

申请养老家庭床位后，养老服务机构将为符合条件的老年人家庭进行必要的适老化和智能化家居改造，例如安装网络信息服务系统和电子信息服务设备，包括紧急呼叫，语音或视频通话，生命体征监测，门磁、烟雾、燃气感应报警等设备设施，进行安全扶手、地面防滑等居住环境适老化家居改造。同时，养老机构将家庭养老床位纳入每天24小时动态管理和远程监护，并根据需求提供生活照料、个人护理、康复护理、医疗保健、精神慰藉、文化娱乐和定期巡访七大类服务，每天上门服务时间不少于1小时，每月累计不少于30小时。“家庭养老床位”的创新既迎合老年人家庭养老的意愿，又将机构养老的专业化服务下放到家庭，同时这种新模式费用较低，更能被大众所接受。

第二节　新时代多元化的养老服务模式

研究人员预计到2030年我国空巢老人家庭比例有可能超过90%（王瑜，2020）。面对不断扩大的老年人规模，社会对养老工作的需求量将会持续扩大，同时，老年人对养老工作的需求也将朝着复杂化的方向延伸。针对这一社会问题，促进养老模式的多元化发展成为要务。

一、“互联网+”养老模式

近年来，随着我国老龄化问题的不断加剧，人们也越来越关注“互联网+养老”领域。2015年，国务院正式发布的《关于积极推进“互联网+”行动的指导意见》中明确提出“促进智慧健康养老产业发展”的目标。2018年，民政部发布《“互联网+民政服务”行动计划》，提出要开展“推动互联网与养老服务深度融合，构建线上线下相结合、多主体参与、资源共享、公平普惠的互联网养老服务供给体系”，以实现互联网与养老服务的真正结合。

（一）“互联网+”养老模式概述

近年来，借助互联网技术来推动养老服务业转型升级已经成为中央政府着力推动的重大改革。2015年，“互联网+”行动在政府工作报告中初次出现，随后相关部门提出要把“互联网+”与养老市场相结合，着重发展与养老相关的大数据、物联网等“互联网+”新型养老产业。

"互联网+养老"模式具有互动性、一体化、个性化、产业化等特点。相较于传统的养老模式，借助互联网的技术和优势，将为养老产业注入新的活力。现如今，日益壮大的养老群体对于衣食住行等方面的要求不断提升，加上互联网技术日益普遍和成熟，使"互联网+养老"模式成为现实。

1. 传统医养结合模式

近几年来，我国政府从理论与实践两个层面对"医养结合"养老模式大力提倡帮扶。从理论上来看，督促"医养结合"事业发展的政策条款不断出台，如国务院在《关于加快发展养老服务业的若干意见》中提出"各地要促进医疗卫生资源进入养老机构、社区和居民家庭。卫生管理部门要支持有条件的养老机构设置医疗机构。医疗机构要积极支持和发展养老服务"。从实践上来看，国家在多省组织开展医养结合试点探索运营，并对这些试点机构提供不同程度的费用税收减免支持。截至2020年，国家卫健委办公厅与民政部办公厅已遴选发布了两轮医养结合试点单位通知，在全国共计90个市（区）均设立有医养结合试点单位。政府的法律政策是社会发展行为的向导，目前政府对于"医养结合"政策上的支持为这种模式营造了良好的发展氛围。

卫生部调查报告显示，我国老年人群中60%～70%有慢性病史，人均患有2～3种疾病，慢性病被称为慢性病的原因便在于其疗程长、并发症多的特点，但若选择在大型医院进行长时间的护理和医疗实属对社会资源的一种浪费。社区卫生服务站是遵照我国医改规划所设立的，辐射范围为社区，受众群体为社区内公民，以公民身体健康为中心的非营利性基层医疗卫生服务机构。将社区医院作为老年人慢性病疗养的场所，构建以社区卫生服务站为基础的医养联合体服务网具有重要意义（具体见图6－1）。

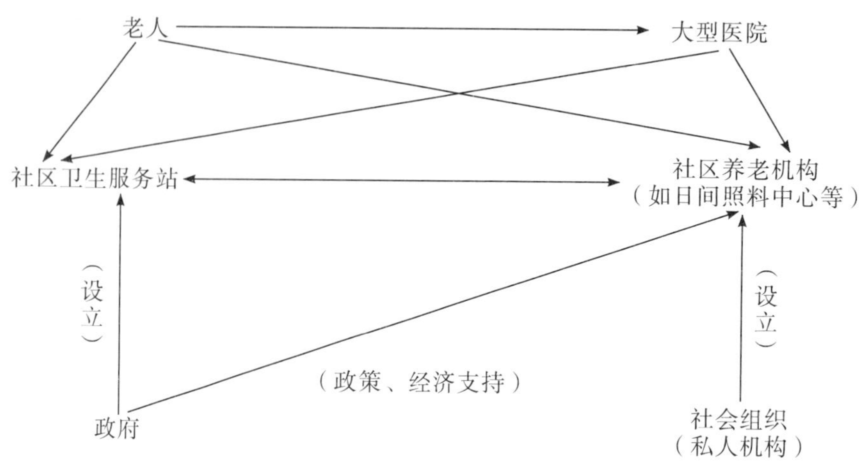

图6－1　社区医养结合服务模式

图自：王浠婵，李伟.“互联网＋”视角下我国城市社区医养结合养老模式构建［J］. 现代商业，2018（9）：158－159.

2. 互联网纳入医养结合

“医养结合”是指将医疗资源与养老资源有机结合在一起，突破常规养老服务的局限，提供有针对性的医疗保健服务，实现老有所养、病有所治、养疗结合的长期护理养老模式（王浠婵、李伟，2018）。将医养服务落脚在社区，结合互联网的优势，探索更优质的方法提高社区医养结合模式服务的效率是实现积极老龄化的重要一步。

推广基于“互联网＋医养结合”的新时代养老服务模式，科学准确地整合医疗与养老资源是完善养老医养照护融合体系、体现衔接沟通、密切配合的重要前提。试点搭建养老信息服务推送平台，做好医养结合服务的云端推送，将医养结合的线下服务升级为O2O（Online To Offline，线上到线下）的服务模式，提供更高效、更精准的服务推送。每日监控汇总老年人衣、食、住、行的数据，上传电脑后养老中心签约医生分析、制定动态个性化养老防护方案，再结合疾病实际情况实现大病早发现、及早收住院。慢性病的日常管理交由签约卫生站的家庭医生或者患者家属监控，突发病情及时发现后以最快的时间传输到关联的上级医院，专家团队立刻接诊。

利用5G技术＋物联网技术，不管老人在家里还是在照护中心，都可以随时监控其日常行为、生命体征、血压、血糖、饮食、二便等情况，专门负责的签约社区医生或者家庭医生每天跟进掌握自动分析记录的数据，掌握老人情况，指导后续养生、保健等。甚至远期可以建立养生村、养生谷、养生公寓，通过物联网技术，连接老年人、家属、签约医生、医院，通过手机 APP 等，组建家庭 + 医生群，形成信息快速互通、病情及时通报和诊疗方案及时制定的模式。利用 AI 技术，计算机辅助分析病情，如有病情变化，AI 及时发出危急信号，上万物互联群成员第一时间发现病情，通知医生、医院专家团队尽早处理，防止延误病情。

“互联网 + 社区医养”结合的新时代养老服务模式，将医疗服务资源与养老服务资源有机融合。以社区照护为主，加三位一体的医养照护模式促进老年人多样化的老年照护、疾病预防、医疗护理康复等需求得以满足。抓住新时代我国医养结合服务产业发展机遇，打造互联网 + 中医智慧医养结合社区养老服务模式，才能更好地做大做强我国养老产业，满足老年人日益增长的养老照护需要，为实现健康中国 2030 提出可行性探索（李思怡等，2020）。

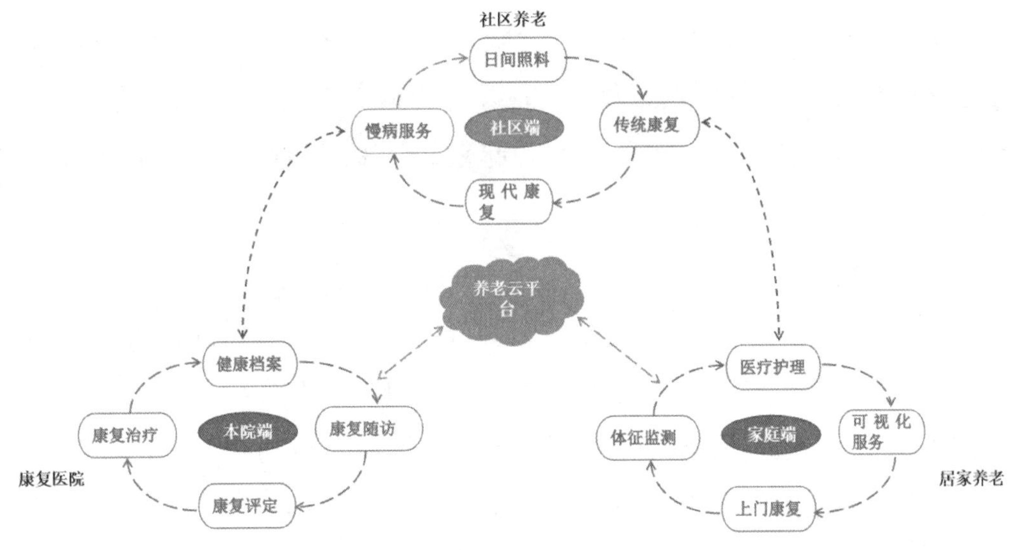

图 6－2　三位一体服务模式

来源：龙建军，王春宝，刘铨权，等. 基于互联网 + 社区医养结合服务新模式的探索与展望［J］. 深圳中西医结合杂志，2020，30（22）：178－181.

（二）“互联网+”养老模式的优势

随着人口老龄化进程不断加快，老年人对医疗服务的需求快速增长，互联网发展给医疗和养老服务带来了众多改进渠道。互联网发展医养结合就是集医疗、护理、康复和基础养老设施、生活照料程度、无障碍活动范围为一体的养老模式，它的优势在于突破了一般的医疗和养老分离的状态，最大的特点是为老人老年期各种病症进行临床诊疗，提供及时、便利、精准的医疗服务，将生活照料、身体康复和临终关怀相结合。

将互联网+医疗引入社区，与社区养老结合，打造“康复+护理+养老+人工智能”结合的分级养老的网络平台。通过分级养老服务平台，以社区养老为中心，服务延伸到家庭。整合医疗、康复、政府、第三方服务商资源，为老年人提供康复、照料、娱乐和基本医疗服务，实现老有所医、老有所养、老有所康、老有所乐的四位一体的新模式。其具有全覆盖、个性化和专业化的优势（龙建军等，2020）。

1. 全覆盖

“9073”模式，即90%的老年人以居家养老为主，7%的老年人通过社区服务（日间照料）的方式实施养老服务，3%的老年人入住养老机构（养老院或医养中心）。互联网普及使得居家和社区养老成为可能，便利的网络将医院、购物、各种家政服务等联系起来，使家庭和社区成为老年人安心养老的首选。

2. 个性化

个性化是“互联网+”养老的主要特征。老年人可以根据自身实际需要，选择符合需求的服务。例如，行动不便的老年人可以通过互联网联系家政服务、买菜送菜服务等便民服务。康复医院可以通过互联网为辖区内每一位老年人做医疗和康复需求的评估，然后根据每一位老年人的需求制定服务方案，实施医疗和康复服务。

3. 专业化

全面引进国际先进的养老模式，突出重点对象，创建有地方特色的养老模式。社区医养护结合中心具体服务费用由民政部门、残联和医疗保险根据相关政策进行保障。

互联网能够为社区服务平台提供数据，如老年人所需养老服务的偏好、购买商品的偏好、待满足需求统计等，社会、社区根据数据展示的需求方向进一步开发养老产业的供给服务，达到社区和政府协同为老年人提供个性化养老服务的美好局面。

（三）“互联网+养老”模式的未来发展对策

“互联网+养老”模式在不断发展的过程中也存在着互联网养老服务资源分布不均、新模式可持续性不足、缺乏行业统一标准和信用体系不完善等问题。下面通过分析“互联网+养老”模式的可行性，针对可能存在的问题提出具体的发展对策，为互联网养老问题的解决提供新思路。

1. 加大推广力度

“互联网+养老”模式是目前应对“银发浪潮”的有效途径。为了使该项目的覆盖范围更宽、更广，政府应做到以下几点：首先，针对中西部发展较落后的地区，一方面，要在资金投入上给予支持，通过将地方养老事业发展资金列入财政预算，加大对养老事业的资金投入。另一方面，要在政策上向这些地区倾斜，政府可出台相关优惠政策，鼓励引导相关养老企业和组织向中西部地区靠拢。其次，政府应主导互联网养老服务平台的建设，并试点到具体的市、区（乡、镇），再通过总结经验和媒体宣传，使条件相似的市、区（乡、镇）可参考借鉴。再次，可通过政府购买农村智能养老服务的手段将其应用于农村养老服务中，既可进行智能养老服务的口碑营销，又能让农村养老群体享受到智能养老。

2. 鼓励促进可持续发展

为了实现“互联网+养老”的可持续发展，可以将企业的力量注入模式中，这些企业必须具备足够的能力来整合线上线下的资源，同时具备较强的市场开发等能力。此外，开发的老年监测产品应以维护广大老年人的利益为首要原则，开发的产品既要设计简单又要物美价廉，产品能够将老年人的身体健康信息与社区、医院联网，但要保证老年人信息数据安全性，不能泄露个人隐私。

政府部门应加强对研发技术、资金规模、服务体系严格审核，加大对智慧养老产品的开发。例如：智能血压血糖仪、老年人智能手环、穿戴式腕表、一键呼救装置、视频监控设备等。在政府的引导下打造集智能硬件、服务平台和线下服务对接于一体的养老体系形成闭环，才能达到养老产业的真正可持续发展。总之，市场收入是养老产业的发展或者说养老产业中企业生存的最佳社会经济依靠，提高资本运作、资源分配也需要提出一个较复杂的商业模式，如此才能达到真正的可持续发展。

3. 积极推动平台的标准化建设

养老产业一直以来都是政府部门重点关注的对象，在发展过程中也形成了一系列法律法规，但随着互联网养老产业的壮大，目前的法律标准已经不适应它的发展，在很多方面显示出漏洞。因此，一方面，政府应该制定统一的标准来规范互联网养老服务平台的建设，为互联网养老的每个环节提供规范化的标准。另一方面，政府也应该建立健全互联网养老的评估机制，以及建立完善政府主导、社会参与的监督机制，以保障互联网养老产业的健康发展。

4. 构建信用体系

针对目前我国电商信用体系的发展远落后于蓬勃发展的电商产业现状，也为了保证老年人享有值得信赖的互联网养老服务平台，养老企业可以与电商平台合作共同建立实名制体系，此体系类似于淘宝信用评价体系，即让消费群体直接评价企业和企业的服务，并将评价反馈给养老企业，养老企业据此做出调整。同时，政府也要继续推动“互联网+养老”信用体系建设，形成社会信用约束，对失信的养老企业和电商平台都要严厉查处并向社会公布。

随着我国老龄化进程的加快，养老问题面临的形势也日益严峻，在养老领域引入“互联网+”，是缓解传统养老供给不平衡、不充分等难题的重要之举。但是我们应该意识到，互联网与养老是两个行业，要解决目前“互联网＋养老”模式发展过程中的问题，就必须利用二者的优势，这就需要在政府部门牵头带领下，企业积极参与，社会共同发力，才能给互联网养老服务业提供广阔的前景。

二、时间银行社区养老模式

时间银行的倡导者是美国的埃德加·卡恩。1980 年卡恩经历了一次大面积心肌梗死，这次经历让他对生活有了重新的理解，随后他创立“时间银行”这种模式。时间银行是将志愿参与公益服务的时间存入时间银行，当自己需要时就可以从中支取“被服务时间”。当前，时间银行主要依托居民小区，重点服务对象是老年人，国内北京、广州、南宁、南京、重庆、成都等多个城市都出现了这种模式。

（一）时间银行模式

“时间银行”以“公益时间储蓄”理念为基础，“存储”的是志愿者的服务时间。根据相关规则，志愿者将帮扶老年人的服务时长存入“时间银行”，当自己有需要时，便可以“提取”这些服务时长，用来兑换相应的服务或者实物。

从本质上看，时间银行的出现是共享经济理论的具体应用和实践创新（李海舰等，2020）。共享经济提倡互利互惠，共享一切可以创造经济价值的资源，包括有形资源（物品等实物）和无形资源（知识或技能）的共享。时间银行主要针对用户间无形资源的共享，它将志愿者和老年人之间进行“错位”时间共享，通过资源的优化配置，志愿者和受服务的老年人达到互利共享。简而言之，志愿者时间优势补足老年人资源稀缺性劣势，同时志愿者的服务时长得到记录，储存下来成为自身将来获得养老服务的依据，使志愿者和受服务老年人双方获益。

在老年人和志愿者的互动过程中，时间银行通过实现资源共享和提供支持性的社交网络来满足参与者的社会需求和心理需求，改善参与人群的生活质量，使其获得认可、自尊和成就感，成为时间银行建设的强大推动者（Valek，2014）。基于对时间银行群体身份的认同，成员之间的承诺、信任和情感关注，会使用户产生强烈的社会归属感，而强烈的社会归属感可以进一步增强他们的服务精神，这就创造了一种良性循环。在此可以互相利用资源产生价值依赖，从而产生更多的互惠行为，进而通过促进更多的社会互助活动来促进社会和谐发展（李海舰等，2020）。

（二）时间银行运行机制

时间银行设计的初衷就是应用于养老服务，其本质就是把“银行”作为时间流通的桥梁，为志愿者和需求养老服务的社区居民搭建平台，实现养老服务的供需对接（Tucnik et al.，2016）。时间银行面向公众开放，所有成年人均可注册成为其中一员，当正式创建时间账户后，“银行”自动充当代理中介，把用户之间的供给与需求匹配起来。基于用户的供给与需求，时间银行助力催化过程，帮助他们积极主动参与到提供服务与寻求服务的互补互动中。时间银行交易是以时间为资源的物理交互服务，每个用户的专长都被视为特定资产，志愿者提供熟练、高效、优质的服务，老年人的需求可由多人分工、协作完成。在这一过程中，时间存单是用户创造和获取价值的记录凭证。当用户根据自身的经验或技能为他人提供服务时，信用系统跟踪服务时长；当服务完成后，信用系统会将信用额度分配到志愿者的账户，并从服务接受者的账户中扣除。这是一个循环往复的过程，时间通过银行促进对接，平衡养老服务的供给与需求，保障用户存取时间顺利实现（李海舰等，2020）。

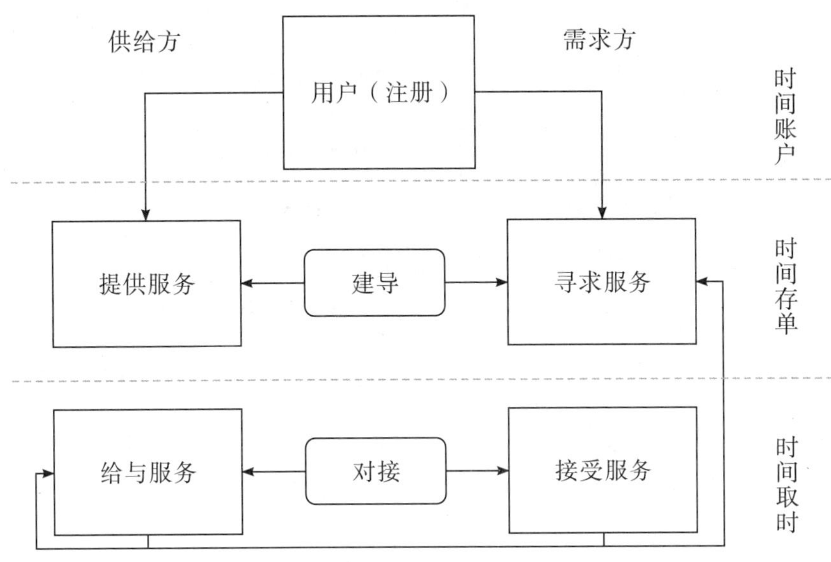

图 6－3　时间银行的运行机制

来源：TUCNIK P，VALEK L，BLECHA P，et al. Use of time banking as a non-monetary Component in agent-based computational economics models [J]. WSEAS Transactions on Business and Economics，2016，13：229－237.

目前时间银行下的互助养老模式在我国某些经济发达地区已得到了一定的应用，其得到认可并应用是因为其具有以下特点。

第一，以现代信息技术为主要途径。通过信息网络技术，会员可以通过官网发布需求，查看服务动态及评价。另外社区服务站的工作人员可以帮助不会使用网络的老年人发布需求、评价服务。时间银行还可以利用现代信息技术建成在线服务平台，使用 APP 方便志愿者对积分实现即时存储、查看、兑换。

第二，分布广泛且依赖于社区。时间银行互助养老模式主要以当地社区或者村落为根据地展开，因为老年人更喜欢待在熟悉的环境中养老。以浙江金华时间银行为例，2013 年 11 月，乐福社会工作服务中心在金华成立“时间银行”，让社区内 55 岁到 65 岁身体健康的老年人与社区内的孤寡高龄老人结对，两者通过签订结对意向书，身体健康的老年人会在力所能及的范围内为孤寡高龄老年人提供帮助，并且将帮扶时间存入“时间银行”。

2013 年，广州南沙成立“南沙时间银行”，通过发挥社区中的积极力量帮助困难群众，将社会组织作为合作伙伴，壮大时间银行的力量。

第三，提取方式多样化。除了可以兑换相应的时间服务外，时间银行还会在系统生成“信用时”，自动等值转化成公益币，累积到一定币值后，可兑换志愿互助服务或物品。南沙时间银行推出时间货币跨平台支付服务，会员可在其他电子商务平台使用时间币消费。此外，市民还可以在积分商城或“美丽志愿者”APP 社区食堂外的积分自助兑换机上兑换牛奶、饮料、咖啡、水果、大米、油等物品。除了物品交换，一些时间银行正逐步实现积分兑换服务，如方便理发、健康咨询等（龚宏川等，2020）。

第四，服务范围广，参与群体多。例如，漳州市时间储蓄中心涉及的服务范围广、分类细，分为便民生活类、保健养生类、文体娱乐类、居家安全类、培训教育类、社会关爱类、精神慰藉类等七大类，包含教老人使用智能手机、代买物品、陪聊等诸多项目，既涉及生活层面，又涵盖精神层面。时间银行以“今天我帮你，明天他帮我”的循环志愿服务模式，并依托志愿者管理信息平台，使志愿服务得到信息化管理，吸引小学生、中学生、大学生、社区工作人员、党员志愿者、企业员工及中老年人注册。

时间银行当前仅存在于一线城市的一些社区，属于新鲜事物，政府在政策宣传上力度不足或不到位，易造成社会公众的认知偏差，也不利于志愿服务队伍的发展壮大。此外，时间银行还存在服务质量难保证、管理效率低下等问题，推动时间银行模式落实于社区，还需要社会各界的努力。

第三节　推进老年宜居环境建设

老年阶段是大多数人都将面临的生命历程，宜居的环境既能促进老年人的身心健康，又能使老年人在此环境中得到更好的发展，促进人类的进步。社区作为城市管理的小单位，却对居民的生活影响最大。本节介绍老龄友好社区、老年宜居环境对于实现积极老龄化的重要作用，并就社会现状提出推进建设老年宜居环境的措施。

一、老龄友好社区

“老龄友好型”的概念最早出现在1990年的学术文献中，当时巴尔特斯提出“最佳老龄化指的是……在发展促进和老龄友好型环境条件下的老龄化”。21世纪初，一些组织利用“宜居社区”（AARP Public Policy Institute，2005）、“老年人友好”和“终身邻里”等各种标签发起对老年人有利的倡议。

社区是老年人生活的主要场所，社区环境是影响老年人群幸福感的重要因素，社区的建设完善不容忽视。社区是城市管理中重要的单元，是在特定区域内进行一定社会活动、具有相应互动关系的群体集合。社区兼有人群与地域两大要素，集聚了较多的城市生活资源，是城市养老活动的主要单元。2007年世界卫生组织在提出建设老龄友好城市的同时，也提出老龄友好社区的概念，并指出老龄友好社区的建设也是应对人口老龄化的一种有效手段，对促进城市老年人积极养老意义重大。老龄友好社区使得选择城市养老的老年人在社区中享受便捷的生活，参与有益的活动，实现自身的价值，真正达到积极老龄化的目的。

（一）社区的重要性——老化生态模型

生活空间往往随着年龄的增长而受到限制。如果老年人不再工作，或者有限制他们在社区周围旅行的能力的身体障碍，他们更倾向于在家庭和周围的社区花更多的时间。他们与所有年龄的社区成员的社会融合创造了一种“社会内在性”，作为心理安慰的来源以及归属感，他们生活的社区对他们的情感和回忆都具有重要意义。

研究者提出老化生态模式的概念，将老年人的行为和结果视为能力（例如身体、认知和心理功能）与周围环境压力相互作用的结果（Lawton & Nahemow，1973）。环境压力包括对个人提出要求的环境特征，这些要求可以是客观的（例如，必须爬上楼梯才能进入浴室）或主观的（例如，人们对家庭成员的预期)。当提出的要求对个人的能力水平而言太高或太低时，都可能会导致负面结果。因而，个人能力和环境压力不断变化决定了老化是一个需要持续适应的过程。

健康和幸福等结果来自于人与环境的相互作用，个人不仅对环境做出反应，还会与环境互动。理想情况下，环境呈现最高可能的需求水平，而不产生负面体验。当环境呈现较低的压力时，个人也可以表现出适应行为，并具有积极的体验，即“最大舒适区”。这说明，适当的环境压力可以产生积极的结果。环境适应性假设提出个体能力与环境的影响存在逆向关系，而环境积极主动性假设提出，具有较高能力的老年人对其身边环境有更多的影响，并且能够更好地利用环境的资源来满足他们的需求。以上两个假设表明，较低的能力会被环境控制，更高的能力可以反过来控制环境。

（二） 老龄友好社区的积极意义

老龄友好社区的经验基础在多门学科中得到验证，例如公共卫生、护理、社会工作、规划、社会学、心理学等，出现越来越多关于邻里特征对健康和幸福影响的实证研究。这些学科探讨了众多社区环境对老年人的影响，例如，老年人更多地参与社会活动（拜访朋友、休闲活动等）有助于降低死亡率，这可能与通过社会参与，个人的社交需要得到满足，还能获得身体和认知刺激以及掌握感有关。参加有偿就业、志愿服务、非正式社会援助或社区俱乐部和组织的老年人的健康状况好于不参加此类活动的老年人，这可能是志愿服务对老年人的身体健康和幸福感的提升有许多好处，包括更好的自我保健、增加身体活动、提升家庭服务能力，以及降低死亡风险。

研究表明，改变自然环境也是提升老年人健康的策略。例如，更宽步行街区（即诸如宽敞人行道、车辆减速措施和容易到达目的地的特征）更有利于老年人的身体活动以及保持身体机能的更优化健康。相比之下，交通不便会降低老年人参与社区生活各方面的能力。将无障碍设施纳入社区的好处很多，包括降低老年人的健康问题的风险，如减少摔跤，进而减少医疗支出。有些社区采取无台阶入口、宽阔的门口、杠杆式水龙头和把手、无障碍开关和控件、单层式房间等措施方便老年人入住。

二、老年宜居环境与积极老龄化

在老龄化背景下，老年宜居环境旨在创造老年人参与、重视和支持的场所。老年宜居环境通过改善社会环境来营造居住环境以改善个人的身体健康，进而提升老年人的健康和幸福感。老年宜居环境的最终目的是让老年人面对心理和社会的变化，仍能获得较好的环境支持，过上充实且有意义的生活。

（一）老年宜居环境

虽然大多数老年人希望在自己的家中安享晚年，但许多老年人需要一些日常生活与活动方面的帮助。老年宜居环境就是将老年人的生活和心理健康需求考虑在内，建设适合老年人居住的环境。

到 21 世纪初，关于老年护理的设施迅速发展，出现多种老年护理模式。两种占主导地位的模式为“接待模式”和“医疗保健模式”。接待模式的设计更像是一家酒店，在那里你会很高兴去短暂度假，但不会想长期住在那里。而医疗保健模式是接待模式的对立面，因为它整合了尽可能多的“家”的特征。这两种模式是共存的，而非相互排斥的，因为所有的居民都希望住在舒适和有医疗安全保障的环境中。

（二）积极老龄化背景下的老年宜居环境

积极老龄化的“保障”方面要求在财政、人身安全和老年人权利被承认的社会环境下，当老年人出现无法自理或自保的情况时，其尊严和生活能够受到政策、家庭、社区等的保障与支持。老龄友好社区是基于“保障”的理念，社区内的建设以老年人的需求为本，环境优雅、设施完善，符合老年人需求与习惯。在社区里，老年人能够安全舒适地居住，晚年维持健康生活，并且有利于老年人充分参与社会，实现在社区里“享老”。老龄友好社区基于尊重和社会包容，借助战略和持续行动，并通过优化社区的自然环境、社会环境以及支持性的基础设施以促进积极老龄化的过程。

构建老龄友好社区有望促进老年人健康、积极老龄化和生活质量。世界卫生组织提出的有利于年龄的领域与现有的、已确立的健康和积极老龄化框架的决定因素是一致的。这些框架强调了社会和物质环境中一系列因素在人们生活中的重要性。

已有研究还支持特定的老龄友好特性及其与健康相关结果的关系。例如，健康相关的结果（如体力活动、肥胖、残疾和心理健康）与特定环境特征具有显著的相关系（Saelens & Handy，2008）。一些环境特征能够提升老年人的健康和活动水平，包括更多的绿色空间、便利设施的邻近性和密度以及污染和环境退化程度低等（Annear et al.，2014）。

目前还没有关于老龄友好型政策措施对老年人健康和生活质量的影响的证据。因为老龄友好型运动是相对较新的，实施特定项目以使社区更有利于延长健康寿命需要相当长的时间，特别是大型项目，如为老年人开发宜居住房，检测其对老年人健康寿命的影响可能需要几十年的数据才具备说服力。

三、推进建设老年宜居环境

老年宜居环境建设政策体系持续完善、政策支持力度不断加大，为高质量推进老年宜居环境建设奠定了良好基础。2012 年修订《中华人民共和国老年人权益保障法》时新增“宜居环境”专章，明确提出“国家采取措施，推进宜居环境建设，为老年人提供安全、便利和舒适的环境”。这成为当年修法的一大亮点。2016 年我国发布首个关于老年宜居环境建设的指导性文件《关于推进老年宜居环境建设的指导意见》，在全社会广泛宣传“老年宜居环境建设”理念，清晰描绘到 2025 年我国老年宜居环境建设的时间表、路线图、任务书。随后，老年宜居环境建设被纳入健康中国战略，2019 年发布的《国务院关于实施健康中国行动的意见》，明确要求实施老年健康促进行动，打造老年宜居环境，实现健康老龄化。2020 年民政部、国家发改委、国家卫健委等多部门发布《关于加快实施老年人居家适老化改造工程的指导意见》，提出采取政府补贴等方式，实施特殊困难老年人家庭式老化改造（吴玉韶，2020）。

老年宜居环境政策和行动的推进，既是国家对老年人生活环境重视的体现，也是应对人口老龄化、老年人口不断增多，社会以人为本、不断发展推进的表现。为推进老年宜居城市建设，可以从解决老年人生活环境的突出问题、促进老年人的功能发挥、形成有利于老年人的长效发展机制三方面着手。

（一）以全龄友好为目标，解决生活环境的突出问题

养老即生活，老年人与其他年龄人群的需求具有很多共性。因此，老年宜居环境建设要以全龄友好为目标，适应人们不同生命阶段的生活能力与生活居住环境需求，让所有家庭、所有家庭成员（特别是老年人与儿童）都能感受到生活上的安全、便利和舒适，让人们享有更好的家庭生活和宜居环境。

一是全面加强城市居住区的规划建设，着力打造“十五分钟生活圈”，完善配套设施建设，基于居民生命生活体验，打造更美好的社区生活居住环境，就近满足居民基本的生活需求，提供便利的公共服务，营造邻里和谐的社区氛围。

二是在通用宜居性含义的基础上关注基于差异的环境适应性。要强调生活居住环境对弥补老年人身体机能退化和社会交往能力减弱带来不便的重要性，也要考虑其他行动不便的残障人士（如视力残疾人、听力残疾人和肢体残疾人）以及其他群体（如孕妇、抱小孩的人、持重物的购物者、病人、幼童等）的需求。例如，2021 年蚌埠市正式发布既有住宅增设电梯的方案，补贴老旧小区加装电梯，便利老年人出行。

（二）以健康老龄化为目标，促进老年人的功能发挥

尊重老年人的主体性，促进老年人功能发挥程度和生活质量的提升，成为国际社会健康老龄化战略的一个关注焦点。良好的支持性环境可以让

老年人去想去的地方、做想做的事，这也正是健康中国战略的本质要求，即把人民健康摆在优先发展的战略地位。因此，要特别注意老年宜居环境建设的科学性和专业性，把促进老年人健康和功能发挥作为老年宜居环境建设的关键指标。

一是充分整合利用近年来各大高校、研究机构、企业在环境老年学方面的大量科研成果，建立共享资源库，整体提升全国老年宜居环境建设的专业化水平。

二是开发有效的评估工具与工作模块，推动建立方案设计、具体实施、评估考核、持续改进的工作方法和机制。建立跨领域跨区域交流平台，定期举办研讨会、开展教育训练、创新评选活动，增强各地老年宜居环境建设的能力。

（三）以共建共治共享为目标，形成长效发展机制

老年宜居环境建设是我国老龄工作的重大理念和实践创新成果，要把老年宜居环境理念及要求有机融入城乡规划、社会建设、公共政策等各个领域中，纳入到社会治理体系中，统筹推进，不能“头痛医头、脚痛医脚”。

一是践行老年宜居环境建设的群众路线。要进一步畅通渠道、搭建平台，广泛收集民情民意，充分尊重老年人的意见，完善意见征求机制，让群众的好建议转化为好项目、好措施。

二是搭建公私合作平台，探索多主体共建机制。老年宜居环境建设最重要的是落实到社区，形成老年宜居环境建设共同体，使政府、企业、社会组织、志愿者、老年人等都能发挥各自的积极性，多元化汇集社会力量和资本，实现共建共治共享。要通过多元主体协同发挥作用，共同打造“原居安老”的生活家园，在满足老年人需求的同时，筑牢老龄化社会应对的微观社会基础。

人口老龄化是今后较长一段时期我国的基本国情，党的十九大做出了到本世纪中叶把我国建成富强、民主、文明、和谐、美丽的社会主义现代

化强国的战略安排。我国的人口老龄化发展嵌套于社会主义现代化建设进程之中，积极应对人口老龄化需要在“老龄化”和“发展”两面作战。老年宜居环境建设一头连着民生，关乎老年人美好生活需要的满足，一头连着产业，是落实“六稳六保”、培育发展新动力的重要举措。因此，新时期高质量推进老年宜居环境建设，对于切实增进人民群众的民生福祉、积极应对人口老龄化具有战略意义（吴玉韶，2020）。

【参考文献】

［1］朱海龙. 中国养老模式的智慧化重构［J］. 社会科线，2020（4）：231-236.

［2］秦芳菊. 基于公共管理视域下我国社区居家养老服务策略分析［J］. 法制博览，2020（23）：215-216.

［3］吴玉韶. 高质量推进老年宜居环境建设［N］. 中国人口报，2020-07-27（3）.

［4］吕红平. 发展机构养老　促进老有所养［N］. 中国人口报，2020-12-14（3）.

［5］独居老人家水表 12 小时不走自动预警　网友：建议全国推广［EB/OL］.［2020-12-10］. https://www.sohu.com/a/437386997_391458.

［6］李明晖，晋雪梅. 传统养老模式问题与创新［J］. 合作经济与科技，2020（23）：190-192.

［7］荔湾是试点区！老人符合条件均可申请，价格最低每月千元［EB/OL］.［2020-09-09］. https://mp.weixin.qq.com/s/39Ufp598tKbVXc1mO4q5TQ.

［8］王瑜. 社区居家养老互助模式动作机制［J］. 国际公关，2020（8）：20-21.

［9］王浠婵，李伟. “互联网+”视角下我国城市社区医养结合养老模式构建［J］. 现代商业，2018（9）：158-159.

［10］李思怡，朱首伦，梁琪，等. 互联网+中医智慧医养结合社区养老服

务模式助力健康中国 2030 [J]. 中国民族民间医药，2020，29 (13)：108－111.

[11] 龙建军，王春宝，刘铨权，等. 基于互联网＋社区医养结合服务新模式的探索与展望 [J]. 深圳中西医结合杂志，2020，30 (22)：178－181.

[12] 李海舰，李文杰，李然. 中国未来养老模式研究：基于时间银行的拓展路径 [J]. 管理世界，2020，36 (3)：76－90.

[13] VALEK L. The time bank implementation and governance: is PRINCE 2 suitable? [J]. Procedia Technology, 2014 (16) 950－956.

[14] TUCNIK P, VALEK L, BLECHA P, et al. Use of time banking as a non-monetary component in agent-based computational economics models [J]. WSEAS Transactions on Business and Economics, 2016 (13): 229－237.

[15] 龚宏川，肖雅，杨娇. 积极老龄化视野下时间银行社区养老模式探析 [J]. 法制与社会，2020 (35)：115－116.

[16] AARP Public Policy Institute. Beyond 50.05: a report to the nation on livable communities: creating environments for successful aging [M]. Washington, DC: Author, 2005.

[17] LAWTON M P, NAHEMOW L. Ecology of the aging process [M] // EISDORFER C, LAWTON M P. The psychology of adult development and aging. Washington, DC: American Psychological Association, 1973.

[18] SAELENS B E, HANDY S L. Built environment correlates of walking: a review [J]. Med Sci Sports Exerc, 2008, 40: 550－566.

[19] ANNEAR M, KEELING S, WILKINSON T, et al. Environmental influences on healthy and active ageing: a systematic review [J]. Ageing and Society, 2014, 34: 590－622.

第七章
生命哲学

每个人都会面对他人或自己的死亡，而理解死亡需把握其本质特征和过程，才能思考与领会生命的意义。本章首先将探讨生命的意义和目的，处于不同时期个体对于生命的认知和态度。然后，介绍直面死亡与生命的本质，探讨死亡焦虑的来源和正确应对丧亲之痛的方法，以死亡五阶段理论帮助老年人认识生命的过程和心理因素对生命发展的影响。最后，探讨积极的老年生命观，包括生命主体平等观、发展权利尊重观和生命教育多元观，帮助老年人直面老年期。

第一节　关于生命的思考

“我是谁？我从哪里来？我要到哪里去？”古希腊思想家、哲学家柏拉图提出“哲学终极三问”，它们代表着人类对自我命运的终极思考。在许多人眼里，人类的繁衍生息是再自然不过、习以为常的现象。然而，谁也不能否认，我们的生命是如此的伟大和神奇，在我们还是小孩子的时候，时常会好奇自己是从哪里来的。关于人类生命现象的深度思考，有一门专门研究它的学问，即生命哲学。在历史上，古今中外都有先圣哲人，对人类生命进行过深入思考。

古希腊有一个名为《斯芬克斯之谜》的神话故事，它讲述了庇比斯城的人民得罪了天神后发生的故事。天神震怒，在庇比斯城降下一个名叫斯芬克斯的女妖，她背上长着翅膀，上半身是美女，下半身却是狮身。女妖向庇比斯城的过路人提出一个谜语：在一切生物中，这是唯一在不同时期用不同数目的脚走路的生物。早晨用四只脚走路，中午两只脚走路，晚间三只脚走路。脚最多的时候，正是速度和力量最弱小的时候。那些猜不出谜语又要出入城门的人都要被她吃掉。

对于这个奥妙的谜语，没有一个过路人能猜中，于是他们全被斯芬克斯吃掉了。庇比斯城的人民陷入一片恐惧之中，因为他们随时都有被女妖吃掉的可能。于是他们起誓：谁破了这个谜语，谁就是庇比斯城的国王。此时，科仁托斯国王波里玻斯的养子俄狄浦斯，听太阳神阿波罗说，他将会有大难临头，他不敢回家，逃往庇比斯城避难。庇比斯人告诉他，斯芬克斯是一个如何残忍、吃人不眨眼的妖魔。聪明勇敢的俄狄浦斯来到女妖面前，他回答："是人。在生命的早晨，他是个孩子，用两条腿和两只手爬行；到了生命的中午，他变成壮年，只用两条腿走路；到了生命的傍晚，他年老体衰，必须借助拐杖走路，所以是三只脚走路。"俄狄浦斯答对了。斯芬克斯羞愧坠崖而死。

"斯芬克斯之谜"现在常被用来比喻复杂、神秘、难以理解的问题。其实，它恰恰就是人类之谜、人的生命之谜。你是谁？你真的了解自己吗？人生旅途路漫漫，人到老年已经走过了生命的大半程，领略过美景、经历过风雨，在这个睿智的年纪，最适合重新思考生活、探索自我、感悟人生，从而凝练出自己乐享幸福晚年的生活智慧，以及坦然面对死亡的生死智慧。

一、在生命与死亡之间寻找意义和目的

列夫·托尔斯泰的作品《伊凡·伊里奇之死》的主角死于绝症，他所受的精神折磨远超肉体所受的痛苦。他反复地问自己生命有什么意义，最终他相信自己的死也是无足轻重的。然而，弥留之际他经历了"神圣"的启示——对妻儿的关怀与担忧，这样使他在临终一刻获得了完满感，让他

克服了对死亡的恐惧。托尔斯泰在文学作品中描述的情景表达的意义是：生命目的性最强的人，对死亡的恐惧最小。

与此相应，面对死亡的现实会让生命的意义更加明确：对死亡的否认是导致人们活得空虚且缺乏目标的原因之一。因为我们若能长命百岁，相信很多人会把当前必须做的事情延期；相反，当我们完全理解到每一个醒着的日子都可能是最后的时光，那么我们会珍惜这些时间并不断地促进自我成长，过上属于自己的生活。

生命回顾可以帮助人们重新审视生命中的重要事件，激发人们通过重建破损的关系或完成未竟的事业来获得圆满感，例如分享家庭相册带来的回忆是生命回顾的一种重要方式。

生命回顾可以发生在任何时候，然而老年期的生命回顾可以促进自我整合，对老年人具有特殊的意义。根据埃里克森的理论，生命回顾是生命最后一个阶段的核心任务。随着生命终点的临近，人们会回顾自己的成功与失败，思考自己生命的意义。临终意识促进了人们重新解释自己的价值观，回顾一生的经历并在新的希望中生活。一些人想要完成未尽的任务，例如与久不来往的家人或朋友重建关系，并因此获得临终前的完满。

并非所有的记忆对心理健康及成长都有益，通过追忆来理解自我的老年人拥有极佳的自我整合；但只追忆快乐经历的人，其自我整合较差。适应不良的老年人往往表现为不断回忆消极事件，被后悔、绝望及死亡恐惧所困扰，他们的自我整合被绝望所取代。

生命回顾疗法可以帮助老年人专注于生命回顾的自然过程，让他们有意识、有目的并且有效地进行生命回顾。在生命回顾疗法中唤回记忆的方法，包括撰写或录制自传，制作家谱，讲述剪贴本、相册、旧信件或其他纪念物背后的故事，到童年和少年时期的故地旅游，与以前的同学、同事或远房亲戚聚会，讲述家庭传统，总结一生的工作成果。

二、不同时期对生命的认知和态度

不同年龄段的个体对死亡的理解不同。人们对死亡的态度反映了他们的人格和经历，以及他们认为自己与死亡的距离，同时发展阶段的差异也是十分巨大的。正如同样是死亡，对患有严重关节炎的85岁老人，对正处于辉煌的事业高峰却患上乳腺癌的56岁女性，以及对死于药物滥用的15岁青少年来说有着不同的意义。在个体一生的发展中，对死亡态度的改变，取决于个体的认知发展以及死亡阶段的典型事件。

（一）童年期和青少年期

根据早期皮亚杰学派的研究，5～10岁的儿童开始认识到死亡的不可逆性及死去的人或动植物是不能复活的（见表7－1）。在差不多同一个阶段，儿童也意识到有关死亡的另外两个重要概念：第一，死亡的普遍性，所有的生物都会死亡，以及随之而来的不可避免性；第二，死去的人是去功能化的，在死去以后所有的生命功能都会终结。在这个阶段以前儿童会认为某些人如教师、父母、同伴是可以不死的，或者如果人足够聪明或幸运的话能够避免死亡，或他们自己能够长命百岁，他们甚至会认为死去的人仍有思维和感觉。

表7－1　不同年龄段对死亡的表述与理解

关于死亡的典型表述	对死亡的发展性理解
1～3岁 “我死后要多久才会重新活过来?” “爸爸，如果我死了，你还会挠我痒痒吗?”	这阶段死亡通常被视为生命的延续，生与死通常被看成是相互变换的状态，如同睡醒睡着一样，对过去与将来的偶然事件，对生与死之间的认知有限
3～5岁 “肯定是因为我是个坏孩子，所以我必须去死。” “我希望天堂的食物合我的胃口。”	这阶段的儿童把死亡看成是永远的不可逆转，而且非普遍发生的（只有老人才会死）。由于思维上的自我中心，他们经常会认为自己用某种方式引起了死亡，或者把死亡看成是对自己的惩罚，死亡像是一种能够俘获别人，能够人格化的外在力量（像鬼怪一样）

续上表

关于死亡的典型表述	对死亡的发展性理解
5～10 岁 “我会怎样死去?” “死亡可怕吗? 会疼吗?”	这阶段儿童开始理解死亡的真实性和永久性，死亡意味着心跳停止、血液不再流动、呼吸停止，这可能被看成是一种暴力的后果，儿童可能无法接受死亡会发生在自己或亲人身上，不过他们会意识到他认识的人在某一天会死去
10～13 岁 “我害怕，如果我死了，妈妈会受不了；我害怕如果我死了，我会想念我的家或者忘记什么事情。”	这阶段儿童开始懂得死亡是真实的、终结性的、普遍性的，死亡会发生在自己和家人身上。儿童会对疾病和死亡的生理细节，对葬礼的安排感兴趣。他们会把死亡看作对不当行为的惩罚，会担心如果父母死去谁来照顾他们，他们需要确定自己会一直被爱与被照顾
14～18 岁 “这不公平，我无法相信，癌症让我变得这么难看!”“我只想一个人待着。”“我不信我会死去，我做错了什么?”	这阶段个体对死亡的认知更加成熟，更接近成人的理解，死亡被看成是可以对抗的敌人，因此死亡可能被青少年看作一种失败，一种放弃

（二） 成年以后

成年以后，特别是进入中年后，许多人会比以往更强烈地意识到他们正在走向死亡。身体传递信号让个体感知到自身不再像以往那般年轻灵活和激情四射，个体开始深刻思考剩下的日子如何度过的问题。通常中老年人会意识到他们已是在世的亲人中最接近死亡的一代，特别是父母都去世以后，中老年人除了在情感上逐渐为死亡做准备，也会有许多实际的方式，如订立遗嘱、计划自己的葬礼，以及和家人朋友谈论他们的愿望。

老年人对死亡可能会有更加复杂的情感，因为老化所带来的生理功能的丧失和诸多问题，都会削弱他们的生活乐趣和生存意愿。70 岁以上的高龄老年人，他们会放弃仍未达到的愿望，另外一些老年人在剩余的时间里艰难地做自己力所能及的事情，也有许多老年人尝试通过健康的生活方式来达到延年益寿或与病魔做斗争的目的。

当想到面临即将到来的死亡，一些老年人会感到害怕。另外一些特别是虔诚的宗教教徒，当问起他们想象中的死亡时，他们把它比作睡眠般轻松并转移到轻松而无痛苦的下一辈子的生活中。他们并不谈及死亡过程本身以及死亡过程中各种功能的下降，对于他们来说，这种方式能减轻他们对死亡的恐惧。

三、生命哲学的观点

不同生命哲学家之间尽管对生命的认知存在许多不同之处，但是他们有一些公认的观点，概括起来大致有以下 5 个观点。

第一，生命不被看作实体，而是把生命看作是一种活力。这种活力来自精神层面，因此，人的生命是从精神面、文化面去考察的。生命哲学用生命的发生、演变来解释世界、文化、历史。例如，古代人留下的古籍、文献、民俗等，那就是他们的生命，既是文化，也写就了历史。故而，生命是世界的内在本质和最终根源。

第二，生命作为一种活力，可以从不同侧面进行解读，例如意志、冲动、渴望、期待、体验等。不同的生命哲学家，选择了不同的侧面来构建自己的哲学理论，从而使生命哲学拥有丰富的内涵，各种生命哲学的学说精彩纷呈。

第三，生命哲学，在认识论上，认为直觉高于理性，或者说，直觉高于分析；在心理学上，认为情意高于认知。它认为直觉可以获得理性之外的体验，同时，直觉又超越了一般感性。所以，只能用生命去理解生命。体验和直觉，是生命的基本存在形式。生命只能通过内心体验和直觉去把握，人类通过自己的体验和直觉去把握自己。

第四，体验是人意识到自己存在的基本方法，体验也是对他人的存在加以理解的基础。由此，生命之间才得以联络和沟通，对生命的研究才成为可能。

第五，生命是自身运动、生成、发展的过程。生命是生命流、意识流。故此，生命哲学认为存在先于本质，现象先于本质。人通过自己的活动过程而获得自己、获得本质。可见，这也是把生命视为活力的观念的延伸。

第二节　直面死亡

我们生活在一种拒绝承认死亡的文化中，成年人往往不愿意和儿童、青少年讨论死亡。另外，五花八门的忌讳表达方式，如“离开了”“走了”“没了”等等，使人们避开了对死亡的坦率承认。从以上禁忌表达可以看出，我们的文化并不允许大家公开地讨论死亡，我们更是缺乏死亡教育。本节介绍我们应该如何讨论死亡、如何面对死亡焦虑以及当丧亲事件发生时我们应当如何应对。

一、如何讨论死亡

对青少年的死亡教育中，父母经常担心和孩子坦率地谈论死亡会加剧他们的恐惧。其实，对死亡的各方面有较好了解的儿童更容易接受死亡的事实。对儿童和青少年讨论死亡问题时需注意以下 5 个方面。

（1）引导。应注意讨论死亡时的非言语行为，谈起这一话题时要表示同情，特别是在死亡事件发生后。

（2）理解式地倾听。关注儿童、青少年话语中隐含的感受。如果成年人表面在听，其实心不在焉，他们能很快意识到这一冷漠的信号，进而失去信心。

（3）了解其感受。把儿童或青少年的情感看作是真实且重要的，不要马上做判断。解释你觉察到的情感，例如，“我知道你对此很困惑，让我们再谈谈。”

（4）坦诚地提供真实且符合文化方式的信息。对于还没有真实理解死亡的永久性、必然性和终止性的儿童，要做出简单、直接和正确的解释。不要说误导性的话，如“爷爷到很远的地方去旅游了”。

（5）一起解决问题。遇到难以解答的问题，如“你死后灵魂会去哪里”的问题，要用年轻人的方式传递信息。用诚实的方式显示出一起寻找并评价解决办法的意愿。

在老年期，由于死亡越来越接近，人们对死亡的思考和谈论越来越多。身体变化，患病和能力丧失的比率升高，失去亲人和朋友，这些死亡临近的信号日益增强。相比于中年人，老年人会花更多时间思索死亡的过程和临终时的情形，而不是死亡的状态。临近死亡似乎使他们更现实地关注死亡可能会发生什么，以及在什么时候发生。

家人的支持会影响临终适应。觉得自己还有很多事情没做完的老年人，对死亡的来临会感到更加焦虑。家人向老年人承诺可以接着做他们未做完的事情，这些家人间的联系会减轻他们想延长生命的紧迫感。

与临终者的有效沟通，满足真诚、相互信任的同时还需留有希望。许多临终老人所保留的希望都要经过这样几步：起初，希望能治愈疾病；然后，希望能延长生命；最后，希望尽可能少受罪，平静地死去。当患病的老人在临终前不再表达希望时，周围的人可以采用以下的一些建议（见表7－2）。

表7－2　与临终者沟通

建议	描述
1. 如实告知诊断结果和病情进展	对病情如何发展要如实告知，使临终病人能够通过表达伤感和希望，并参与治疗决策，走向生命的终结
2. 充满理解地倾听，理解其情感	真诚地陪伴在病人身边，集中所有注意力倾听临终者所说的话，接纳他们的情感。老人知道有人在身边关心他，在身体和情感上会更放松，说自己想说的话

续上表

建议	描述
3. 保留现实的希望	通过鼓励临终者关注一个可能实现的现实目标，给他保留希望。例如，与曾经有过节的人修复人际关系，或是和一个所爱的人共度一段特殊时光。知道临终者的希望，家人和医护人员共同帮助他们实现
4. 在最后过渡期的帮助	让临终者放心他不是孤单一人，给以同情和安慰、关心的话语和平静的陪伴

二、死亡焦虑——恐惧管理理论

老年人面临老化所带来的功能下降或丧失，逐渐产生对死亡的焦虑。死亡焦虑是由自身不复存在的预期所激发的，贯穿于日常生活的消极情绪反应。北美护理诊断协会将死亡焦虑定义为个体因与死亡或临终事件相关，而感到不安、忧虑或害怕。研究证据显示，低水平的死亡焦虑在老年人中普遍存在（Hui & Coleman，2013）。老年人对于死亡的焦虑，虽然没有明显的生理反应，但其潜移默化地影响老年人的生活质量，如带来更多的身心健康问题，降低生活满意度（Taghiabadi，et al.，2017）。因此，如何减少老年人的死亡焦虑是实现积极老龄化的重要挑战。

（一）死亡焦虑

死亡焦虑对个体的影响，存在两种观点：

第一种“健康”死亡观的支持者认为，对死亡恐惧并非天生而来，得到母亲良好照顾的孩子会发展出安全感，不会受到失去支持、死亡等病态恐惧的影响。而死亡焦虑是对生命中未完成的事的表现，个体由于缺乏生活满意度而形成死亡焦虑。

第二种“病态”死亡观的支持者认为，死亡跟随着每个人，尽管早期经历可能会加剧死亡焦虑和恐惧，但是恐惧自生命开始而存在。以上两种观点更多讨论死亡焦虑是天生还是后天形成，但死亡对所有人来说都是不可避免的，每个人都会思考死亡，都会在个体意识和潜意识中形成死亡焦虑，而对死亡的理解和认识不清就会被预期死亡带来的焦虑和恐惧所压倒。

在婴儿期，个体与亲密照料者会有分离焦虑，表现为亲密照料者离开后发脾气、哭闹等，实际上，分离焦虑和死亡恐惧有许多共同的影响。这两种反应都有相同的内在影响，即害怕与他人切断联系，感到孤独，害怕与他人隔绝。但这两种反应又有不同，死亡焦虑是深刻的恐惧，是由于恐惧自我的完全丧失而产生的，死亡焦虑超越了分离焦虑。对于个体而言，对于死亡之后的事情是不可知的，未知的东西是最可怕的，黑暗里充满了未知，所以与其说黑暗可怕，不如说是未知使人恐惧。死亡和黑洞一样，永远隐藏在黑暗中，吞噬着生命，这种对未知的恐惧使人产生无力感。

（二）恐惧管理理论

人们用恐惧管理理论来解释自尊和文化世界观的心理功能。该理论认为人们持有这样的信念：我们必须为这个世界做出一些贡献，这些贡献能够减轻我们由于意识到自己终将死去而带来的潜在恐惧。文化给人们提供了一个有意义的世界观和自尊的基础，它能应付这一恐惧管理的职能。

人类行为的核心思想是所有人类行为，都是对人类生来就要面对的两难处境所做出的反应，即对生的欲望和死的必然这一对矛盾的反应。人类和所有的动物一样，都有自我保护的直觉。但对于死亡的意识，是人类所独有的。

死亡的必然性和不确定性给人类带来了生存的恐惧，引发人类去战胜这种恐惧——人类必须相信，当生物的身躯停止了运转之后，一些价值观、文学作品、艺术作品、象征性的事物等将会继续延伸，传播下去，得以永存。

孩童时代，可以通过父母或主要看护者所给予的关爱、赞同和保护来缓解面临的恐惧。当个体意识到父母终有一天会离开这个世界时，个体需要寻找比父母更强大的事物——自尊和早期的文化世界观，为孩子提供了强大的保护。也就是说，对于个体早期而言，自尊和文化世界观是在父母和知识传授者的认可下形成的，个体可以通过保护早期文化世界观而免于深陷死亡焦虑和死亡恐惧。

对于成人而言，早期形成的死亡焦虑与恐惧渐渐浮现，即使他们的价值观符合文化世界观的标准并且持续地实现自我价值，他们仍然会意识到死亡的不可避免性，并产生焦虑感，成人无法避免对死亡的焦虑与恐惧。因此随着个体社会化过程中经历与经验的积累，面对死亡必然性所产生的“死亡焦虑”成为成人世界常规的、必然的日常经历。同时，个体对死亡不确定性的经验给个体带来了更深刻的恐惧和焦虑。这种不确定的、具体的、有关死亡的经历属于非常规的和偶然的突发经历，它给我们的生存带来了威胁与恐惧。

1．恐惧管理理论基本观点

文化的焦虑缓冲包括两部分：第一，相信所持有的文化世界观的正确性，从这一途径人们可以获得意义感，因为文化世界观是对现实世界的抽象反映，只有“正确的”文化世界观才能赋予我们存在的意义；第二，相信自己所遵守的价值和价值标准是文化世界观的一部分，相信自己能够面对或是超越所遵守的价值和价值标准。从这个途径人们可以获得价值感，因为对这种已经内化了的价值标准遵守程度的评价反映了个体价值和价值标准体系的关系。

2．焦虑缓解器假设和死亡突显性假设

焦虑缓解器假设提出，自尊是一种“焦虑缓冲器”，自尊的强大会使个体较少受到焦虑的影响，并不易产生与焦虑有关的行为；而自尊的减弱会使个体更多地受到焦虑的影响，更易产生与焦虑有关的行为。死亡突显性假设认为，个体焦虑的根本来源——不可避免的死亡唤醒，会导致个体文化世界观信念需要的增长，个体会对支持其文化世界观的事物做出更多积极反应，而对与其文化世界观不一致的事物做出消极反应。

三、丧亲之痛

在整个生命过程中，丧失是生活必不可少的一部分。哪怕事情向着好的方向变化，我们也必须离开一些东西，获得另一些东西。随着年龄增长，老年人不可避免地面对身边亲人、朋友的逝去，但是经历丧失的痛苦后，老年人需要尽快走出悲伤，直面由于亲人去世引起的生活变化。

（一）丧亲

丧亲是所爱的亲人去世的经历。“丧”的词根意思是“被夺去”，表示不公平地、伤害性地窃取有价值的东西。与这一概念相一致，我们对丧亲的反应是哀痛，强烈的身体上和心理上的痛苦。

哀痛是可控的，各种文化用不同方式帮助人们走出悲伤。哀悼是处于哀痛中的人们以符合本文化的特定形式表达他们的思想和情感的形式。家人、朋友聚在一起，穿黑衣服，参加葬礼，按特定形式举行哀悼仪式。哀悼的形式在不同社会和文化群体中差别很大，但是所有的哀悼都有一个共同点，就是帮助人们缓解悲伤，懂得安排以后的生活。

（二）哀痛阶段

丧亲者都要经历哀痛的三个时期，每一个时期都有一套特殊的反应方式。但是在现实中，人们在行为和时间上往往千差万别，在哀痛期的心情像坐过山车，时起时落，但随着时间流逝慢慢得到解决。在哀痛的过程中要完成一些任务，这些任务是一件必然会做的事情，以便得到恢复，并回到充实的生活中来：接受丧失的现实，面对哀痛带来的痛苦，适应失去亲人的世界，形成与死者的内心情感联系，并开始新的生活。根据这一观点，人们可能采取一些积极步骤（心理上感到舒服的步骤）来战胜哀痛，这是克服丧亲哀痛的有效治疗手段。

1. 回避

刚刚听到亲人离开的消息时，人先感到震惊，然后感到不可信。这麻木感可能会持续几个小时，甚至几周。人开始了哀痛的第一个过程：痛苦地意识到亲人逝世了，他们再也不会出现在自己面前，再也不会和自己说话了。

2. 面对

在面对死亡现实时，哀痛是最强烈的。人们会体验到倾泻而下的情绪反应，包括焦虑、悲伤、抗拒、愤怒、无助、挫折、被遗弃以及对亲人的怀念，常见的反应还有死亡场景反复萦绕于心，追问当时如何才能延缓亲人的离去，或者如何更快地接受亲人离去的事实，减短悲痛时间。另外，悲痛欲绝的人们可能会精神恍惚，不能集中注意力，无法全神贯注地追思死者，出现失眠、茶饭不思，甚至会出现自残行为，如吸毒或高速驾车。这些反应大多属于抑郁的症状，而抑郁是哀痛的一个恒定成分。

面对丧亲是最艰难的，重聚的愿望破灭，内心的剧痛来袭，会让哀悼者走向第二个过程，向着接受亲人离去的现实前走一步，再经历成百上千次这样的痛苦时刻后，哀痛者终于明白过来，必须把真爱的关系从真实存在转化为内心的表象，致使哀痛者就转入第三个过程：适应亲人离去后的世界。

3. 恢复

对失去亲人的适应，不仅是内心情感的任务，丧亲者还必须应对亲人去世的次生后果的压力，这就是战胜孤独。这需要拥有亲近其他人，掌握一些能够短暂分散注意力的技能，如理财和烹调，重新适应亲人不在的生活，把个人身份从配偶转换为丧偶者，或者从父母身份转化为失独者。

应对丧失的二元过程模型提出，有效的应对要求人们在处理丧失的悲痛情感与接受生活变化之间摆动，如果能处理好，这种摆动就会产生恢复效果或愈合效果。反复地“摆动”能够将哀痛暂时分散与缓解，许多研究证实，丧失的哀痛得不到有效缓解，对身心健康有严重的负面作用。

在哀痛之后，情感能量逐渐转换到第四个过程上：与死者形成象征性的情感联系并重新面对生活。这就要做好每天该做的事，投入新生活，加强确定性目标，巩固已有关系，建立新关系。在某些特定的日子如家庭聚会或周年纪念日，哀痛会再次出现并受到关注，但是它不会干扰对生活的健康积极态度。

（三）个人因素与情境因素

哀痛与临终一样，受到很多因素的影响，包括人格、应对方式、社会文化背景、性别差异等。正如我们所观察到的，和女性相比，男性较少直接表达痛苦和抑郁，也不会展示脆弱的一面以寻求社会认可，因为我们的文化中，柔弱并非男性该有的特征。这些因素可能使得男性的死亡率高于女性。另外，哀悼者与死者关系的质量也很重要，相爱的圆满关系突然结束，可能导致极度的哀痛，但这不会留下内疚和悔恨；而一段充满矛盾冲突的关系的结束，则会留下遗憾、内疚等感受。因为在我们可以选择以更好的方式处理这些关系，而不是等到一方去世才使这一关系结束。

死亡的具体情境也会影响人们的反应，例如突发意外的死亡，还是在长期患病之后离去，所失去的关系的性质与死亡发生在人生经历中的哪一时间点，都会造成应对这一事件的反应有差异。

1. 突发意外的死亡与漫长预料中的死亡

突发意外的死亡，经常由谋杀、自杀、战争、事故或自然灾害引起，这类死亡由于令人极度震惊和难以置信，因而造成的创伤尤其明显。研究发现，人们提到最多的创伤是亲人的突然意外死亡引发的强烈而身心俱疲的应急反应。相比较之下，在漫长的临终过程中，人们有时间去应对预料中的哀痛，知道丧失不可避免，并且在情感上做好了准备。

如果个体清楚亲人的死亡原因，一般可以逐渐地接受这一事实；如果个体对亲人的离开没有合理的解释，人们经常会感到焦虑和困惑，这种面对丧失的障碍在婴儿猝死综合征中尤其突出，因为医生不能明确地告知父母他们原本健康的孩子为何会突然死去。意外的死亡会威胁到人们对公平、可控的世界的基本假定，甚至担心这种变故随时可能发生在自己身上。

自杀，特别是青年人的自杀最令人难以承受。和突发死亡相比，为自杀者哀痛的亲人和朋友更可能会觉得是自己不理解他而促进了自杀的发生，或自己应该阻止这件事的发生，这种自责会引发深深的内疚和惭愧。

2. 父母失去孩子的哀痛

子女死亡无论是意外的还是预料中的，都是作为父母最难以面对的丧失，这会带来特殊的哀伤，带来父母的不道德感。因为子女是父母感情的延伸，是希望和梦想的核心，而且子女对父母充满感激和依赖、崇敬和赞赏，子女是父母永远所爱的对象。同时，从生命发展周期看，子女的死是有悖常理的，子女不应该死在父母之前，这使得子女的突然离开对于父母而言具有双重打击。

丧失子女的父母会常常思念死者，往往在多年后还会感到强烈的痛苦。父母会因为自己比孩子长寿而引发“内疚”，这种心理逐年积累转变为巨大的负担，即便父母知道这样会伤害自己，但他们难以从内疚情绪中走出来。例如，女儿因癌症而死，尽管父亲知道女儿的癌症不是遗传，但他仍对治疗师说：“我的基因让她得了癌症，是我给了她基因，是我害死了我的女儿。”

子女的死亡有时会导致婚姻破裂，但这可能只是因为夫妻关系原来已经不和。对于失去子女的冲击，失去孩子的父母可以通过更好地对待其他子女来减轻，并主动对夫妻关系进行调整，重新建立生活意义感，就能坚定为家庭做贡献的决心，促进个人成长以缓解哀痛。

3. 儿童青少年丧失父母或兄弟姐妹

失去一个依恋的人会给儿童带来长期的不良后果。如果父亲或母亲去世，儿童的基本安全感和被照顾感受到威胁；如果有兄弟姐妹死亡，不仅会剥夺儿童的亲密情感联系，而且这一死亡事件会让他们初次意识到自己的脆弱性。

丧失亲人的儿童常在之后的几个月到几年时间里哭泣，在学校不能集中注意力，失眠头痛，还有其他一些躯体综合征。很多儿童说，他们一直努力和死去的父母或兄弟姐妹保持心灵上的联系，经常梦见他们，和他们说话。这实际上是儿童没有处理好丧失与现实的关系，需要亲人加以引导。

4. 成年人失去亲密伴侣的哀痛

配偶去世后对丧偶期的适应，因年龄、社会知识和个性的不同而差异巨大。在西方，多数丧偶的老人在经历一段强烈的哀痛期后会良好地适应，而年轻人却表现出较负面的结果。在成年早期或中年期失去配偶或伴侣是非同寻常的，可能打乱人生的规划。老年鳏寡者有很多经历相似的同辈人，而且他们大多已经实现了重要的生活目标，并已经接受有些目标不能实现的现实。

中青年丧偶者则不同，除了解决丧失后的情感问题，他们往往要承担安慰别人（尤其是子女）的角色，他们还要面对单独抚养子女以及由夫妻共同建立的社交网络的突然缩小带来的压力。

5. 丧亲超载

如果一个人连续遭遇几个亲人或好友死亡，就可能发生丧亲超载，即使适应良好的人，多次的丧失会耗尽应对资源，使他们情绪崩溃，无法排解哀痛。

由于老年期经常面临配偶、兄弟姐妹和朋友的相继去世，老年人也有丧失超载的危机，但是相比于年轻人，老年人能做出更好的调整来应对这些丧失。老年人会预料到老年期的衰老和死亡，而且他们也能从一生积累的经验中获得有效的应对策略。

（四）丧亲干预

丧亲干预鼓励人们用原有的社交网络同时提供更多的社会支持。有些自助小组把伤心经历相同的人们聚到一起，对减轻压力非常有效，小组成员互相帮助解决问题，学习日常生活技能。通过小组成员的互助，参加项目的成员很顺利地团结起来，在日常生活管理方面增强了自我效能感。

突发的、暴力的和意外的失去孩子，哀悼者觉得自己可以阻止的死亡，和死者有着矛盾情感或依赖关系，这些都使丧亲者更难战胜丧失。在这样的情况下，有经过专门培训的专业人员进行哀痛治疗或个别咨询可能会有帮助。对丧亲的成人来说，有效的方法是帮助他们从哀痛体验中发现一些有价值的东西，例如反思与死者关系的意义，发现自己应对灾难的能力，使他们的生活目标更加明确，等等（见表7－3）。

表7－3　失去亲人后如何度过哀痛期

建议	具体做法
允许自己有丧失感	直面亲人的死亡所带来的哀痛，接受亲人死亡的现实，做有意义的决定来战胜哀痛，并意识到这需要一定时间
接受社会支持	在哀痛的早期让别人来帮助，如做饭、办事、给予陪伴等，要坚决一些，告诉别人需要什么，要让帮助的人知道该做些什么
对哀痛过程抱现实主义态度	预料到会有一些消极强烈的反应，比如痛苦、悲伤、愤怒，可能会持续几周或几个月，还可能在几年后偶尔浮上心头。哀痛的发生没有唯一的方式，所以要寻找对自身来说最好的方式
怀念死者	回顾和死者的关系及经历，认识到再也不能像以前那样和他在一起了，在怀念的基础上建立新的关系，用照片、纪念日或其他象征物或行为，使这一关系永存
在做好心理准备的时候，投入新的活动，建立新关系，掌握新的生活技能	决定自己必须放弃哪些角色，并认为这是由死亡导致的，认真采取步骤，把这些纳入新的生活。先确立较小的目标，例如，网上看电影、约朋友吃晚饭、报烹饪班或家政班，或给自己放一周的假

四、死亡五阶段理论

中国自古避讳谈论死亡，然而，避而不谈并不是一种明智的做法。因为，只有了解疾病、参悟生死，我们才能够更加珍惜生命，更加热爱生活，快乐过好每一天。什么是死亡？死神长什么样？当死亡来临时，我们应该怎么办？

知名生死学大师伊丽莎白·库伯勒·罗斯医生，在对数百名临终患者进行访谈和研究的基础上，提出了著名的面对死亡或丧失的心理五阶段历程：震惊与否定期（Shock and Denial）、愤怒期（Anger）、讨价还价期（Bargaining）、抑郁期（Depression）、接受期（Acceptance）。这是在面对死亡的过程中，个人和家属常常出现的心理反应。

阶段一：震惊与否定期。当一听到自己或家人被诊断罹患绝症，或者发生重大意外，通常第一个反应就是震惊，时间似乎瞬间凝结，这时最直接的想法便是否认。“不可能的！这个医生的诊断有问题吧！”“不会吧！我哪有那么倒霉?”对处于这个阶段的人，我们需要理解他，不需要质问或强迫他接受面对死亡的事实，可以允许他以自己的方式面对问题，再慢慢引导他了解客观状况。

阶段二：愤怒期。当意识到死亡和丧失是确切的事实，无法改变之后，人们会愤怒、不解、怨恨，质问老天：为什么是自己！这样不好的事情为何发生在自己身上？愤怒是因为感觉不公平，找不到人来负责，满腔的愤怒又需要发泄；情绪不稳定，暴躁、容易发火，满身带刺。此时身边人需要多包容，多支持陪伴，鼓励其宣泄情绪。此时若使用劝诫的方式，他们一般听不进去，反而可能导致更大的情绪反弹。

阶段三：讨价还价期。也称妥协期，此时患者虽然已经接受患病的事实，但还是期望用各种方式改变诊断结果。“我不相信，这个医生可能诊断错了，我再去大医院看看，重新诊断。”“如果我多做点好事，去吃素、念佛或运动，疾病是不是就可以痊愈?”除了尽力配合治疗外，也会积极寻求各种可能的治疗方式。若这些方法都行不通，患者发现自己的身体状态还是持续败坏，这时可能会进入下一个心理阶段。

阶段四：抑郁期。在这个阶段患者感到绝望、失落、心情低落，对人生失去希望，也会出现一些身体症状，如食欲不振、失眠、疲累，对于日常生活任何事物也提不起兴趣，进入内向自闭的心理状态。

阶段五：接受期。经历了前几个阶段的心理斗争，这个阶段的人不再做无谓的挣扎，可以真正地接受面对死亡的事实，学习放下，心理上达到一种平静，并且可以探索生命中的意义。有些人能够善用最后的时光，跟自己的家人达到更亲密的关系，甚至实现自己毕生的梦想。

值得注意的是，以上五个阶段，不是每个面临死亡的人都必须经历。比如，有人到生命最后一刻也无法平静接受死亡；也有可能不是线性发展的，从否认直接过渡到讨价还价，等等。“人生自古谁无死？”死亡，是我们谁都回避不了的话题。人们在面对死亡时，或多或少都会存在焦虑和恐惧。这大概是因为死亡代表一种不可逆的未知经验，而对于未知的事物，人们总是本能地产生焦虑或恐惧。

生命具有四重内涵：生理性实体生命、血缘性亲缘生命、人际性社会生命和超越性精神生命。死亡，只是生理性实体生命的消亡，而血缘性亲缘生命、人际性社会生命和超越性精神生命则在一定程度上依然延续，生生不息。正因为生命有所限制，所以珍惜存在的当下，变得很重要。当生命走到尽头，请学会放下，不再执着于人世间的爱恨情仇，让自己超越身体的限制，到达另一个精神领域，开启生命的另一段旅程。

第三节　生命的本质

青少年的我们就像夏天的树叶茂盛葱郁。雨天，我们被大雨冲刷着；晴天，我们被太阳暴晒着。慢慢地，我们明白了，人生中风雨是常见的，我们应该对生活充满希望。

中年的我们就像秋天的树叶，是最漂亮的时候，也是最有价值的时候，从初秋的墨绿到深秋的金黄，是我们成熟的重要阶段，这个阶段能够展示出我们生命中最辉煌、最有意义的时刻，我们成熟了，我们看透了生活。

老年的我们就像快要落掉的树叶，经过婆娑岁月的风吹日晒，我们已经没有新树叶的嫩绿，一片一片挂在树上，依旧经历着风雨，晒着太阳，只不过对待风雨我们都习以为常了，我们静静地等待风的来临，等待着生命结束时与大地的亲密拥抱。

人类的生命看似短暂，却是宇宙间最美妙的奇迹。它蕴藏着几十亿年生命演化的成果，饱含着生命发展的无数艰险。正如莎士比亚在《哈姆雷特》中写道："人是宇宙的精华，万物的灵长！"它歌颂的，便是人类区别于其他物种的智慧和理性价值。一般认为，自然生命、社会生命和精神生命，是一个完整的生命应该具有的三种基本属性。

任何一个人的生命，除了自身生理性的实体生命——即我们经常说的肉体生命以外，每个人的生命还承载着三个非常重要的内容：血缘性亲缘生命、人际性社会生命、超越性精神生命。血缘性亲缘生命，是人类千百年来生命存在和延续的物质基础，是人类的人际性社会生命和超越性精神生命实现的前提；反过来，人类的人际性社会生命和超越性精神生命，则更能体现人类生命的本质。

那么，对于生命的本质，我们可以这样来理解，首先，我们是人类血脉的传承者；其次，我们是社会关系中的一员；最后，我们拥有不朽的精神生命。

一、人类血脉的传承者

人类在地球上生存，一代又一代地繁衍生息。我们的生命，是人类基因的生物表现与世代传承。不同的血缘，不同的种族，不同的民族，在认识世界、改造世界的过程中，精心养育后代，生生不息。从这个层面而言，人的生命是生理性的实体生命。

尽管人的生理性实体生命脆弱而短暂，并且躲不开生、老、病、死的自然定律，甚至还可能遭遇各种意外，导致许多人在人生的路途上不幸夭折，被迫中途离席，但是，无论生命长短，每一个生命都是带着血缘的基因出生，满载着父母的期待成长，血脉之中携带着传承人类文明与文化的火种。从这个层面而言，人的生命不仅是生理性的实体生命，更是血缘性的亲缘生命。

我们都是人类血脉的传承者。每一个人从呱呱坠地的那一刻起，不管是否愿意，就已经承载着生理性实体生命与血缘性亲缘生命的重大使命。

所以，请满怀对生命的敬畏与责任，满怀对生命的爱与崇敬，满怀对生命的信心与渴望，自由快乐地生活。正如纪录片《人间世》中的一句话：“生命的降临是这样艰难，才值得我们年复一年地庆祝。”任何一个生命的诞生，都自带伟大的属性。顺利出生，这本身就意义非凡。如果有幸能够平安活到老年，并亲眼见证儿女子孙的成长，那么应该心怀感恩，珍惜生命。

二、社会关系中的一员

人生而自由，却无法孤立存在。这就是我们常说的，人是社会性动物。我们都知道，高大的树木，需要扎根深厚的泥土；最美的鲜花，唯开在绿野方显得生机勃勃；而作为人，一定要融入社会，才能够存活并获得生命的意义。每一个人与他人都有着缤纷而复杂的联系，我们将这样的生命层次，称为一个人的人际性社会生命。

我们生活在地球上，需要与其他社会成员交换信息，以便获得帮助或者为他人提供资源。每一个人，都生于血缘亲情之中，在社会文化与人类文明的氛围中成长。在成长的过程中，我们自觉或不自觉地接受着社会文化的遗产，继承人类文明的传统，伴随着每一个生命个体的成长，这一切都将转化为社会创造力。我们都是社会关系中的一员，为人类社会发展与文明进步添砖加瓦，是每一个人肩负的社会责任。同时，这也是我们丰富自身人际性社会生命的内在要求。

由于人们家庭氛围、成长经历、籍贯民族、社会文明、国家文化等各不相同，造就了人类生命的独特性和唯一性。我们每一个人扮演着不同的社会角色，每一个人的生命都有自己的色彩，装点成整个社会的五光十色。每一个不同的生命，都必须追求社会发展的整体和谐，才能够实现生命的价值。人们生活在社会的大家庭中，既享受着社会带来的福祉，也追求着人生理想的自我实现。与此同时，更是努力创造着良好的社会关系，发挥着自身的社会作用，奉献着自己的知识与力量。

每一个人，都是人类社会关系中不可或缺的一员，这就如同一座大厦中的钢筋瓦片。只有当我们活得精彩，整个社会才会显得多姿多彩，人类生命这幢伟大的“建筑”才能够显得美轮美奂。法国著名的启蒙思想家卢梭认为，“青年期是增长才智的时期，老年期则是运用才智的时期”。为什么这样说呢？因为老年人成熟、睿智，在社会关系中举足轻重，是社会的宝贵财富。因此，老年人应对自身的价值有充分的认识，不必妄自菲薄。比如，老马识途——老年人可以为年轻人指点迷津；老当益壮——老年人在自己擅长的领域可以继续发挥余热；老有所为——老年人退休后可以做些感兴趣的事情继续为社会做贡献；老有所养——老年人可以在享受天伦之乐的过程中言传身教于后代。

三、不朽的精神生命

一个人，可以平凡地活着，却无法拒绝伟大的梦想。在历史上，有多少伟大人物，永远活在人们心中；有多少英雄豪杰，让世人尊崇景仰；有多少先进榜样，虽历经岁月洗礼却仍是世人楷模。可见，我们的生理性实体生命或许短暂，血缘性亲缘生命或许贫乏，人际性社会生命或许平凡，但只要我们积极勇敢追求人生的突破，激发自身智慧的光芒，力争实现自我超越的理想，那么，我们的生命必将在或大或小的范围内，活成自己不朽的史诗与传奇。这样的生命层面，就是人类的超越性精神生命。

我们每一个人，都拥有超越性的精神生命。我们都能够找寻到适合自己的超越生死的途径与方法，并以自己的方式，在身后为这个我们曾经生活过的世界留下一点儿什么。人类的超越性精神生命，是以生理性实体生命和血缘性亲缘生命为基础的，并以人际性社会生命为背景，它在孕育、成长、成熟的过程中，上升为理性自觉。人类的超越性精神生命，使我们开启智慧、创造文明，在自然世界之外，创造出一个囊括音乐、绘画、文学、科学、哲学等的精神世界。所有这一切，都是人类不朽生命的精神延续。

一般认为，我们的生理性实体生命和血缘性亲缘生命，它们发展的最高目标是“健康丰富地成长”；我们的人际性社会生命，它发展的最高目标是“和谐幸福”；我们的超越性精神生命，它发展的最高目标是“丰富创新”。人们依靠超越性精神生命，追求自我实现与超越，产生出许许多多新鲜事物。从而为人类社会创造出更加丰富、更加幸福、更有价值与意义的生活，促使人类生命更加灿烂辉煌。可见，人类的超越性精神生命，最能够体现生命本质——永不止息的探索、永不满足的创新，以及永不熄灭的精神之光。

总而言之，从我们出生的那一刻，生命便开始铺陈开来。死亡只是我们生活的终止，而我们的生命却可能以另外的一种或多种形式得以永存：我们的子孙，将继承我们的血脉遗传，带着我们的基因继续生活，这是一种血缘性亲缘生命的传承；我们的亲朋好友，会牢记我们的品质和人格，我们的影响将继续保留在他们心中，这是一种人际性社会生命的延续；我们还能够创造精神财富，例如文学、艺术、科技等著作、创造与发明，在创造者故去之后继续传播思想、发挥价值，贡献给一代又一代我们认识和不认识的人，这便是我们精神生命得以永恒的证据。

第四节 积极老年生命观

积极老龄化呼唤积极的老年生命观，强调社会在维护老年人身心健康的基础上，应更加强调和重视老年人的合法权利、精神需求以及社会保障等方面的问题。在此背景下，积极老年生命观更多地表达了对老年人生命质量的立体多维关注，即对老年人生命的自然长度、社会宽度和精神高度的关注。积极老年生命观的产生，主要有三个重要的理论影响因素：人类毕生发展观、西方后现代主义和积极心理学。

毕生发展观是发展心理学家巴尔特斯创建的毕生发展心理学中的核心观念，它为我们理解老年人认知能力、情绪与个性社会性的发展提供了理论依据和研究方向。毕生发展观认为，个体的发展是一生的过程，并不仅限于儿童和青少年，中年、老年也在发展，即人类的生命全程都存在发展，人生每个阶段都会出现发展中的行为变化。发展总是由获得和丧失组成，老年人也存在发展，存在获得与丧失，这种观点纠正了老年人只是一味退化的错误认识。

后现代主义是20世纪60年代以来，在西方出现的具有反西方近现代体系哲学倾向的思潮。特别是建设性后现代主义，存在一个基本的主张，那就是要求重构人与世界、人与人之间的关系。这其中，自然也包括了重建老年人与世界、老年人与他人之间的关系。

20世纪末兴起的积极心理学运动，是心理学领域的一场革命，也是人类社会发展史中的一个新里程碑，倡导采用科学的原则和方法，来研究人类的积极心理品质，关注人类的健康幸福与和谐发展。它强调帮助老年人开发自身潜能，树立积极的社会参与心态，进而完成人生最后阶段的积极生命体验。

通过上面的论述，我们不难发现，积极老年生命观是伴随着社会发展与文明进步而出现的科学的、与时俱进的人的生命观，它所蕴含的核心与本质是：生命主体平等观、发展权利尊重观，以及生命教育多元观。

一、生命主体平等观

早在两千多年前，古希腊哲学家就提出“人生而平等”。人生而平等，没有任何一个人先天自带卑贱低劣的本性。人类对于平等的渴望和追求，在没有社会偏执外力的影响下，应该成为每一个生命主体发展的自然常态。在历史上的任何一个国家，由于年龄差异所导致的不同年龄阶段成员之间的不满与偏见，基本都是一个无法消除的社会心理现象。存在未必就是合理，因而我们可以看到，人类社会发展与文明进步的历程中，不断消灭与纠正各种不合理现象与制度。

在老年期，人的身体机能在多方面普遍处于弱势和衰退期，这使得老年人创造社会物质财富的贡献呈明显下降趋势，而对社会资源的日常消耗却越来越大。这本是一个很正常的生命躯体自然发展过程，但是，一些缺乏理性的人却由此提出“负担说”“无用论”等消极老年观，社会上也存在一些“老年歧视主义”的不良风气。在这些自私的心理现象背后，其实反映着年轻人对老年人平等生命主体地位的排斥和抗拒。尽管当前较少有人在明面上表达对老年人的歧视，但这种略带敌意的勉强性包容，实则是对老年人生命主体平等性的漠视。

积极老龄化理念以及积极老年生命观的提出，高扬生命主体平等的旗帜，消解了以儿童或青年人为社会中心群体的单一论偏好，重塑了老年人作为社会中心的重要一极的生命主体倾向。这样，至少在意识观念和话语范式上，阻遏了“去老年人中心”的不合理生命发展逻辑，从而使得不同年龄阶段的生命群体，包括老年群体，都能够以自己的方式平等地进入社会建构的视野，即要求人们在社会发展过程中，给予老年群体足够的尊重与关注。

二、发展权利尊重观

积极的老年生命观，是充分尊重老年人发展权利的生命观。积极老龄化的提出，承认了任何年龄阶段的人群都有“生命独立存在的权利”，具有公平正义性。它从理论上说明了社会对待老年人，应该从“以需求为基础”转向“以权利为基础”。这意味着老年人在年龄自然增长的过程中，不应该再被认为是生存性需求的被动满足者和单纯的社会资源消耗者，而是应该作为平等的、能动的权利主体和利益主体，与其他年轻的社会成员一样，在社会发展过程中，同样可以发挥出独特的生命价值。

对于老年个体而言，保障生命继续发展的权利，创设生命再次发展的机会，提供生命重新勃发的舞台，这些都是积极老龄化对完整的、自由的、协调的、充满发展欲求的老年生命的尊重。对于整个社会而言，积极老龄化意味着我们在面对人口老龄化的严峻挑战时，要重新审视老年人的社会作用和社会价值，以更加积极的态度，来对待老龄化问题而不是老龄化难题。从这个层面来说，积极的老年生命观，就是要让老年人在人生晚年阶段，开始以新的思维方式，来重新发现和理解周围的世界以及自己的生活，重拾起生命的乐趣，变“自然无为”为“积极有为”。

因此，我们要倡导“创造一个对所有人都具包容性和凝聚力的社会”，让所有老年人都能生活在一个“增进他们能力的环境中”。这样一个具有包容性的社会，并非以绝对的普遍性来代替各年龄群体的特殊性，恰恰相反，它是主张每个社会年龄群体之间在相互尊重生命发展权利的基础上，保持必要的张力和忍耐力。换句话说，“这种尊重就是对他者的包容，而且是对他者特性的包容，在包容过程中既不同化他者，也不利用他者”。

三、生命教育多元观

从哲学的意义上来看，人类作为认识主体、实践主体、价值主体和审美主体的统一，始终是教育活动的对象，与此同时，人类也是教育活动的目的和归宿。教育应该成为满足人们生命成长和发展需求的一种社会福利，生命教育更应该涵盖人一生的生命历程，老年阶段也不能例外。当前，老年大学报名火爆、一座难求，说明越来越多的老年人开始意识到老年教育对于丰富晚年生活的重要价值。

我国传统的老年观通常认为：教育，尤其学校教育，是未成年人和青壮年人专享的一种生命发展福利；而进入迟暮之年的老年人，因为基本生活所需要的各种能力增进已经完成，所以没有生活所必需的知识和技能储备压力，剩下的生命阶段最好是等待和总结人生，静等生命的终结。其实，这是对教育整体功能的无知性理解。这种观点，不仅与世界终身教育思潮相违背，更是对老年人精神生命境界提升的阻碍。殊不知，老年人的生命发展需求是老年生命教育的根本驱动力。

诚如法国哲人莫洛亚所言：“老人的真正不幸，不是身体的衰败、生理的退化，而是固有知识的禁锢所造成心灵的冷漠。”对于新时期的老年人而言，这里所说的固有知识，是大知识概念，既包括习得的知识，也包括经历过的体验。积极的老年生命观，蕴含着老年期对生命教育的多元化需求。简单来说，老年人的生命教育的内容，不仅要有维持和延长自然生命的安全保健与养生休闲知识，还要有深刻的生命哲理教育与理性的生命关怀教育，以便促进老年人对生命意义的再认识与重新构建。这就像伟大思想家帕斯卡尔所说的那样："To the time to life，rather than to life in time."。也就是说，我们应该"给时光以生命，而不是给生命以时光"。

我们都知道，人类完整的生命应该具有三种基本属性：自然生命、社会生命和精神生命，这是新的生命观的核心。基于此，积极老年生命观视野下的老年生命教育，其目的就不能仅是为了追求自然生命的长度，而是要以老年人的视角，来弥补青壮年时期被忽略的对社会生命和精神生命的整体性理解和深彻领悟，从而达到延续生命自然长度、拓展生命社会宽度、提升生命精神高度的目的。

【参考文献】

[1] HUI V K-Y，COLEMAN P G. After life belief and ego integrity as two mediators of the relationship between intrinsic religiosity and personal death anxiety among older adult British Christians [J]. Research on Aging，2013，35 (2)：144－162.

[2] TAGHIABADI M，KAVOSI A，MIRHAFEZ S R，et al. The association between death anxiety with spiritual experiences and life satisfaction in elderly people [J]. Electronic Physician，2017，9 (3)：3980－3985.

第八章
幸福老龄

幸福是什么？孩子说，幸福是考试得了满分后父母的赞扬；青年人说，幸福是夫妻同心、工作顺利；老年人说，幸福是老有所乐、老有所为。不同年龄群体对幸福具有不同的理解，唯一不变的是，幸福是内心的需要得到满足时所感知的快乐情绪。积极老龄化的理念、行动、措施的宗旨，就是让老年群体获得更多的幸福。本章从积极心理学的视角介绍老年人的幸福感，帮助老年人认识幸福，参与社会，不断充实内心，走向幸福老龄化。

第一节　老年人的幸福感

马克·吐温（Mark Twain）曾说过：皱纹是微笑的痕迹。皱纹也是阅历的见证，正视皱纹，坦然地回望它，温柔地轻抚它，然后无所谓地勇敢向前走，才能抵达心底最想到达的安宁的、纯洁的地方。幸福也是一样，苦与乐共同构筑成我们的生活，我们无法只要乐不要苦，那就接受它们，认真体验生活，幸福都有迹可循。

一、老年期的积极面

顽固、脾气暴躁、有怪癖、倚老卖老……众多与老年有关的负面刻板印象，在某种程度上与当前的网络媒体有关。正如在“你比画我猜”的游戏中，当屏幕出现“老年人”这个词时，比画一方的第一反应都是表演出佝偻身躯、拄着拐杖、有点咳嗽的老人形象，而猜词的一方也能很快从这些形象中猜出这是在扮演“老年人”。观众接受很多负面老化刻板印象后，对老年人的认知可能固化。研究表明，看电视的时间越长，接受网络媒体的信息越多，越有可能加深这些刻板印象。

在电视剧中，青春期通常与快乐、无忧无虑、充满冒险的生活经历联系在一起。当我们想起“美好的少年期”时，很少会关注冲突、曲折，回忆过去发生的悲伤事件有较少的情绪起伏，甚至觉得是不可多得的人生经验。

当回答“你认为人们年轻时更快乐还是年老时更快乐?”这一问题时，年轻人可能觉得这是一个很难回答的问题，因为他们可能会把这种评估建立在对老年人的刻板印象或对身边老年人的观察，而不是基于他们对老年人生活的亲身体验，加上媒体在潜意识中提供了大量的老化刻板印象来说服我们——老年不是快乐的时光。这种对衰老负面因素的关注导致人们认为老年人一定不幸福——这与人们实际经历的恰恰相反。终生幸福感的追踪研究表明，老年人具有比想象中更多的幸福感。

在生命早期就对衰老持负面看法的人，在老年时的记忆力实际上更差，更有可能患上与年龄有关的听力损失。此外，对衰老的预期较低，在老年时不太可能进行锻炼——而在老年时坚持锻炼与健康、幸福和长寿有关。因此，了解衰老的积极面是有好处的，老年期可能比你想象的更快乐。

当我们进入老年时，会有明显的身体迹象和症状：我们的肌肉可能会变弱，骨头可能会变得更脆，有了皱纹，听力和视力会减弱，记忆力开始衰退……我们开始很难记住我们最近遇到的人的名字，无法像以前那样快速奔跑，身体的某些部位出现了更多的疼痛，这些疼痛是我们以前从未注意到的……那么，伴随着这些变化，我们如何在老年时过得快乐呢?

二、幸福与生活满意度：老年的双重保险

幸福可以被定义为快乐的感觉和整体满足的感觉。讨论幸福的时候，

首先要区分当前的幸福情感状态（例如，当前或最近经历的）和对生活的满足。在日常生活中，我们希望寻求快乐，想要避免痛苦。这种形式的幸福，一个人的快乐体验，也被称为幸福的享乐状态。生活满意度指个体对整个生活的满意程度，但它是与幸福感不同的情绪评估形式，包括对我们的成就和目标的反思，以及我们是否已经得到想要的东西。

生活的满足只能在老年时得到吗？雄心壮志可能会在我们年轻的时候给我们提供动力，让我们为目标而奋斗，让我们对当前的生活缺乏满足感，即使有时会让我们感到沮丧，也会让我们充满动力。老年人拥有较高的生活满意度，是实现幸福老年的重要保障。

（一）幸福的“U”形曲线

幸福是所有个体的永恒追求，无论是婴幼儿、青少年还是中老年人，寻求乐趣或者学习工作，最终都是为了获得身体和精神上的幸福。特别是对于老年人，他们经历了“中年危机”后，还会面临身体老化和对老化的负面刻板印象，所以进入老年期的个体会觉得自己不幸福吗？

1. 你曾经感受到“中年危机”吗？

个体在35~59岁，即进入中年之后，会由于种种原因产生生理及行为上的不适应和心理上的不平衡。男性在此阶段感受到老化的威胁，女性则在45岁以后进入更年期，生殖能力逐渐结束。对于中年人来说，在家庭中，子女开始成家立业，离开家庭，成立独立的小家庭；在工作中，他们部分工作被青年人接替，甚至青年人成为自己的领导。家庭和社会上的地位变化，破坏了他们长期养成的生活习惯、工作自信等，内心矛盾重重，更容易产生焦虑、紧张、自卑等情绪。到中年晚期危机最严重，此时他们已离开工作岗位，退休在家，由紧张忙碌突然变得无事可做，活动范围减小，社会地位下降，使他们感到若有所失、内心空虚。众多生活经验在某种程度上证实了“中年危机”的存在，若长期不能解决这种危机，就会使个体心理发展失调，出现病态的行为方式。

2. 我老了，还能幸福吗？

研究者在为期一周的时间里通过让不同年龄的人使用传呼机，每天对这些参与者进行随机呼叫，然后让他们填写问卷，评估他们的情绪感受，包括愤怒、悲伤、愉悦、无聊和快乐。研究人员在5年和10年后对这些人进行了跟踪调查，发现随着参与者年龄的增长，他们的情绪（以积极情绪与消极情绪之比来衡量）稳步改善。这说明，随着年龄的增长，我们日常的幸福感可能会发生很大的变化，但变化的方式往往是我们年轻时无法预料的。

在2010年的一项针对美国30多万人日常情感体验的调查，通过询问每一个人对自身整体生活满意度评估，发现：幸福似乎在青年时期达到顶峰，在40岁后期和50岁左右达到最低点，然后在老年时期再次增加。这就是幸福的“U”形曲线，也叫“微笑”曲线。研究人员还问了几个更直接的关于情绪状态的问题——“在过去的一天时间内，你是否经历过以下情绪：快乐、幸福、压力、担忧、愤怒、悲伤?”他们发现：压力从青少年期开始上升，中年期达到最高点，而后开始下降，在85岁时达到最低点；忧虑情绪在50岁之前相当稳定，然后急剧下降；从18岁开始，愤怒情绪稳步下降；悲伤在50岁时达到顶峰，随后开始下降，然后在85岁时再次轻微上升。快乐和幸福有着相似的曲线——它们都在我们50岁之前逐渐减少，在接下来的25年里稳步上升，然后在最后略微下降，但它们再也不会像在50多岁时那么低。

以上数据结果与预期是相反的，大多数人的预期是，无论是年轻人还是老年人都可能认为年轻人更快乐。在一项研究中，研究者询问30岁和70岁的人，他们认为哪个年龄段（30岁还是70岁）的人更快乐。两组人都选择了30岁，但当分别对两组人进行幸福水平的评估时，70岁的人比30岁的人得分更高。认为30岁时更快乐的观念可能对两个年龄段的人都有害。如果年轻人错误地认为老年是生活中痛苦的一段时间，这些年轻人可能会做出一些冒险的决定，比如不照顾自己，因为他们认为老年是一个无法避免的不快乐时光，现在要及时行乐，极致享受。而老年人认为年轻时期更幸福容易使他们抱怨当下，难以实现积极老龄化。

总结研究结果，在50～70岁期间，积极的情绪是增加的，而消极的情绪在减少；老年人比年轻人有更高的积极情绪体验。因此，对于那些还没有达到50岁顶峰或者已经过了50岁的人来说，尽管未来你会一天天变老，但也会感到更快乐。

3．有钱使人幸福吗？

“社会上富有的人通常比穷人更幸福吗？”“富裕国家和贫穷国家的情况如何？越发达的国家通常越幸福吗？”“在经济发展的过程中，一个国家的收入增加了，那么人们的幸福感提高了吗？”

研究者收集了来自19个国家的调查，向人们提出一些关于幸福的问题。其中一个问题是：“你觉得自己有多快乐——非常快乐，相当快乐，还是不太快乐？”另一个问题叫作坎特里尔阶梯问题（Cantril Ladder Question），以20世纪中叶美国民意研究员哈德利·坎特里尔（Hadley Cantril）的名字命名。坎特里尔让人们对自己的生活从高到低用11个等级衡量，顶端代表最好的生活，最底层代表最坏的生活。实际上，对于幸福感的测量，应该让每个人都设定自己的标准，然后决定自己如何接近这个标准。

坎特里尔阶梯问题的筛选结果显示，在一些国家，收入和幸福呈正相关。例如，在美国，收入最高的人形容自己非常幸福的可能性几乎是收入最低的人的两倍。然而，如果富人比穷人更幸福，那么富裕国家应该比贫穷国家更幸福，事实并非如此。自20世纪40年代中期以来，更高的幸福感并没有伴随着高收入而产生，富人确实比穷人更幸福，但富裕并不能让一个国家更幸福。任何个体收入的增加都会增加他的幸福感，但每个人的收入都增加却不会改变幸福感。同样，在国家中，一个更富裕的国家不一定会更幸福。毕竟，人们在很大程度上不会花太多精力去和远在他乡的人攀比。他们会将自己与朋友、同事和同胞进行比较，而身边人都和自己差不多。

可以做一个类比来理解这个结果。我们觉得自己身高是否优越取决于自己周围的人有多高。如果自己长高的同时，身边每个人都增长了相同的量，我们不会觉得自己有身高优势。但如果别人长高了而自己没有变化，我们反而会觉得自己变矮了，尽管我们并没有真的变矮。事实上，如果每个人都为了变得更富有而疯狂地工作，结果可能是每个人都与其他人竞争，这样反而会导致社会上普遍的幸福感降低。

4. 幸福是什么？

幸福是什么？这个问题从有文字记载开始便已存在。春秋时期的《尚书·洪范》中提到“五福”：一曰寿，二曰富，三曰康宁，四曰攸好德，五曰考终命。长寿、富足、健康平安、爱好美德、寿终正寝这五方面内容构成了幸福的要素。

在儒家文化中，人生的幸福体现在个人的善行之中，个体不断提升自身美德修养的过程就是追求幸福的过程。美德要求个体不能只注重个人幸福，而应将个人的幸福融入社会整体之中，实现“独乐乐不如众乐乐”，推己及人，将心比心，老吾老以及人之老，幼吾幼以及人之幼，最终实现天下人的共同幸福。

道家认为，幸福与不幸是辩证关系，二者互为基础又相互转化，“祸兮，福之所倚，福兮，祸之所伏”。在道家的观点中，“福祸无门，唯人所召”，认为福祸虽难以预测，但可以依靠人的努力去转化和维护，从而在祸福面前形成更为平和的心态，达到坦然而和谐的幸福状态。在老子的思想中，世间万物都是运动的，“无为”并非不行动，而是顺应自然而动，“不争”也不是不行动，而是回归事物的自然本性，是如水一般的运动。个人通过各种行动使内心得到满足，得到满足后会产生新的需要，人在动态的行动中满足自我，从而产生幸福感。道家把幸福理解为运动的过程，在运动中把握幸福，才能使幸福在生命的运动中持续存在。

与哲学家不同的是，普通人在谈论幸福时，所说的内容更为具体。例如，幸福可以是我此刻的心情：我感到高兴、烦恼或担心。这取决于个体短期的心理状态，这种幸福被称为情感幸福，它与情感有关，但这是我们短暂的情绪。研究人员可以通过询问人们一些问题来衡量它：“你昨天笑了多久？你现在的压力有多大？”幸福的第二个意义需要一种完全不同的评估，例如，询问“你对自己的生活有多满意？你的生活和你能想象的最好的生活相比怎么样？”或者使用典型的问题“如果你从总体上考虑你的生活，你认为你是幸福的还是不幸福？”这些问题要求个体全面评估自身的生活，即为“主观幸福感”。

古往今来，中国人对于幸福的理解更多倾向于关注自身和社会，幸福感的高低取决于自身主观感受、物质条件、社会环境等因素。对于老年人来说，幸福是身体健康、精神富足、生活有保障、儿孙满堂，概而言之，幸福是“老有所乐，老有所医，老有所为”。

（二）关注老年生活的积极面：社会情绪选择理论

尽管社会对老年人的描述更多地使用负面的词汇，但为什么众多研究表明老年人更快乐呢？原因是老年人倾向于选择快乐，专注于积极的事件和人。虽然年龄增长会带来身体机能的衰退，但老年人更多关注生活的积极面，能获得更大的幸福。这就是卡斯滕森提出的社会情绪选择理论的主要原则。卡斯滕森认为，在成年早期，个体专注于收集信息和实现面向未来的目标，例如年轻人不断学习和发掘信息、找配偶、找有发展前景的工作。然而，当个体变老时，往往更关注当下，更关注实现与情感相关的目标，他们倾向于关注并记住积极的情绪信息。

社会情绪选择理论已经在许多研究中得到验证：老年人会把注意力集中在笑脸上，然后记住微笑的人，把目光从悲伤或生气的脸上移开。老年人倾向于记住大部分积极的信息这一机制，可以促进更多积极情绪的产生，从而收获幸福和实现情绪健康。此外，大脑中负责处理情感信息的部分（杏仁核）在老年时似乎相对完整和活跃，这有利于老年人利用精神资源将注意力引导到积极的事情上，并试图不去看消极的事情。因此，健康的老年人实际上比年轻人更快乐，对生活更满意。因为他们体验到更多的积极情绪和更少的消极情绪，他们的情绪体验更稳定，对生活的变化无常、起起落落，以及可能存在的日常消极和压力不那么敏感。

社会情绪选择理论表明，当个体进入老年时，其优先级会发生变化。当个体开始意识到生命的有限性时，将会从根本上改变他们对生活的看法。剩余的时间越短，个体会变得越注重当下，把相对有限的时间和精力投入到生活中真正重要的事情上。这不仅适用于老年人，在绝症患者和经历重大负面生活事件（如地震、恐怖袭击）后各年龄段的人群中也发现了这种情况。当个体意识到生命的脆弱性，所有生物都只有一次生命时，有意义的人际关系比结识新朋友或寻求冒险体验更重要。因而，个体会把更多的精力投入到这些更有意义的关系中，并远离那些不太重要的事件，从而避免冲突。

（三）人际关系与幸福的质量远比数量重要

老年人可能更快乐的另一个原因是人际关系，老年人更关注人际关系的质量而不是数量。尽管老年人的社交圈往往比年轻人小（年轻人可能在微信、微博或小红书等社交软件上有很多朋友），但朋友总数的减少可能更有利于培养亲密的友谊。一些研究表明，友谊往往随着年龄的增长而提升质量，这可能延伸到拥有更好的婚姻关系，避免带来冲突的关系。与年轻人相比，年长的人更可能陈述，“我的婚姻更和谐，朋友关系更融洽，与孩子和兄弟姐妹之间的冲突更少，与社会关系更密切。”总的来说，老年人比年轻人有更多的亲密关系，他们之间产生压力的问题和矛盾的关系更少。

卡斯滕森的团队进行了为期 10 年的追踪调查，要求受试者将朋友和亲戚分成三个类别：核心圈子，由他们觉得非常亲近的人组成；中间圈子，这些人很重要，但并非很亲密；外层圈子，由一些他们认识的，但觉得和他们没有很强联系的人组成。每隔几年，研究人员还要求参与者对这些人的积极和消极情绪的强度进行评估。追踪结果发现，在 50 岁之前，个体的社交圈子会扩大，但在这个时候，人们开始减少与那些他们感觉不那么亲密的人互动，而把更多时间花在更亲密的朋友和家人身上。此外，这些更亲密的关系更能带来情感上的满足——这可能会带来更大的生活满意度和整体幸福感，这些都能证明老年人实际上没有年轻人那么孤独。

随着年龄的增长，我们可能会关注生活中积极的一面，从而获得更大的幸福感。与卡斯滕森的社会情绪选择理论相一致，年轻人经常做的一件事就是思考未来：未来的工作、未来的配偶、未来的住房和未来的城市、未来的孩子（以及是否要孩子、如何要孩子、何时要孩子、孩子的上学问题）。这种以未来为导向的方法可能不会带来日常的快乐，因为一个人雄心勃勃地追求未来而没有余力建设当下。相比之下，老年人已经完成了许多年轻时的追求，并因此获得了更大的生活满意度。因此，使年轻人和老年人感到快乐的经历类型是不同的。年轻人倾向于寻找高回报或非同寻常的体验，例如探险旅行、坠入爱河，或寻求刺激的活动，这些可以帮助他们建立更强烈的个人身份；而老年人可能会优先考虑更多的普通经历（例如，去一家多年前去过的餐厅）和日常情感上的快乐，比如见好朋友和与家人共度时光，并从这些经历中获得身份认同。

根据社会情绪选择理论，成年后期在几个重要方面促进了幸福。首先，个体知道时间的有限性，再加上成熟度的增加和社会技能，能激励老年人最大化幸福，更成功地控制情绪。例如，当我们情绪低落、焦虑或愤怒时，我们可能会尽力使自己感觉更好，并避免与他人相处或回忆让我们不开心的事件。其次，随着年龄的增长，更成熟的个体在注意力和记忆力方面表现出积极的倾向，保持满足感、平静感、愉悦感或亲密感也会变得更容易。换句话说，随着年龄增长，个体更倾向于关注和记住周围环境、人际关系、生活经历，甚至是一些随机的信息的积极方面，而忽略其消极方面。这种积极的偏见可能是潜意识中情绪调节策略的结果（例如，我们越老，就越有意识地试图对批评视而不见），或者是与处理负面情绪相关的大脑结构随着年龄的增长而萎缩的结果。最后，晚年幸福的功劳不仅在于我们自己，还在于与我们交往的每一个人，身边的人友爱互助是提升幸福感的重要源泉。老年人可能会和那些让他们感觉积极、乐观和快乐的人在一起，并且喜欢回忆过去的美好时光。

评估一生幸福的数据表明，高水平的幸福感可以很好地保持到老年

（85 岁以后），但这一结果应该加上一些条件限制。虽然这些老年人相对于年轻人可能报告更高的幸福感和生活满意度，但这些观察结果应该限定为相对健康的老年人，因为他们相对来说没有疾病，他们生活在他们喜欢的社区，通常是在家里或退休社区，环境有利于他们保持活跃和社会联系。许多 90 岁以上的老年人仍然表示对生活有很高的满意度和总体幸福感，但在失去配偶、看到朋友去世、独立性减弱（残疾、慢性病等）时也会难过。对老化的担忧、失去朋友、缺乏家庭支持和孤独感都会降低幸福感水平，尽管这可能会因为生活满意度高而得到缓和。但痴呆症或其他疾病的发作、有限的社会支持、独立性的丧失和孤独感也会降低生活满意度。城市化进程使许多老年人成为“空巢老人”，如果再失去配偶会加剧孤独感，而他们的孤独往往不被人注意，使孤独成为老年人“沉默的杀手”。

三、微笑的力量

微笑是最不会赔本的买卖。微笑不花一分钱，但却能给人带来巨大的好处。微笑会使对方富有，但不会使你变穷。它只有瞬间，但它留给人的记忆却是永远。没有微笑，你就不会这样富有和强大；有了微笑，你就会富而不贫。微笑有着击倒一切的力量。微笑能够化解恩怨，调和人际。如果处处荡漾微笑，人生便充满阳光——这就是微笑的力量。

（一）微笑使人长寿

微笑不仅能展示你有多快乐，还能预示你能活多久吗？一项有趣的研究检验一个人在被拍照时的微笑表情是否暗示着幸福，以及微笑越强烈的人是否更长寿。研究人员采用回顾性研究设计，他们检查了美国职业棒球联盟注册数据库中 1950 年之前开始职业生涯的球员的棒球卡照片，将他们分为：①没有微笑的；②有部分微笑的；③展现充分、真诚的微笑的人。然后，他们调查了以上照片人物的死亡时间，发现那些没有笑容的运动员平均寿命为 72 岁，那些有部分笑容的运动员平均寿命为 75 岁，而那些笑容灿烂的运动员平均寿命将近 80 岁。这表明，笑容的强度预示着寿命的长短，而笑容越真挚，寿命越长。

作为另一种检验幸福与长寿之间关系的方法，研究人员研究了另一个独特的人群：一群长寿的天主教修女。研究人员分析了修女们早期的个人日记，以确定她们早年的整体幸福水平。这些日记记录于二十世纪三四十年代，当时修女们都20多岁。80岁时，最快乐的修女（根据她们50多年前的日记记录进行评分）的存活率为75%，而最不快乐的修女只有40%活了下来，最快乐的修女比最不快乐的修女平均多活10年。这表明，快乐能使我们的寿命延长4~10年，而这些“额外”的岁月一般是幸福地度过的。

（二）“笑”可以使人幸福吗?

不同年龄群体对快乐的理解和表现形式不同，这可能是导致人们认为老年人不如年轻人快乐的原因之一。无论是觉得有趣（逗人）而笑还是因为他人的愚蠢而笑都是“笑”，但这些并非是幸福。孩子们也会表现出这种行为，婴儿平均一天笑300次，而成年人平均一天笑20次。35岁以上的人可能在稳定性和情绪调节方面表现出优势，使他们较少一直表现出明显的快乐迹象。

在社交场合，许多老年人喜欢聚一起听他人分享趣事，老年人的聚会常常伴随着更多的笑声。老年人除了从一个好笑话中获得纯粹的乐趣外，笑话带来的大笑还有许多生理上的好处。著名记者、作家、加州大学洛杉矶分校教授诺曼·卡森斯（Norman Cousins）被告知，他在心脏病和脊柱炎中幸存的机会微乎其微。随着病情的恶化，他住进了一家酒店，观看喜剧电影和综艺，这给他带来了很多欢乐和笑声，他觉得病痛感减轻了。

还有研究者发现，“笑”具有很强的社交成分，人们和别人在一起的时候更容易笑。心理学家普罗万（Robert Provine）在《笑声：一项科学调查》（Laughter：A Scientific Investigation）中指出，他对笑声的研究中发现，人们在别人面前笑的次数是独自在房间里笑的30倍。笑声具有高度的传染性：你所产生的很多笑声都是因为其他人在笑而且你从中听到了笑声。如同观察观众掌声的研究一样，当有人开始鼓掌，他们附近的人可能也会鼓掌。

这说明，他人的存在可能本身就会让人发笑，他人的存在也增加了自己发笑的可能性，这也解释了老年人需要陪伴的原因。

“大笑瑜伽”是一门集体瑜伽课程，它将瑜伽和一些刚开始的强颜欢笑结合在一起，直到它变成真诚的、无法控制的笑声。当喜剧演员菲莉丝·迪勒（Phyllis Diller）被问及是否错过了在舞台上表演喜剧时，他说：“我怀念那些笑声，那是一种奇妙的、奇妙的幸福和伟大的力量。”

随着年龄的增长，可能会愈发主动追求幸福。大量的研究表明，当人们感到幸福时，他们会体验到健康的好处，进而避免危险，从过往的错误中学习，并生存下来。虽然随着年龄的增长，会有各种各样身体上的挑战，但是健康的老年人报告说他们有较高的幸福感和生活满意度。有些人把这称为“生活满意度悖论”：尽管身体或感官能力有所下降，但老年人通过关注积极的信息和情绪，表现出较高的幸福感和生活满意度。快乐程度预示着许多领域的成功，而且还能帮助人们增强对挑战环境的适应能力。因此，在年老时追求幸福对身心健康都有好处。

第二节　幸福老龄化：积极心理学的视角

积极心理学是致力于研究普通人的活力与美德的科学，其主张研究人类的积极品质，充分挖掘个体固有的潜在的具有建设性的力量，促进个人和社会的发展，使人类走向幸福。当前社会倡导实现积极老龄化和积极心理学发展的背景下，幸福老龄化这一概念得到重视。那么，对于老年人来说，如何实现幸福老龄化呢？本节介绍幸福老龄化的概念内涵，以及提出一些帮助老年人走向幸福的心理学建议。

一、幸福老龄化

积极心理学是关于人类幸福和力量的科学，是探索人类优势的科学和实践。它关注人的积极特质，如积极情绪、优秀品格、道德美德、幸福、创新和卓越、合作互助、同情心、同理心等特质，发掘个体的潜能和优势，以服务于幸福生活。“积极”是一种价值取向，即对人类生活和世界的正面的、肯定的看法，它与我们看到的人类生活负性的一面，一起组成了人生故事的全部。

积极心理学之父马丁·塞利格曼说：“真正的幸福来源于你对自身所拥有的优势的辨别和运用，来源于你对生活意义的理解和追求，它是可控的。”乐观的人能在逆境中更好地成长，也更容易获得幸福感，而拥有幸福感的人，更能充满热情地面对生活。塞利格曼把幸福归结为五个要素：正面情绪、身心投入、良好关系、人生意义和生活成就，提出“全面幸福”或“持续的幸福”的概念以取代“感觉幸福”（主观幸福感）。据此，“幸福老龄化”的要素应该包括：身心健康、物质生活条件、积极情绪、沉浸体验（工作、学习、信仰、兴趣等）、良好人际关系、人生意义和生活成就等内容。

（一）积极心理学视域下的幸福感

随着我国综合国力的提升，国民幸福感越来越受到重视。获得感、幸福感、安全感是一个密切关联的有机整体。获得感是幸福感的基础，没有物质和精神方面的获得感，就难有幸福的体验和满足，安全感是获得感和幸福感的重要保障，三者的核心是“幸福感”。

从学术角度，幸福感是一个跨学科的研究领域。研究者一般从认知和情感两个层面来定义主观幸福感（Diener，1984）。在认知层面上，幸福感即为生活满意度，是人们根据自己特有的准则，对自身生活质量的自我评价。在情感层面上，幸福感被等同于快乐感，是通过积极情感和消极情感的平衡度来体现，即一个人的积极情感多于消极情感时，便会感到幸福。根据不同分类，可以通过不同的测量方式对幸福感进行度量，这也说明幸福感的影响因素众多。

随着积极心理学的兴起，幸福感的问题引起了心理学界的广泛兴趣，并成为心理学研究的热点。心理学对幸福感的研究主要有快乐论和实现论两大派别（Ryff et al.，2004），主观幸福感（Subjective Well - being，SWB）是快乐论的典型代表，主要关注个体积极、快乐情感的数量和所经历时间的最大化，以及消极、不愉快情感的数量和所经历时间的最小化。

主观幸福感是个体依据内在评定标准判断和描绘个体生命质量的总体评价，研究主观幸福感是个体寻求幸福生活真谛的意义所在（Diener，1984）。主观幸福感有三个特点：第一是主观性，对个体主观幸福感的评定主要依赖于行动者本人内定的标准，而不是他人或外界的准则。第二是相对稳定性，虽然在评定主观幸福感时会受到情绪和情绪状态的影响，但它是一个相对稳定的值。个体在遇到积极或消极事件的积极或消极情绪体验，会在一段时间内恢复到个体的幸福感基线水平。主观幸福感主要测量长期的情感反应和生活满意度，因此是一个相对稳定的值，它不随时间的流逝与环境的一般性改变而发生重大变化。第三是整体性，主观幸福感是一种综合评价，它包括对情感反应的评估和认知判断，包括积极情感、消极情感和生活满意度三个维度，个体的幸福感得分应由“积极情感得分 + 生活满意度得分 - 消极情感得分”。

（二）老年人的幸福

从老年人生理发展和心理发展来看，“乐活”对老年人更具特别的意义。心理学家埃里克森认为，老年人的心理发展任务集中体现在对自身生命意义和生活成就进行回顾和总结。“老年心理危机”得到顺利解决，老年人会发展出积极的心理品质；反之，则会发展出缺憾和失望，乃至绝望。奥地利维也纳第三心理治疗学派——意义治疗与存在主义分析的创办人弗兰克尔（Viktor Emil Frankl）则认为个体会主动寻求生命的意义和价值，是出于内在需求；生命的意义感和人生目的感的缺失是个体感到不幸的根源。在与积极心理学合流后，生命意义感的获得被认为是构成美好幸福生活的重要内容之一。因而，生命意义感也是老年人心理健康的重要组成部分，是影响老年人成功老化、主观幸福感和生活满意度的重要因素。

“幸福老龄化”概念中的人生意义维度，反映了老年人的“归属感”和

“生命价值”。在老年人的心理发展过程中，如何看待老龄化、如何对待死亡，意味着他如何理解生命，如何理解生活，亦即如何“存在”。“忧生之嗟”既构成老年人生活的全部可能性，同时也影响着老年心理危机的顺利解决，影响到其幸福生活的方方面面。

作为“幸福老龄化”的另一要素，沉浸体验（Flow，福流）表现为身心投入、全神贯注和忘我，它一般产生于人们从事一项可控且富有挑战性任务的时候，需要一定技能且受内在动机驱使。受内在动机驱使的活动之所以会产生积极、幸福的体验，在于人不受外界目标的诱惑和压迫，身心不为物役，完全自由，完全为了活动本身，就可以充分释放真我、实现自我，这在儿童游戏活动以及人们的审美经验中最为明显。在老龄阶段才真正身心俱闲，如闲云野鹤，任性率意，可以忙世人所闲，而闲世人所忙。为人处世的功利色彩和目的性淡化，没有更多利害计较；所以在自己的兴趣爱好、学习、人际交往、社会参与等方面，会更听从自己内在的声音，“跟着感觉走”，从而会有更多的沉浸体验，也会更多感觉到幸福快乐，感受到生命的意义和生活的真谛。

美国人本主义哲学家和精神分析心理学家弗洛姆（Erich Fromm）将幸福感看作心理健康的标志之一，在他看来，幸福、快乐是一种成就，象征着个体找到了自身存在困惑的答案，实现了潜能。《论语》中对这一人生进阶有更为具体的描述：“吾十有五而志于学，三十而立，四十而不惑，五十而知天命，六十而耳顺，七十而从心所欲，不逾矩。”（《论语·为政》）这种“从心所欲，不逾矩”的状态，实际上就是现代西方人本主义心理学家所谓“自我实现的人”，也就是实现了潜能的“机能完善的人”的状态，和罗杰斯所谓“美好人生”理念是互为表里的。

二、积极心理学引领老年人走向幸福

积极心理学能提高老年人的情商水平。情商是人类认知、控制自身和他人情绪的能力，这种能力有着明显的个体差异，虽然现在暂时还没有一套科学的测定仪器和手段，但却可以认定它是可以量化的。现实世界总是存在着能量的流动和转换，老年人的喜怒哀乐情绪也时刻处于流动和转换中，积极心理学在帮助老人发掘、聚合积极心理因素，抑制和化解消极心理因素的过程中，如同不良情绪的转化器，可以及时屏蔽、转换、消化负面情绪，转而趋向正面情绪（李绍洪等，2013）。

在漫长而曲折的人生旅途中，老年阶段本应是享受生活的阶段。但是，消极心理产生的阴影会紧跟着每一个人，诱使老年人偏离追求幸福的航线；而积极心理产生的积极行为犹如一艘幸运号渡轮，可以搭载着各种各样追求幸福的老人驶往快乐的彼岸。积极心理学会帮助老年人调动以下积极心理与行为因素，以化解消极心理与行为因素，引领老年人走向幸福。

（一）调动乐观、豁达的积极心态

乐观、豁达的老年人比悲观、狭隘的老年人体验到更多的愉悦感。事实上，老年人体验到的大部分愉悦感，都源于在乐观心理作用下对往日的美好回忆和对未来的胜利预期。“望梅止渴”的典故就是在积极、美好的心理预期下产生的愉悦感。人们如果不能控制、化解各种悲观预期，必然陷入郁闷甚至痛苦绝望中不能自拔。乐观、豁达的老人，在为人处世上更宽容、谦卑、大度，更能怀着感恩之心欣赏生活中的一切美好事物，更能够用知足和感恩对待人生。老年人拥有乐观、豁达的积极心态，就没有了埋怨、嫉妒、愤愤不平，自然会更多地感受到生活的美好与幸福。

（二）调动觉悟、坚韧的积极心理

尽管觉悟起源于佛教，但是从积极心理学的角度看，觉悟也是一种积极心理的疏导方法，是指引人不要消极厌世，而是要以更积极的态度处世。如果说人生是一部小说，老年人随着阅历增加，已由短、中篇小说写到了长篇小说。萧军在老年时曾谦虚地说：“但得能为天下雨，白云原自一身轻。”启功先生有感而言：“立身苦被浮名累，涉世无如本色难。”他们用自己快乐而富有价值的人生，证实了拥有觉悟、坚韧和积极心理的老年人比偏执、忧虑的老年人更积极、更幸福的结论。

（三）调动快乐、幽默的积极心理

多维度的快乐与幽默比抱怨、郁闷更能调动积极情绪去体验生活中的真、善、美。仰望天上的一轮明月或一抹彩霞，在快乐情绪的支配下，会引发老年人很多幸福的联想；而在抱怨、郁闷的情绪下，也许只能给老年人带来惆怅与哀怨。快乐的老年人比郁闷的老年人更积极、更幸福的另一个重要理由是快乐难得、快乐易逝。所以，善于抓住快乐的老年人，能享受更多的快乐，自然也提升了生活质量。对于老年人来讲，调动快乐、幽默的积极心理因子，会活出很好的生命质量。在现实社会中，除了老年痴呆症，真正做到无忧无虑，也非易事，因此，如果有抱怨、郁闷的消极因素，要想方设法去解脱。譬如，不为不值得烦恼的事情伤脑筋；不为不应该激动的事情动感情；不为无所谓的事情生闲气；更不为鸡毛蒜皮的事情跟自己过不去。

（四）调动好学、勤快的积极行为

学习使老年人充实，使之拥有健康的心理，从而帮助他们拥有让自己快乐、让所爱的人幸福的内在力量。学习中的积极情绪就像一种“酶”，能够带来催化和促进作用，扩展老年学习者的认知，使老年人既获取感官愉悦又得到心理享受。为什么一些人在一生中能够“活到老，学到老”，而另一些人进入老年就不再改变？如何发现自己的热忱、力量和才能？事实上，上老年大学、读书、看报、上网、看轻松有益的电视节目等都是学习的途径。开阔视野、充实头脑、老有所学是老年人生活的动力。学习可以使人生永不停步地充实、发展、丰富，学习可以帮助老年人拥有积极幸福的人生。此外，在周而复始、有目的、适度而规律的勤快活动中，老年人得到的是积极的生理训练，不但达到“流水不腐、户枢不蠹”似的强身健体效应；也使老年人在勤快的劳动或锻炼中体验到一种心理的满足和幸福。特别是对那些终生喜好某种劳动或运动的老人，他们每天忙于感兴趣的劳动或运动中，生活过得有趣而快乐。

第三节　社会参与和老年幸福

社会参与作为老年人在社会互动中实现自身价值的一种行为方式，与老年人的幸福感息息相关。研究老年人社会参与和幸福感的关系，不仅有助于丰富老年社会工作的相关内容，也有助于提升老年人身心健康水平和幸福感，促进社会和谐。本节介绍老年人需要社会参与的原因，通过增权理论分析当代中国老年人社会参与不足的原因，最后提出一些促进老年人参与意愿的措施。

一、老年人社会参与需求分析

在人的一生中，老化到完全不能参与社会活动或生活不能自理的时间一般是很短暂的，老年人退休到此阶段有较长的时间需要度过。老年人有社会参与的需求，同时受到一些无能为力的因素影响，使得老年人降低社会参与频率。因此，分析老年人的社会参与需求，探讨社会参与促进老年人的健康的作用机制，为采取措施增进老年人的社会参与做铺垫。

（一）现代老人的无力感

无力感作为一种研究个体和群体心理状态的理论模型得到了社会工作领域的重视。这里所使用的无力感即习得性无力感的简称，指由于连续的失败体验而导致的个体对行为结果感到无法控制、无能为力、自暴自弃的心理状态。社会弱势人群中往往会产生和存在无力感，是由于身体疾病、家庭关系、生存状况等原因所致，老年人的无力感现象更为普遍和严重，“等吃、等穿、等死”的生活状态是“无力感”的一般表现形式。

刘丽晶（2013）通过对老年人口述的生活经历及感受的整理，获取了老年人关于无力感的来源，选取具有代表性的三组老年人分析如下。

组Ⅰ：没有明显无力感的老年人。

通过老年人口述获取到如下信息：与老伴和儿女生活在一起；身体情

况良好，不受伤病困扰；精神状态好，经常性参与老年人群体的娱乐或社会性活动；承担临时性或社会兼职工作，有一定的社会参与度；有稳定的收入来源或养老保险保障。个别老年人存在夫妻关系僵化或者不和睦的问题，个别老年人也与儿女关系不够融洽。通过对这些老年人访谈的信息分析发现，较好的家庭关系、健康的身体、稳定的经济来源、社会参与度高以及良好的精神和心理状态，都为老年人有力提供了强大的支持和支撑。

组Ⅱ：有一定无力感的老年人。

这组老年人的共同特征信息如下：丧偶，不与儿女生活在一起，居住在敬老院或者单独生活；身体状况整体不好，患有不同程度的疾病或伤痛；无养老保险与其他经济来源，经济上完全依赖儿女；对未来和生活没有信心，认为“老了不中用了”“牙不好，说话有口臭”；社会活动参与少，绝大多数人很少远离居住区域，与外界环境失去或者没有互动。通过访谈发现，同子女的关系弱化、身体患有疾病、缺少与社会的互动、经济拮据，自我负面评价等事实构成了老年人无力感的基本来源。

组Ⅲ：无力感较强的老年人。

这组老年人是来自不同敬老院的国家五保老年人：老年人普遍认为生活太过孤独，缺少精神和心理上的关爱。身体上的病痛让他们感到“活着遭罪”，存在“早死早利索”的想法，让他们觉得有意义的是年轻时的一些难忘的经历，如一位十几岁就参加红军长征的老年人就一遍遍地讲述了参加长征时的故事和回忆。通过访谈发现，这组老年人不同于前两组老年人，有力事实要素很少，除了难忘的人生经历之外没有获得更多其他有力事实。而无力事实上，没有子女、较差的健康状况、缺少精神关怀和亲情温暖以及政治无力等都使得老年人产生了强烈的无力感。通过分析，老年人无力感的产生主要是基于对“有力”的向往，而对外部用的力又被人或事或关系反弹回来形成负力，即形成了无力感。

无力感多存在于健康不佳、居住环境差、经济拮据、人际关系弱化、社会经验不足，资源缺乏等问题的老年群体。可见，老年人无力感有三个潜在来源：一是老年人自身负面自我评价的态度；二是老年人与社会环境互动过程的负面经验；三是老年人采取有效行动所受到的阻碍与压迫（刘丽晶，2013）。

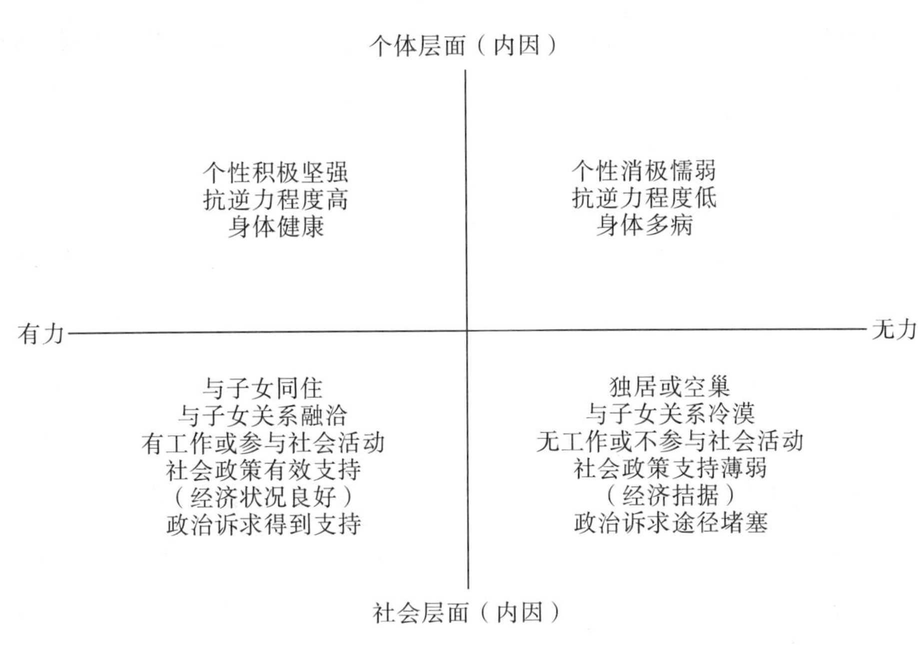

图8－1　老年人的无力感

来源：刘丽晶．基于增权理论的老人无力感结构分析［J］．东北师大学报（哲学社会科学版），2013（6）：281－283.

综上可知，环境和关系是影响老年人无力感的重要因素。

1．环境无力感

无力感与环境紧密相关，环境指影响有生命事物的所有因素和条件，这里关注的是社会环境对老年人的影响。老年人生存的社会环境包括家庭环境、工作环境、社区环境等狭义上的社会环境，也包括经济环境、文化环境、政治环境等广义上的社会环境。老年人所认知的无力感来自其和环境之间的互动过程，当无法选择环境、无力改变环境时，便会产生不同程度的无力感。例如，当老年人感知到社会对他们的普遍消极刻板印象（老年人有老人味、虚弱、无法自理），却无法凭一己之力改变这种错误观念，这种无力感便会引发老年人对自己的责备感、对社会的不信任感、对人群的疏离感，进而引发老年人对个人与整个社会环境抗争的无力感。

2. 关系无力感

关系指事物之间相互作用、相互影响的状态。个体总是处于社会关系之中，社会关系包括个人之间的关系、个人与群体之间的关系、个人与国家之间的关系。人际关系对老年群体显得更为重要，老年人主要面临的关系是家庭关系、朋友关系、社区关系等，影响因素不同会产生不同程度的无力感。

家庭关系是各种人际关系的核心，可以说是影响老年人生存状态的重要关系。老年夫妻关系如何，是否有儿女，是否与儿女共同居住，儿女是否经常探望，与儿女关系是否融洽，这些是影响老年人无力感程度的关键因素。朋友关系为老年人家庭以外的人际关系，包括邻里关系、同事关系、同侪关系等。对于有工作与参与社会活动的老年人来说，多种关系互相交错，形成关系支持网络，可在不同程度降低老人无力感。

（二）老年人的社会参与

国外学者主要从角色介入、社会互动和功能发挥3个角度定义老年人的社会参与。老年社会参与被定义为老年人有意义地参与社会活动和生产活动，或从事涉及个人行动和对他人有贡献的活动。这种定义不仅不局限于老年人是否参与活动，而且还进一步强调了老年人的参与程度如何，即老年人在参与的过程中是否发挥了积极的作用。

国内学者对于老年人社会参与的定义涉及社会交换、角色扮演、符号互动、价值实现等基本内涵，并体现3种价值取向，即个人价值主导论、社会价值主导论以及多元价值主导论（谢立黎、汪斌，2019），如表8－1所示。

表8-1　国内老年社会参与的内涵

人物	价值导向	观点
邬沧萍等（1999）	个人价值主导论	政治层面的参政议政、经济层面的再就业和文化层面的活动参与等
王莉莉（2011）	个人价值主导论	强调老年人在社会参与的过程中的互动、联系以及角色价值的实现，将照顾孙辈等无报酬的活动也纳入老年人社会参与的范围
陈岱云和陈希（2015）	社会价值主导论	从社会与老年人价值交换的角度将老年人社会参与定义为老年人在接受社会服务的基础上通过社会参与来回应社会，继续与社会进行互动
刘颂（2006），杨华和项莹（2014）	多元价值主导论	从老年人自我价值的实现出发认为社会参与强调老年人能够按照自己的需要、愿望和能力参与社会

尽管不同学者对老年人社会参与给出不同的定义，但总体上都强调要与他人发生联系并在互动中实现自我价值。从内容上看，老年人的社会参与呈现出从经济层面和社会层面向家庭层面和个人层面拓展、从正式参与向非正式参与拓展的趋势。

（三） 社会参与促进老年人健康

社会参与可以在身体健康和心理健康方面产生积极的健康结果，促进老年人的社会参与需要全社会共同的努力。老年人是社会的财富，当前老年人更多是具备社会参与的能力与热情，缺少保持社会参与的经济、心理、政策支持，因而需要了解老年人独特的社会参与需求，帮助他们保持身心健康。

1. 社会参与需求

一般认为，老年人退出劳动力市场、终止劳动过程后便乐于安享晚年，精神健康状态将获得较大改善，而事实并非如此。退休后，老年人的身体健康和生活满意度都有一定程度的增加，尤其脑力劳动者表现更为明显。但仍有部分老年人在退休后，十分怀念退休前的工作状态。原因在于以下两个方面。

一方面，退休老年人正处于社会角色转换与社会参与变化的过渡阶段，减少了与工作相关的身心活动或社交网络等带来的社会接触，不少老年人缺乏相应的调整能力，缺少社会参与，出现社会隔离，极易产生抑郁症状，并与慢性病共同作用产生恶性循环，严重抑郁者甚至会增加自杀风险，给老年人的精神健康带来极大威胁和挑战。

另一方面，当代老年人退休后保持社会参与的可能性大大增加。这主要是由于老年群体的特殊性：第一，老年人劳动力的丧失是逐步发生的。人均预期寿命的逐渐提高，客观上延缓了个体的老化速度，使得部分老年人仍然具有社会参与能力。第二，不同于青壮年为解决经济、社会等需求从事工作的强制性，老年群体经历了生育、教育和就业等生命事件以后，经济、社会压力逐渐减少。社会参与作为老年群体退休后可供选择的保持社会联系的方式之一，具有非强制性和自愿性。可见，退休并不意味着完全退出社会。大多数低龄老年人在退休后，依然保持着较健康的身体和充沛的精力，同时又具有丰富的知识和工作经验，仍可作为一支重要的人力资源储备队伍，为经济和社会建设贡献自己的力量。

2. 社会参与对抗抑郁

在个体的生命历程中，劳动参与作为生产性老龄化的重要活动形式，是个人控制、自我认同、经济资源和社会联系的核心，也是个体社会身份的重要体现。因此，虽然退休在一定程度上能够减缓压力和角色过载等造成的抑郁症状，但退出工作角色也意味着对生活控制感降低，表现为老年人失去知觉控制、产生身体功能障碍，从而导致更高的抑郁率。因此，社会参与是影响成人老化过程的重要活动，对老年人精神健康的累积影响亟待重视。

关于老年人社会参与和抑郁症状关系方面的研究，主要分为以下三种观点（白玥，2020）。

第一种观点认为，老年期经历生命事件的复杂性相对较低，应对能力相对较强，因而他们比青年人感知的压力更小，不容易发生抑郁症状。突然、过早或被迫退休的工人抑郁症状会增加，而那些“按时”退休并自愿退休的老年人，其抑郁症状与不退休相比并无差异。这可能因为就业和社会参与在一定程度上增加他们的压力，产生常见的精神障碍，如抑郁症和焦虑症，是工作人群生活质量受损的重要原因，而退休则减缓了工作带来的压力，不容易增加抑郁症状。

第二种观点认为，没有社会参与的老年人更容易出现抑郁症状。有学者发现，处于退休年龄的男性在没有进行社会参与的情况下，比那些从事社会参与并取得报酬的退休年龄男性抑郁程度更高。

第三种观点综合考虑了劳动参与和其他影响因素的多重综合影响，认为对于老年人来说，身体健康、精神健康以及其他因素如社会经济地位、工作特点和工作状态变化情况等对抑郁症状都起到重要作用，从事社会地位较高的职业，有利于预防抑郁症状的产生。

3. 社会参与促进健康

老年人通过社会参与获得新的社会角色，可以缓解因退休产生的抑郁情绪和心理问题。衰老并非仅给老年人的社会网络带来消极影响，增龄伴随着老年人朋友隔离的风险上升，但是，其陷入家庭隔离的可能性却出现下降。另有学者认为，老年人的社会经济地位、社会参与和社会环境因素，对老年人的隔离（家庭或朋友）有重要影响。由于老年人缺乏社会网络或融入社会的渠道，容易产生社会隔离，对于老年人陷入社会隔离和参与渠道缺失的问题，参加社会活动对老年人的精神健康促进作用比生理健康更大。

老年人参与社会，既有与他人互动产生的自我积极评价，也有参与过程中对身心健康的积极影响，参与活动所形成的共享关系，促进了老年人自身健康，尤其是精神健康。可见，老年人通过积极参与社会活动可以减少他们的孤独感体验。参与活动所形成的共享关系促进了参加各类兴趣活动并积极融入社会参与进程的老年人的自身健康，尤其是精神健康（彭定萍、丁峰，2020）。

二、增权理论视域下老年人的社会参与

增权理论是由美国学者巴巴拉·所罗门（Barbara Solomon）于1976年提出的，他通过研究美国的非裔黑人，提出对被歧视的少数族裔或弱势群体开展增权工作。随后，增权理论渐渐成为社会工作的核心概念。

（一）“增权”的含义

“增权”是现代社会工作理论的重要概念，意指赋予或充实个人或群体的权利。在现实生活中，由于利益分化和制度安排的原因，处于社会底层或社会边缘的弱势群体总是缺乏维权和实现自我利益主张的权利和能力。如果要改变这种状况，就必须对权利进行再分配，走增权的途径。

增权涵盖以下三方面：一是个体层面的增权，指个体得以控制自身的生活能力以及对所处环境的融合与影响能力，包括实际控制能力和心理控制能力两个方面。对于不同的弱势群体来说，其增权的侧重点不同，各元素的权重也不同。二是人际关系层面的增权，一方面可以增加一定的社会资源或社会资本，另一方面可以提升自己的形象，争取公平的社会环境。三是社会参与层面的增权，这指向社会决策的影响，表达自己利益诉求和参与社会资源的分配，争取到与健康和进步文化相匹配的社会公正和社会平等待遇。

“增权”是要帮助社会弱势群体，以增强个体的信心和能力，从而使其能展开行动以改善生活处境。“增权”的关注点是提高弱势群体的权利和社会参与度，并提高其面对问题与解决问题的能力。根据增权理论，老年人在逐步衰老的过程中，要面临社会环境和社会关系的变化以及由此带来的诸多不适应问题，通过激发老年人的自尊和自信，鼓励老年人自己解决问

题，促使老年人进行社会参与，可以使老年人认识自我价值，提升独立自主性，在一定程度上恢复其生理和社会功能，提高其生活满意度。

在中国老龄化和城镇化过程中，社会生活的变迁，使老年人跟不上现代化的步伐，带来了诸多的老龄问题。增权理论在某些方面可以解释中国老年人的社会参与状况和健康状况，为研究中国老年人的社会参与和健康的关系及影响因子提供了理论依据（位秀平，2015）。

（二）老年群体需要增权的原因——个体层面

尽管老年人自身具备较强的主观能动性，但随着年龄增长带来的生理、能力和心理上的衰退，他们需要消耗更多的努力来提高内部控制能力以实现“增权”。

1. 生理机能衰退

老年群体的生理机能在此阶段的衰退变化特别快，而且，老年人面临各种疾病的威胁，再加上老年人本身由于身体条件的限制造成功能性的制约，这些都会使他们产生强烈的无力感。

2. 能力衰退

生理机能衰退带来的最大影响便是能力的衰退。老年群体由于身体、心理等各方面的原因，会出现反应慢、行动不便等问题；很多老年人自我照顾的能力降低，需要依靠家人。而且，因为逐渐脱离社会加上行动不便，谋生能力开始降低。

3. 心理机能衰退

老年人退休后，由社会上的独立个体变成被照顾的对象，从经济独立的个体变成可能需要得到子女或社会资助的对象，从拥有忙碌的工作到退休在家、空闲时间占据生活，这一转变很容易让老年群体自我否定，这在一定程度上使老人产生不良的心理变化。

（三）老年群体需要增权的原因——社会关系层面

部分老年人对自身情况不甚了解，也无法找到有效进行社会参与的途径，会导致社会圈子缩小，加上人们普遍存在对老年人和老龄化的偏见，正式与非正式社会系统供能不足，容易使老年人长期处于社会边缘地位。

1. 社会交往圈缩小

老年人离开工作单位后，他们的人际关系圈也在缩小。同时，老年人受年龄、活动范围、身体健康等因素的限制，与其他年龄人群的共同语言、交往机会越来越少；加之，有的老人不愿意参加社区组织的活动，仅仅局限于家庭这个小圈子，最后导致交往圈不断缩小。

2. 社会支持系统影响力降低

社会支持系统可以提高老年人解决问题的能力，但是由于老年群体逐渐与社会脱节，所以他们主要依靠亲朋好友等非正式系统来提供社会支持。而现实是，非正式支持系统对老年人提供的帮助正在减少，正式的社会支持系统由于自身的限制，能为老年群体提供的服务十分有限，这使得老年人的社会支持系统面临巨大的压力。

（四）老年群体需要增权的原因——社会参与层面

随着年龄增长，除了身体因素以外，退休后经济收入减少和社交圈子缩小，老年人需要从社会参与中得到“赋权”。

1. 社会地位降低

现代社会对地位高低的考量主要根据个人获取经济资源的能力、对社会关系网的控制力以及对社会政策的影响力来确定。而老年人作为逐渐退出社会劳动领域的群体，他们获取经济资源的能力、对社会关系网的控制力以及对社会政策的影响力都因此而减弱。

2. 经济利益没有合法的保障

虽然有关老年人的一些福利待遇在提高，但受益对象并不包括所有的老年人，多数老人的经济利益得不到应有的保障。由于国家退休制度的要求和劳动力市场对年龄的要求，限制了老年人工作的机会。这一矛盾现状会使老人对自己形成负面评价，产生无力感（陈丹，2015）。

（五）介入措施

基于对老年人无权问题形成原因的分析，可以依据增权理论从个体层面、人际交往层面和社会参与层面等三方面介入老年服务。

1. 个体层面

在开展老年服务过程中，社会工作者应根据个别化的原则，帮助老年人制订适合自己的增权计划，帮助老人重构自我。老年人退休后应尽快提高适应社会环境的能力，适应角色的转化；相信自己潜力无限，注重潜力的开发；注重自身身体素质与心理素质的提高；提高自信心与满足感。

2. 人际交往层面

通过人际交往，老年人可以获得一定资源支持，这有利于帮助老年人增强对自己的信心，增加社会影响力，改善自身与他人的相处环境。因此，在开展老年服务活动过程中，一方面，社会工作者要增进老年人之间的交流，加强了解与沟通，减轻他们的无力感；另一方面，要鼓励老年人走出家庭，融入社区大环境中，积极参加社区组织的各类活动，使他们在参与活动的过程中，充分发挥自身的潜能，提升自身的能力；同样也可以扩大交际圈，获得支持性系统，使他们的晚年生活丰富多彩。

3. 社会参与层面

针对老年人社会参与层面的增权，需要提高他们参与社会组织各类活动的热情和积极性，了解并逐步掌握维护自身合法权益的方法与途径。比如，社区开展“老年趣味运动会”，满足老年人多方面的需求。在参与社区活动的过程中，让老年人体会到活动的快乐，发现生活的乐趣，发现自身的价值。老年人可以与他人建立良好的关系，不断扩大交际圈，构建社会支持网络，激发创造活力。他们还可以自发地举办相应的社区活动，帮助老年人感受到来自社区的关怀，增强他们对社区的归属感，不断创造新的生活；而且老人们可以从这次活动中获得经验，并扩大交际圈，还能从同伴中得到启发，以后自发举办相应的活动并成为领导者，继续发挥余热。

三、提高老年人的参与意愿

老年人参与社会的重要作用已经得到众多研究的证实，提高老年人的社会参与的意愿成为实现积极老龄化的重要举措，促进老年人积极参与可以从环境、政府和老年人自身着手。

（一）营造良好的社会环境

在老龄化进程不断加快的今天，开发老年人力资源是促进社会可持续发展的重要举措。从社会层面看，老年人的知识、技能、经验等是社会发展的宝贵财富，社会应当创造条件让老年人回归社会，继续发挥优势和特长。从老年个体层面看，老年人有发挥余热、积极参与社会的需要和愿望，他们乐于成为社会发展的积极参与者和贡献者。

志愿服务由于有较高的社会效益，受到越来越多国家政府的重视。老年人退休后时间充裕，体力和精力仍有剩余，逐渐成为志愿活动的主力军。许多国家的志愿服务活动起步早、规模大、社会效益好。它们在国内有广泛的群众基础和良好的社会声誉，已逐渐步入组织化、规范化和系统化的轨道，形成了一套比较完整的运作机制和国际惯例。在美国、日本等一些国家，社会各界高度重视包括老年志愿者活动在内的一系列志愿服务，进行深入而广泛的宣传，从而使志愿服务意识深扎于公民的心灵深处，志愿服务蔚然成风，成为公民的自觉意识与主动行为，为志愿服务的持续深入发展奠定了良好的社会基础，创造了浓厚的舆论氛围。

我国的志愿服务，特别是老年志愿者活动起步不久，无论是志愿者招募培训、活动项目设计还是经费投入、相关保障等都与发达国家有较大差距，更需要进行深入的发动和广泛的宣传，老年志愿者用自己辛勤的汗水为社会创造了巨大的经济和社会效益，也理应获得社会各方的理解和褒扬。为鼓励老年人参与志愿活动，促进老年志愿者规模扩大，应从以下几方面入手：改变老年人对自身和志愿活动的错误观念，通过政府的积极作用保障老年志愿者的权益和激发老年人参与志愿活动的热情。

1. 改变错误观念

受传统观念影响，老年人应该待在家里颐养天年，加之农耕文化下的老年人到一定年纪后，由于年轻时承担的苦活重活太多，吃不饱穿不暖，年纪渐长后身体病痛很多，千百年来给社会留下老年人是累赘、麻烦的负面刻板印象，甚至导致老年人对自身老化、身体变化的厌恶，使社会各个群体（包括老年人）对老年群体形成错误的价值定位和年龄歧视。

在现实生活中，我们可能会听到一些小孩子说“我不要变老，变老好丑”，或者父母对年幼的儿女说“以后我绝不会像你奶奶这样”，或者老年人自言自语“人老了，没用了”“我宁愿早点死掉”等一类的话，这些可能潜移默化地让下一代将衰老与病痛、虚弱、无用、唠叨等词联系在一起。实际上，从人力资源角度看，老年人是巨大的资源宝库，他们的技能、阅历和生活经验是人类社会得以传承的重要资源，要给予他们应有的尊重、承认和关注。我们应摒弃老年人是弱者的陈旧观念，更不要有意无意地将对老年人的错误定位传递给下一代。此外，老年人在化解居民矛盾、关爱帮助青少年等方面也能发挥重要作用，支持身边的老年人“老有所为”实际上是在帮助老年人乐活老年的同时，便利社会大众的生活。

2. 关心和奖励身边的老年志愿者

一般的志愿者活动具有志愿性、组织性、公益性、无偿性等特征。与青年志愿者相比，老年志愿者有着时间、空间、亲情、威望、经历等诸多方面的优势，故老年志愿者除了有一般志愿者的特征外，有自身的一系列特征，如参与热情高、参与动机多元、注重精神奖励、倾向于与同龄人合作等。

老年志愿者为社会的贡献注重精神奖励（社会评价方式的一种），满足自身心理上的需求，而不注重物质奖励。他们参与志愿者活动，更加期待得到社会的支持与认可，例如获得表彰，得到某种荣誉性激励等。老年志愿者期待自己的行为得到更多的鼓励与肯定，以证明自身仍然能够为社会做贡献，自身仍然有社会价值。

因此，社会应该给予老年志愿者更多的关心，例如，表彰提供志愿服务的老年人；重点宣传有突出贡献老年志愿者的事迹，给予老年志愿者精神上的鼓励；关心老年志愿者的身体状况；鼓励志愿者参加力所能及的志愿活动；帮助老年志愿者协调相关问题；为老年志愿者开展活动出谋划策；关心老年志愿者的需求和兴趣；帮助老年志愿者解决生活中的困难；等等。

3. 加大宣传先进典型事迹

新闻媒体和有关部门等要加大对老年志愿者活动中涌现出的先进典型事迹的宣传，倡导和弘扬志愿服务精神。惩恶扬善是社会的基本道德准则，要大力弘扬老年志愿者的服务精神，宣传服务内容，这不仅能够推动更多公民加入老年志愿者队伍，也能培养良好的公民意识，提高社会的道德水平。

（二）发挥政府的积极作用

老年志愿者活动需要政府在人力、资金、政策、信息等方面给予支持。虽然志愿者活动大多是非政府行为，但在目前我国公民社会尚未发育成熟的背景下，政府的推动和支持对老年志愿者活动的持续发展有着十分重要的意义。国内志愿服务方面的现实情况和老年志愿者的特殊性，决定了老年志愿者活动要持续深入发展离不开政府的大力支持，政府应当在老年志愿者活动中发挥提供支持、推动发展、协调关系等作用。同时，发展老年志愿服务是构建养老服务体系的重要举措，老年志愿者可利用其就近、便利、熟知等条件，在助餐、助医、助洁、助行、助急等各个方面为高龄和困境老人提供常态化的服务，能够打通养老服务难以覆盖的“最后一公里”，更好打造养老服务体系的终端网络，对于社会发展和进步具有促进作用。

1. 提供法律法规支持

老年志愿者在活动中获得的相应保障太少，最主要原因是缺少权威的、国家层面的法律法规。现有的《中华人民共和国老年人权益保障法》中只笼统规定，国家应当为老年人参与社会主义物质文明和精神文明建设创造条件。根据社会需要和可能，鼓励老年人在自愿和量力的情况下，从事下列活动：①对青少年和儿童进行社会主义、爱国主义、集体主义教育和艰苦奋斗等优良传统教育；②传授文化和科技知识；③提供咨询服务；④依法参与科技开发和应用；⑤依法从事经营和生产活动；⑥兴办社会公益事业；⑦参与维护社会治安、协助调解民间纠纷；⑧参加其他社会活动，但并无具体的解释规定和支持措施。

推进老年志愿者活动方面的立法，明确老年志愿者活动的法律性质，保障老年志愿者及其所在志愿者组织的地位、权利和利益。通过立法和宣传，鼓励更多人参与老年志愿者活动，有效解决老年志愿者群体面临的尴尬和困惑，已经成为推动老年志愿者活动深入发展的当务之急。

老年志愿者活动的立法必须立足我国国情，与经济社会发展水平相适应，政府要鼓励老年志愿者组织的发展，减少对老年志愿者组织的准入限制，既从法律上保证老年志愿者组织的独立地位，又对老年志愿者的招募、培训、权责、活动领域和项目、经费和人身保障等方面进行明确的规范或界定。

2. 提供资金支持

尽管志愿者服务大多是出于公益目的，没有收取酬劳，但开展资源活动、公益组织的运行仍要有资金的支持。过去，一些志愿者组织开展活动，其经费要么由志愿者自捐，要么从社会拉赞助。这两种方式都不利于志愿服务事业的健康发展，前者是让志愿者既出力又出钱，容易影响个体参加志愿服务的积极性；后者则难免使公益活动带有商业味，而带有商业味的志愿服务活动，往往会引起人们的误解。

政府在资源筹集方面具有得天独厚的优势，这也是世界各国志愿者组织的资源大多来自于政府资助的主要原因。据统计，美国非营利部门超过30%的资源来自于政府资助，其志愿者的服务相当于900万工作者的全时工作量，每年约创造2 550亿美元的经济价值。英国志愿组织的政府拨款占40%以上，澳大利亚政府拨款达55%左右，非营利部门对政府的资金依赖程度在未来还会呈现上升趋势。我国政府有必要借鉴国外做法，加大对老年志愿活动经费的投入，从根本上保证活动的长期持续开展。

3. 开拓志愿服务方式和种类

在美国，志愿服务人数占国家总人数的比率高达56%，而在英国，大约有70万个社区和志愿者组织。是什么促使他们热衷于参与志愿服务呢？从一些志愿组织的组成和志愿活动可以探知其中的奥秘。例如，全球志愿者组织是一个非营利组织，该组织大约有一半的志愿者是老年人。它的一些海外项目可以让志愿者选择想去的地方，并发挥自己的技能和经验。最受欢迎的是保护项目——志愿者将与亚马孙雨林、野生动物保护区，或加拉帕戈斯群岛的自然保护主义者合作，帮助植物和濒危野生动物茁壮成长；或者保护联合国教科文组织世界遗产和考古遗址，保护海洋生物，等等。志愿服务不拘泥于传统的维修家电、派传单等形式，以更新奇、有趣的形式帮助老年人发挥余热、贡献社会，更能得到老年人的支持与参与。

（三）激发老年人参与热情

1. 培育志愿服务意识

有关部门和社会组织要依托各种宣传阵地，采取多种宣传方式和手段，帮助老年人充分了解老年志愿服务的具体内容和意义，调动老年人参与志愿服务的意愿，激励老年人从志愿服务中获得精神慰藉。还可以树立并宣传老年志愿者典型，要让老年人解除思想上的困惑，帮助他们正确客观地认识自身价值，增强参与动力和信心，培育服务意识和奉献意识，鼓励老年人积极地寻求新的角色扮演，从而促使他们主动参与到老年志愿者行列中来。

2. 为老年志愿者提供必要服务

老年志愿者为社会服务的前提是，社会为其服务提供支撑。老年人本身是社会上的相对弱势群体，在生活料理、教育、娱乐、医疗保健、法律支援等各方面有着各类需求，当老年人的需求得不到满足时，他们难以萌发志愿为他人服务的意识。而当街道、社区和有关部门等为他们提供必要而周到的服务，解决后顾之忧后，他们会更愿意、更积极地投入到志愿活动中去，将自身所得化为爱心奉献给他人。

3. 重视精神激励

尽管大部分老年志愿者参与活动并不是为了得到奖励，但是适当的激励对老年志愿者而言十分重要。老年人退休后离开工作岗位，逐步退出社会圈子。减少了社会交往的老年人，在居家生活中难以满足自身获得赞赏的需要、获得肯定的需要。老年人参与志愿活动的目的部分为打发闲暇时光，但更多是为了证明“我仍然能为社会做贡献，我仍然具有价值”这一精神需求。实践证明，志愿活动的组织者不能把老年志愿者完全当免费劳动力来使用，没有激励会挫伤他们的服务积极性。通过一定的激励，能够更好地激发和调动老年志愿者的积极性，促使老年志愿者更积极努力地参与志愿活动，达到更满意的活动效果。

老年人是社会发展的受益者，同样也是年龄一体化社会的参与者和贡献者，全社会要重新树立起对老年群体的新观念的同时，需要为老年人的身心健康发展提供更多便利。通过改善社会对老年人的观念、奖励和宣传老年志愿者，形成全社会尊老、爱老的环境。政府提供法律、资金和其他支持促进老年人的参与意愿，老年人自身也不断提升志愿参与意识，最终真正建立起一个人人参与的社会，推进和实现健康老龄化和积极老龄化。

【参考文献】

[1] DIENER E. Subjective well – being [J]. Psychology Bulletin, 1984, 95 (3): 542 –575.

[2] RYFF C D, SINGER B H, LOVE G D. Positive health: connecting well – being with biology [J]. Philosophical Transactions of the Royal Society Biological Sciences, 2004, 359 (1449): 1383 –1394.

[3] 李绍洪，张苛，方新立. 积极心理学与老人幸福感关系的研究 [J]. 天津师范大学学报（社会科学版），2013 (2): 61 –65.

[4] 刘丽晶. 基于增权理论的老人无力感结构分析 [J]. 东北师大学报（哲学社会科学版），2013 (6): 281 –283.

[5] 谢立黎，汪斌. 积极老龄化视野下中国老年人社会参与模式及影响因素 [J]. 人口研究，2019，43 (3): 17 –30.

[6] 白玥. 劳动参与缓解老年抑郁症状的影响研究 [J]. 浙江工商大学学报，2020 (5)：144 - 154.

[7] 彭定萍，丁峰. 社会参与影响老年人健康的信任机制研究：基于 2015 年 CGSS 数据的实证分析 [J]. 北方民族大学学报，2020 (1)：91 - 98.

[8] 位秀平. 中国老年人社会参与和健康的关系及影响因子研究 [D]. 上海：华东师范大学，2015.

[9] 陈丹. 浅析增权理论在老年服务中的应用 [J]. 商，2015 (3)：80.

[10] 邬沧萍，杜鹏，姚远，等. 社会老年学 [M]. 北京：中国人民大学出版社，1999.

[11] 王莉莉. 中国老年人社会参与的理论、实证与政策研究综述 [J]. 人口与发展，2011 (3)：35 - 43.

[12] 陈岱云，陈希. 人口新常态下服务于老年人社会参与问题研究 [J]. 山东社会科学，2015 (7)：114 - 119.

[13] 刘颂. 积极老龄化框架下老年社会参与的难点及对策 [J]. 南京人口管理干部学院学报，2006 (4)：5 - 9.

[14] 杨华，项莹. 浙江农村老年人社会参与影响因素研究 [J]. 浙江社会科学，2014 (11)：147 - 160.

第九章 国际视野下的积极老龄化

人口老龄化是世界共同的未来景象，积极应对人口老龄化已经成为全球共识。自 1999 年世界卫生组织（WHO）提出“积极老龄化”概念以来，历经 20 余年发展，积极老龄化的学理研究与实践应用，都取得了不俗成绩。一些发达国家积极应对人口老龄化的创新做法和改革措施，值得我们学习思考和理性借鉴。本章介绍国际社会积极应对人口老龄化的一些经验举措和成果，尤其是同处东亚文化圈的韩国、日本的一些做法，旨在为我国积极应对人口老龄化提供思路借鉴与决策参考。

第一节　积极老龄化的国际推进

从人类社会发展的历史来看，积极应对人口老龄化的行动存在必然性。19 世纪后期，老龄化现象开始在欧洲部分国家出现，并向全球蔓延。这引起了联合国的重视，并出台了相关政策指引。联合国前瞻性、针对性和全面配套的政策措施，促进了积极老龄化在全球范围内的推进。欧洲社会老龄化出现最早，客观上促使欧盟成为最早主动推动积极老龄化的地区组织，欧洲积极老龄化政策逐渐向机制化、平台化发展。积极老龄化指数（AAI）作为一套综合衡量指标体系，为国家和地区提供了一个可供参考的宏观政策决策工具。

一、联合国的前瞻引领

早在积极老龄化概念出现以前，联合国大会于1948年通过的《世界人权宣言》为保障老年人权利奠定了一定基础，如“人人有权工作、自由选择职业、享受公正和合适的工作条件并享受免于失业的保障”“人人有权享受为维持他本人和家属的健康和福利所需的生活水准，包括食物、衣着、住房、医疗和必要的社会服务；在遭到失业、疾病、残废、守寡、衰老或在其他不能控制的情况下丧失谋生能力时，有权享受保障”“人人都有受教育的权利”“人人有权自由参加社会的文化生活，享受艺术，并分享科学进步及其产生的福利”等。

从全球视角看，19世纪后期，欧洲一些发达国家生育率率先进入持续下降的阶段，老龄化现象开始在部分国家出现。1851年，法国60岁及以上人口比重达到10.1%，成为世界上第一个老龄化国家。此后，瑞典、挪威、英国等一批欧洲国家也开始步入老龄化国家行列。20世纪70年代以后，老龄化逐渐向亚洲和美洲地区扩散，全球老年人口的比例持续增长。例如，全球老年人口的比例在1950年是8%，在2000年为10%，预测在2050年将达到21%（见图9-1）。

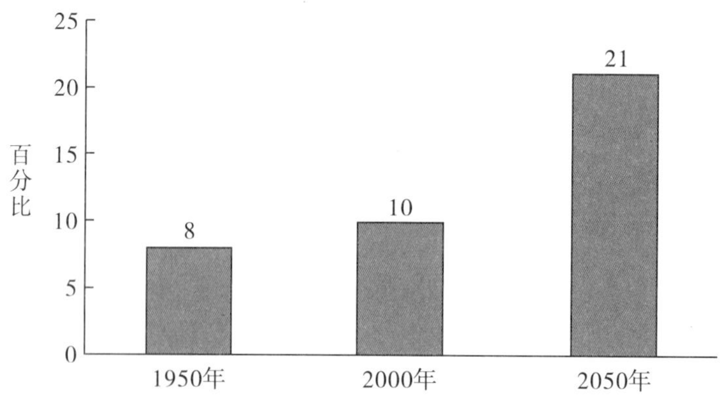

图9-1　1950—2050年60岁以上的人口比例

来源：世界人口老龄化：1950—2050[EB/OL].[2021-06-25].https://www.un.org/chinese/esa/ageing/trends.htm.

为迎接世界人口变化所带来的挑战，1991 年联合国大会通过了《联合国老年人原则》，确立了老年人的“独立、参与、照顾、自我充实、尊严”五原则，并在 1992 年的第 47 届大会上讨论通过了《老龄问题宣言》，并将 1999 年确定为“国际老人年”，其主题是“建立不分年龄人人共享的社会”，具体包括“个人终身发展、多代关系、老龄化与发展、老年人处境”四个方面。

2002 年，联合国大会在马德里召开了第二次老龄问题世界大会，大会通过了《老龄化马德里政治宣言》和《老龄问题国际行动计划》，积极老龄化观念被纳入到各国的发展框架。2006 年以来，联合国就《马德里行动计划》的执行情况进行了审查和评价。连续多年的审查和评价表明，积极老龄化在全球范围的推进，尤其是在发达国家的推进呈现出良好绩效。2010 年联合国大会设立了老龄问题工作组，2011 年至今已经召开了多次工作会议。

2005 年世界卫生组织召开世界卫生大会，通过了《加强老有所为和增进老年健康》的决议，从三个方面敦促各国提高应对老龄健康问题的能力：一是开发一套“工具包”，帮助初级保健服务提供者认识并了解老龄人口的特殊需要；二是制定一套“关爱老龄城市准则”，为老龄人口参与社会提供环境；三是建立一个“知识库”，完善老龄人口保健体系。

国际劳工组织（ILO）作为联合国的一个专门机构，旨在促进社会公正和国际公认的人权和劳工权益。其在落实《马德里行动计划》时，更注重为老龄人口提供就业机会。该组织在 2003 年着手修改 1975 年制定的《人力资源开发建议书》（第 150 号），增加为老年员工提供教育和培训机会的内容，并于次年通过了题为《人力资源开发：教育、培训和终身学习》的建议书，强调终身学习的重要性，以及政府、企业和个人在其中所承担的责任。其在 2004 年召开了以“老龄社会的就业和社会保护”为主题的会议，希望通过促进充分就业，来达到老年人能够体面、有保障地生活的目的。总之，国际劳工组织以促进老龄就业为目标，从老龄人力资源开发和就业保障两个方面，促进了《马德里行动计划》的落实，解决的正是积极老龄化中最为实际的问题。

二、欧洲联盟的积极实践

欧盟自2003年起，先后通过了一系列与积极老龄化相关的建议和决议。如“欧洲老龄化社会中的社会政策挑战”建议（2003）、“21世纪的老龄化与残疾：建立可持续发展的框架来实现包容社会中的更高质量生活”建议（2009）、“促进积极老龄化——利用老年人的工作潜能”决议（2011）等。另外，为了消除退休前的失业，逐渐推进延迟退休，欧盟第2个十年经济发展规划将“2020年实现20岁至64岁人群的就业率达到75%”列入了欧洲“2020战略”的五项核心目标之一，并设定了相应的政策议程和战略目标，分解到各成员国。

此外，欧盟将2012年确定为“欧洲积极老龄化和代际团结年”，积极推进各成员国在老年人雇佣、社会参与和独立生活三方面的行动。同年，欧盟委员会提出了欧洲积极健康老龄化战略计划，该计划包括三大支柱及其先行行动领域和特别行动领域，相关内容见表9－1。

表9－1　欧洲积极健康老龄化战略计划

支柱	先行行动领域	特别行动领域
预防、筛查和早期诊断	健康素养，增强患者权利、伦理，坚守道德计划，使用新型器械和服务	在地区水准上能够识别是否在更好地坚持治疗上的创新
	个性化的健康管理	发现新方法以更好地管理老年人健康并防止恶化
	对老年人生理和认知功能的下降进行预防和早期诊断	帮助防止功能衰退和脆化
护理和治疗	提高对基于新器械和服务的成功的综合护理体系的建立和复制能力	包括使用地区远程监控技术在内的方法来建立慢性疾病综合护理体系

续上表

支柱	先行行动领域	特别行动领域
积极老龄化和独立生活	通过开放和个性化的方案提高积极老龄化和独立生活水平	发展信息和通信技术用于帮助老年人能够独立和自由活动地活得更久

来源：刘文，焦佩．国际视野中的积极老龄化研究［J］．中山大学学报（社会科学版），2015，55（1）：176．

三、政策制定工具：积极老龄化指数（AAI）

为了给各个国家和地区的政策制定者提供一个有效分析积极老龄化的工具，2012 年，联合国欧洲经济委员会和欧盟根据世界卫生组织对积极老龄化内涵的界定，从就业、社会参与、独立健康和安全生活、积极老龄化的能力和环境四个方面，设计指标，确定权重，形成积极老龄化指数（AAI）。它是一套综合措施指标衡量体系，旨在为各成员国和地区的政策制定者们提供决策依据。积极老龄化指数（AAI）的提出，对于推动全球积极老龄化进程，具有积极的理论探索和实践指导价值。

具体而言，积极老龄化指数（AAI）是一个包含 22 个独立指标（见图 9－2）的工具包，分为四个领域：就业、社会参与、独立健康和安全生活以及积极老龄和环境。前三个领域衡量的是成就，第四个领域衡量的是实现积极主动老龄化成果的起始条件。积极老龄化指数（AAI）的数值介乎 0～100 之间，数值越高，表示老年人对社会的贡献越大，社会福利亦越好。然而，100 的上限是不太可能实现的，因为它意味着“完全的积极老龄化”，它只是一种理论可能性，并非一个可以实现的目标。

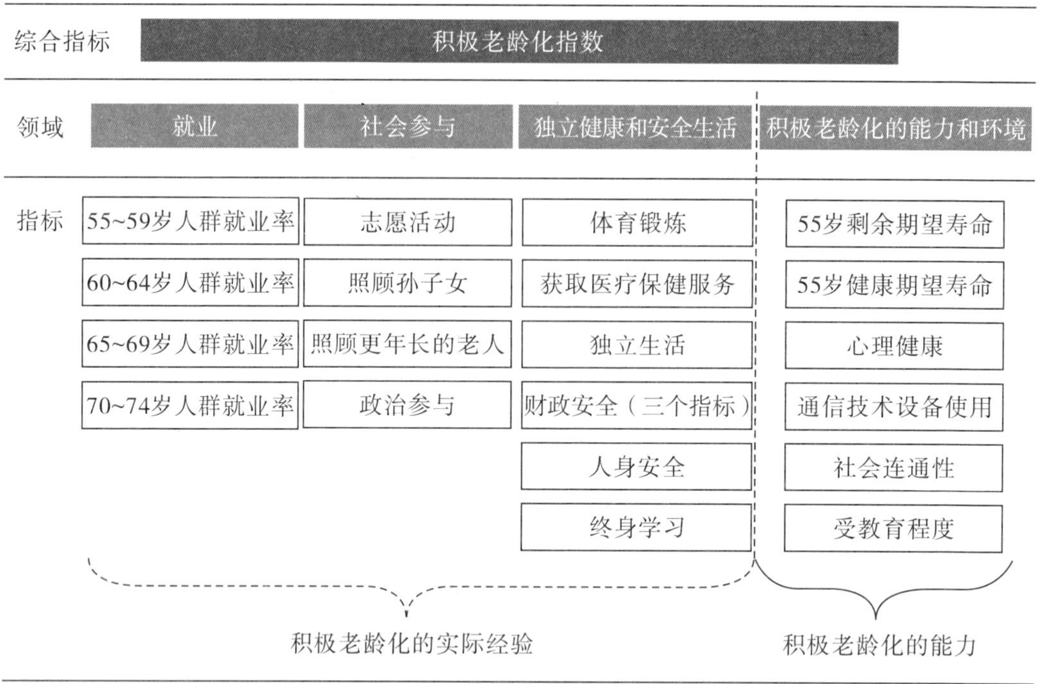

图 9－2　积极老龄化指数（AAI）

注："财政安全"包含三个子指标：收入情况、无贫困风险、无物质匮乏。

来源：ZAIDI A，GASIOR K，HOFMARCHER M M，et al. Active ageing index 2012：concept，methodology and final results[EB/OL].[2022－05－27]http://wwwl.unece.org/stat/platform/display/AAI/Acticve?Ageing?Index?Home.

在欧洲范围内，积极老龄化指数（AAI）是监测欧洲和国家层面积极老龄化政策的主要工具。在《欧盟 2012 积极老龄化指数》报告中，欧盟对各成员国的积极老龄化发展水平进行了排名，前 10 位分别是：瑞士、丹麦、爱尔兰、英国、荷兰、芬兰、塞浦路斯、卢森堡、德国、奥地利。

第二节　世界人口老龄化应对策略概览

人口老龄化，是指老年人口占总人口中的比重增大的人口变动过程。当一个国家或地区 60 岁及以上人口占总人口的比重达到或超过 10%，或者 65 岁及以上人口占总人口的比重达到或超过 7%，即称其为老龄化社会。如果两项指标均达到，则称其为典型的老龄化社会。当65岁及以上人口占总人口的比重达到14%，即进入老龄社会，如果进一步达到20%，则进入超老龄化社会。人口老龄化是人类社会发展的一个必经阶段，也是人口发展的必然趋势和规律。2009年，全世界65岁以上老年人比例达到了7.5%，意味着全球进入了人口老龄化时代。从各国应对人口老龄化的经验来看，重视政治保障、充分利用老年资源和构建社会保障体系，是积极老龄化应有的题中之意。

一、重视政治保障

人们日益意识到，人口老龄化将对经济社会各方面产生深刻而持久的影响，联合国称其为人类历史上前所未有的一场“无声的革命”。世界各国政府都必须高度重视，并采取积极有效的应对措施。政府重视和政策顶层设计的政治保障意义在于：发挥政府的主导作用，通过设立老龄工作机构，强化政府在发展老龄事业中的职能，从宏观角度指导应对人口老龄化行动。

首先，设立老龄工作机构。老龄事业的发展，需要老龄工作机构为之“保驾护航”。例如，韩国设立“低生育率老龄社会委员会”，在《低生育率与人口老龄化基本法》框架下，每5年制订一次新的低生育率老龄社会基本计划；泰国政府成立国家老龄事务委员会，负责统筹政府各部门制定扶助老龄人政策；美国建立退休联邦雇员全国协会、美国老年协会、美国退休人员协会、老年公民全国理事会、老年人委员会；法国设立法国国家退休与老年人委员会、为老服务负责人协会、国家老年学基金会；日本成立老龄问题研究室、厚生省“老年人对策室”等。国际上的老龄组织包括国际老龄协会、国际老龄问题联合会等。通过这些专门机构，从国际组织及国家层面把老龄工作纳入其整体发展计划，统筹谋划，全面应对。

其次，规划养老保障制度。面对越来越严重的人口老龄化形势，西方养老保障体系趋向于政府、企业和个人共同承担责任的三位一体模式。其中，存在两种代表性的年金体制改革模式：一是开源节流，调整年金体系财务结构（如经济合作与发展组织国家的改革）；二是年金体系市场化（如拉美国家的改革）。

最后，注重老年立法。老龄问题涉及社会经济、道德心理、医疗健康等诸多方面，因此，国际社会老年立法的内容也覆盖多个领域，其范围基本涵盖了世界卫生组织提出的积极老龄化政策框架。国际老年立法模式主要有两种，即单独模式和分散模式：前者是将涉及老年人的各个方面统一规定在专门的法律中，美国、日本、韩国都属于此类；后者是将涉及老年人的各个方面分别规定在各方面的法律中，英国、澳大利亚、挪威等都属于此类。

二、充分利用老年资源

越来越多的人认识到，老年人不是社会的包袱，而是蕴藏着巨大智能资本和体能资本的“富矿”，要让这一“富矿”发挥其应有价值，关键是要采取适当的适老方式加以开发利用。

首先，延迟退休。为了维持社会的稳定，减少政策实施的阻力，许多国家都采取了渐进式延迟退休的方式，分阶段逐步提高退休年龄。另有一些国家采取弹性退休年龄制度，员工可在政府规定的退休年龄段内，选择合适的时间办理退休手续，并领取养老金。但是，退休时间的早晚与领取的养老金数额成正比，退休时间越晚领取的养老金越多。通过努力，发达国家低龄老年人的劳动参与率正在逐步提高。

表 9－2　有关国家退休年龄制度

国别	退休年龄制度主要内容
法国	从 2010 年开始，法定退休年龄每年延长 4 个月，到 2018 年法定退休年龄由 60 岁延长至 62 岁，并且逐步提高养老金的缴费年限、雇主和雇员的养老金缴费率
日本	退休年龄由 60 岁逐步推迟至 65 岁，到 2025 年，日本老年人满 65 岁才能领取养老金
美国	退休年龄一般集中在 62～70 岁，在 62 岁时，可以申请提前退休，但只能领取 70%～75% 的公共养老金，到 67 岁时申请正式退休可领取全额的退休金。美国政府规定最晚的退休年龄不得超过 70 岁
瑞典	法定退休年龄为 65 岁，但最早可以提前到 61 岁退休，最晚可以延迟到 70 岁退休，到了法定退休年龄就可以领取全额的退休金。在 65 岁之前退休的，退休时间每提前 1 个月，退休金减少 0.5%；65 岁之后退休的，退休时间每推迟 1 个月，退休金增加 0.6%

来源：贺莎莎，孙建娥. 国外积极老龄化政策实践及其对我国的启示［J］. 重庆科技学院学报（社会科学版），2017（11）：28－30.

其次，鼓励参与。为鼓励老年人继续参与社会工作和社会活动，国际社会做出了多方努力。例如，美国为老年人参与社会工作提供了各种便利条件，发展银色经济，设立包括政府、学术机构、老年群众组织等在内的老龄工作机构，建立社区型老年教育模式；日本设立了连锁性“银色人才中心”，为老年人提供公益性职业介绍，设置老龄工作机构，重视老龄问题研究，设置敬老日，发展老龄产业；法国提出了“终身教育”理念，建立“第三年龄大学”，开展老年学术研究，向发展中国家派遣退休老年人才，设立老龄问题情报中心；德国成立了老年人再就业中介组织，建立老年大学，开展老年志愿者活动。

再次，提高退休门槛。除提高退休年龄外，许多国家还采取强制的和激励的方式延后领取养老金的年龄，归纳起来主要有五种模式：

一是延后退休的养老金奖励与提早退休的养老金处罚并行。如德国规定，如果63～64岁退休，每年降低3.6%的养老金给付，如果65岁以后退休，每年增加6%的养老金给付；英国规定，65～70岁退休则每年提升7.5%～10.4%的养老金给付，并增加一次性给付的奖励；法国、芬兰、奥地利、丹麦、意大利、瑞典等国也有类似的规定。

二是紧缩提早退休领取养老金的条件。如比利时规定，社会成员如果在60岁退休并领取养老金，则需满足交纳养老保险年资35年的条件，而过去这一年限是30年；意大利把原定的54～56岁领取养老金需满足交纳37年保费的规定提高为年龄达57岁的养老金领取者需交纳40年保费。

三是改革与养老金相关的其他社会保障制度。如多数经济合作与发展组织（OECD）国家由于拥有完备的失业保险、失能保险、疾病保险等社会保险，且其给付周期较长，促使许多老年人靠领取这类保险给付生活而提前退出劳动力市场。为改变这种状况，英国、意大利、瑞典强化了领取失能保险给付的资格审查；挪威引进1～4年的临时疾病保险给付，替代长期性的疾病保险给付；芬兰正在分阶段逐步取消失业保险金，取消提前退休的养老金支付。

四是为雇用老年人的企业提供多种形式的政府补贴。如日本规定，企业继续或新雇用老年人就业，或提高强制退休年龄，或雇用60～64岁员工超过15%，均可获得政府补贴；韩国规定，雇用55岁以上员工超过6%、雇用50岁以上且失业3个月以上的员工、留用或新聘退休者的企业，均可获得政府补贴；奥地利规定，雇主无须支付原本由企业承担的50岁以上员工的失业保险费。

五是制定反年龄歧视法律，保障老年人的工作权利。如澳大利亚、奥地利、比利时、加拿大、丹麦、法国、德国、美国、英国、日本等多数经济合作与发展组织国家，均有这方面的相关立法。

三、构建社会保障体系

发达国家早期的老年保障主要针对失能、残障、身心障碍等人群，目前已经扩大到全体老年人，社会保障制度体系进一步得到完善。

首先，建立健全老年社会保障立法体系。用法律的形式把国家的社会福利政策和社会责任固定下来，这是保障公民权利的重要手段。西方社会最早的社会福利法律源于1883年德国俾斯麦政府颁布的《疾病保险法》。在随后的半个世纪，大多数发达国家相继采取社会保障立法。美国（1930）、英国（1945）、瑞典（1948）、挪威（1959）、丹麦（1970）等先发的工业化国家制定了家庭津贴、社会保障、社会保险、国民健康、国民救济、儿童福利、老年福利等方面的法律；后发的工业化国家也出台有养老服务方面的法律，如日本的《国民年金法》《老年人福利法》《老年人保健法》《看护保险法》，韩国的《老年人福利法》和《国民年金法》等。这些法律法规构成了发达国家社会福利法律体系的基础，分别从经济收入、福利待遇、养老服务和医疗保健服务等方面，对老年人的基本权益进行了确权。

其次，建立面向全体老年公民的基本社会福利系统。由于各国政治、文化和历史等方面的差异，政府所奉行的养老社会保障政策也各不相同。北欧国家的保障政策强调以公民平等为基础。政府通过对各种社会福利和社会服务的普遍化、法律化，实际上包揽了全体社会成员从摇篮到坟墓的全部福利。美国注重自由竞争，对经济和社会各方面都更加注重强调发挥市场的作用，认为过多的社会福利会鼓励懒惰。其社会保险业落后于西欧和北欧国家，分配领域中的贫富悬殊问题长期存在。日本基于东亚文化传统，注重发展“单位”福利事业，以企业年金作为养老保障基础。德国和英国的养老保险制度介于北欧体系和美国体系之间，尤其是德国的养老保险体系，对经济和社会发展中出现的问题反应灵敏，处于不断变革之中。

最后，构建多样性的养老服务体系。老年长期照料服务、养老保障服务和医疗保障服务是养老服务体系的三大基本内容。从服务设施看，养老服务必须要有相应的老年活动场所、老年服务场所、老年赡养场所以及老年康复场所，这些场所包括老年大学、老年活动中心、养老院、托老所等；从服务项目看，养老服务包括保健、康复、护理、娱乐、学习、理财、再就业、精神慰藉、法律援助、临终关怀等综合内容；在服务方式上，主要有机构服务、康复中心、日间托老、护理之家、社区照顾、登门护理、寄养家庭、邻里互助等。各类服务相互补充，灵活多样，以满足不同类型老年人的服务需求，如瑞典的老人院与家庭服务福利员、比利时的老年人家庭寄养计划、美国的自助和互助老年照顾、英国的社会福利部门与社区共建睦邻计划、丹麦的老年人自助社区、新加坡政府支持下的家庭助老、日本的老年人护理保险、香港的长者义工计划等。

第三节　他山之石（一）：韩国的积极老龄化策略

据韩联社报道，截至2020年韩国老龄人口（65岁以上）为812.5万人，占比达15.7%，该比例预计到2025年将上升至20.3%，到2060年将达43.9%。人口老龄化深刻影响着一个国家的政治、经济、社会、文化等各个方面。韩国人口快速老龄化、高龄化与“少子化”挑战不断加深，对其经济社会发展正在并将持续产生重大影响。韩国经过多年努力探索，提出了若干积极应对人口老龄化的制度方案，其积极老龄化策略，在亚洲具有一定代表性，一些成功做法值得借鉴。

一、韩国老年福利政策的特点

老年人口比例由7%（老龄化社会）上升至14%（老龄社会）所用的时间，法国约为115年，瑞典约为85年，美国约为71年，而韩国只用了18年。韩国不仅人口老龄化速度快，而且老龄人口中的高龄化趋势也非常明显。随着社会经济发展和人口老龄化加剧，韩国不断完善老年福利制度，并形成了自己的福利政策特点。

首先，建立了严格、规范的老年人福利法律制度。韩国非常重视老年人福利的法律法规建设，形成了包括《老年人福利法》《国民养老保险法》《老年人长期疗养保险法》《住宅法》等多部法律，使得老年福利设施的建设和运营有法可依、有章可循。

其次，形成了政府投资、民间经营为主体的老年人福利运营方式，即政府投资建设老年福利机构和设施，具体运营和服务则按市场原则，通过公开招标的方式交给民办组织和社会福利法人等。整体而言，韩国老年福利设施运营费用的70% ~90% 由政府提供，其他由民间组织、法人、赞助商等提供，较好地实现了公共财政支持、社会组织参与、市场主体运作的结合。

再次，合理分类，定期检查评估老年福利机构。韩国老年福利分为居住型、医疗型和上门服务三种基本类型。韩国社会福利协会每三年对社会福利机构进行一次评估；韩国区级政府一年两次检查老年福利设施；健康保健福祉部则两年一次进行检查。同时，政府还在社会福利法人中设立了由社会各界代表参加的运营委员会，对各运营主体进行监督、约束和评估。

此外，立足社区，开展多项老年福利服务。韩国注重发展社区老年福利，很多社区都有综合性老年人福利馆，面积不大但功能齐全，集福利、文化、体育、医疗设施等为一体，经济实用。这种社区老年人福利馆的发展，不仅可以辐射和服务本辖区的众多小型敬老院，而且对动员社会力量尤其社区居民对老年人进行支持和帮助，转换社区居民意识，构筑社区内为老服务支援系统起到很好的作用。

最后，建立社会福利专业公务员制度，树立善待老年人的理念与运营方针。韩国自 1987 年起开始实施社会福利专业公务员制度化建设，到 2012 年时地方行政机构的社会福利公务员人数已达到 1.2 万人，持有社会工作者资格证者有 57 万人，长期疗养保护师有 30 万人。

二、韩国应对特色：积极发展老龄亲和产业

人口老龄化是人类社会发展的自然规律和必然趋势，发展老龄产业是将人口老龄化挑战转化为发展机遇的必要手段。在韩国，老龄产业被称为老龄亲和产业（以下简称“老龄产业”）。在人口结构发生变化、老年消费水平提高及社会福利供给主体多样化的背景下，韩国政府对发展老龄产业极为重视，通过一系列政策、措施引导老龄产业稳步发展。

（一）韩国老龄产业的重点发展内容

老龄产业，在发达国家被称为“银发产业（Silver Industry）”，韩国政府则从2005年起称之为“老龄亲和产业”，并将其定义为“以生理上的老化和社会、经济能力低下的老年人为对象，以保持和增进精神、身体健康，提供便利和安全保障为目的，民间部门依据市场竞争原理提供商品和服务的产业”。所谓老龄亲和，即注重老年人对便利性和安全性的需要，强调对此优先考虑。老年人口数量增加、老年人需求多元化是老龄产业赖以发展的社会基础。

针对老龄社会的客观现实，韩国政府并未把老年人看成是社会负担及社会福利受惠者，而是将其看成能为经济发展注入活力的健全的消费主体。韩国政府出于这种认识，积极采取双重战略，即对于低收入老人由政府通过老年社会福利政策保障其最低收入、医疗及护理需求，对于大多数中高收入老人，根据收入水平及需求情况，发展老龄产业，满足其不同需求。

为了振兴老龄产业，韩国专门制定《老龄亲和产业振兴法》，并实施分阶段扶持战略。韩国老龄化及未来社会委员会（2005）以韩国国际竞争力、市场亲和力、公共性为基础，依据韩国的预想需要和由此带来的经济性，提出了涉及八个部门的19个战略项目。2006年，又扩展了六大产业，共选定14个类型作为重点发展内容（见表9－3）。

表9－3　韩国老龄产业类型及主要内容（14大产业）

	类型	主要内容
第一批八大产业	护理	居家护理服务、设施护理服务
	医疗福利器械	居家/远程诊断/诊疗、便携式多功能健康信息系统、中药、护理仪器、室内外移动支持系统
	住宅	改造老人住宅、老人专用租赁住宅
	韩方药	韩方药保健观光、抗老化及保健功能食品、老人专用韩方药化妆品、专治老年病韩方药
	休闲	老龄休养园区，老人体育用品，老人益智玩具、游戏
	农业	老龄归农教育、田园型老龄主体农村、退休农场
	金融	年金管理、资产管理
	信息	居家护理、信息通信辅助仪器、软件开发
第二批六大产业	殡葬	火化、骨灰盒、殡葬仪式、移葬服务
	服装	保健功能服、休闲运动服、保持体型服
	药品	神经系统药、循环系统药、老年病专用药
	食品	特殊药用食品、保健食品
	交通	无障碍公交、定位仪、电子显示屏
	教育	老年就业教育及培训

来源：田香兰．韩国老龄产业制度安排及扶持体系研究［J］．韩国研究论丛，2016（1）：254－267.

韩国老龄产业主要包括四个方面的特点：首先，具有公益性、营利性的双重性质，不仅具有为老年人提供福利的公益性，而且具有民间企业按照市场经济原理生产和销售产品、提供服务的营利性。其次，中小企业带动性，老年人对适老产品存在多样化需求，适合中小企业采取多品种小批量生产方式。再次，服务系统性，老龄产业提供可持续服务及一条龙服务，例如，可以建设提供保健、医疗、休闲、福利一条龙服务的老年住宅。最后，劳动集约性，老龄产业涉及的多数领域均属于劳动集约型产业，需要大量人力，并由此促进了其老龄产业专业人员的培养。

（二）韩国老龄产业制度安排

韩国政府将老龄服务产业纳入国家新增长战略体系中，旨在通过各种法律、规划、扶持政策及具体措施支持老龄服务的产业化，使之迅速成为国家经济发展的新增长点。

韩国老龄亲和产业相关法律主要有《老年人福利法》《低生育老龄社会基本法》《老龄亲和产业振兴法》《老年人长期疗养保险法》等并由隶属于保健福祉部的低生育老龄社会政策局负责具体的老龄亲和产业相关事宜。

此外，为了有效支援老龄产业，韩国政府还指定“老龄产业支援中心”负责产业指导。目前，已指定两个支援中心，一个是由保健福祉部指定的韩国保健产业振兴院，另一个是由产业通商资源部指定的财团法人釜山福利用具协会。

（三）韩国老龄产业帮扶政策

为了实现到2020年将老龄产业发展成为经济增长动力产业的目标，韩国政府除了采取措施扶持14大重点老龄产业外，还积极扩大老龄产业需求规模，激发老龄市场活力，同时，致力于提高老龄产品质量，增强老龄产品国际竞争力。韩国的老龄产业帮扶政策，主要包括以下几个方面。

第一，保障老年收入稳定，促进老年人对老龄产品和服务的需求。可以从以下方面进行：①鼓励人们加入个人年金、退休年金等各种年金，为老后做准备。②促进住宅及土地等不动产的反向抵押贷款业务，如韩国住宅金融公司推出的“住宅担保老后年金”。③为老年人创造新的收入来源，如在社区创造更多老年人就业岗位，鼓励健康老人参与照护服务及儿童之家社会服务。④协助老年人管理好资产，如提供各种理财培训课程。

第二，规范老龄产品质量，促进老年消费。例如，建立老龄产品和服务质量管理体系并将其制度化，提高老年人对产品和服务的信任。另外，实行申告补偿制度，甄别伪劣产品。

第三，实行优秀老龄产品指定制度。每年4次指定优秀老龄产品，并根据社会老龄需求情况，适当扩大指定品种。延长优秀产品资格时，需要重新审查、提交指定书、调查优秀产品使用效果。

第四，宣传和鼓励购买优秀老龄产品。一方面，举办老龄产业博览会，通过展示、体验，加大优秀老龄产品宣传力度。另一方面，开设老龄产品体验馆，包括社区小规模体验馆。老年人及其家属可就近体验产品的便利性和安全性，获取护理、住宅、文化、旅游、资产管理等各种信息。

第五，鼓励老龄企业开拓国外市场。韩国政府有关部门负责调查分析国外老龄产品市场供求状况，以及外国主要企业研发及投资的品种等信息，帮助企业开拓国外老龄市场，支持中小企业参加国外博览会。

第六，扩大老年人长期护理保险给付品种，搞活内需市场。从预防老年人病情恶化的角度增加预防保险给付，并扩大保险给付对象范围，扩大内需市场。

三、韩国高龄人力资源开发

为应对严重的人口老龄化，韩国实施了“高龄者雇用促进基本计划”等系列措施，搭建“委员会咨询、部委推动”的国家主导高龄人力开发的组织机构；实施“立法保障、政策补助”的就业促进机制；营造“融合、共生”的多世代就业环境；落实“学习休假、学习补助”的职业能力开发体系，从而有效地推动了韩国高龄人力资源的开发。

（一）组织机构保障

首先，韩国政府于2004年成立了直属总统、跨部委的“高龄化与未来社会委员会”，专门研究制定人口高龄化应对方案，并为相关政策制定提供咨询。在相关部委设置方面，高龄者就业由韩国劳动部、健康福祉部两个部门负责，共同推动高龄人力资源开发。

其次，运营高龄就业中心和高龄人力银行。高龄就业中心的工作范围涵盖：对高龄者提供求才、求职登记；职业辅导及就业介绍服务；为高龄求职者提供职业咨询，为即将退休者提供再就业咨询。高龄人力银行与高龄就业中心的功能相似，差别在于高龄人力银行只负责55～64岁之间的求职者。另外，韩国政府还积极鼓励民间组织成立高龄就业服务机构，建立多元化的高龄人力资源开发服务体系。

最后，推动50～60岁工作俱乐部制度。韩国政府推动设置了50～60岁退休人员相互抒发、倾吐苦闷的场所，该场所提供的服务主要有“情感抒发”“创业、工作资讯”。该制度于2012年起在全国推动实施，工作俱乐部的设置，有助于深入了解高龄者就业需求、就业障碍，并为政策的完善提供咨询和参考。

（二）就业促进机制

韩国政府于1991年颁布了《高龄者就业促进法》，该法的颁布，强制相关单位必须为高龄者提供就业，直接促进了高龄者的就业。2008年，为进一步禁止劳动力市场的年龄歧视，该法更名为《禁止雇用中的年龄歧视和高龄者就业促进法》，明确规定禁止在雇用中存在年龄歧视。

除了法律层面的就业促进保障，韩国政府还进一步推行并完善“高龄聘雇津贴”制度。如2003年开始导入《工时本位最高工资制度》，鼓励企业在员工达一定年龄之后，以降低工时与工资来替代强制退休；2012年修正《雇用保险法》，扩大“补助延长雇用”的年限，并依年龄制定不同的补助标准。自2013年开始实施的“支持有经验员工的再就业服务计划”，对雇用有经验的失业高龄者的企业进行补助。

总之，韩国政府一系列的补助计划，增强了企业雇用高龄者就业的动机，有效地促进了高龄者的就业。

（三）多世代就业环境

为了营造“融合、共生”的多世代就业环境，韩国政府采取了一系列举措。

首先，加强“多世代一起工作”的宣传与社会对话。利用电视、广播、新闻媒体、海报等积极宣传、推动开展“多世代一起工作”等活动，宣传引导民众了解青年与高龄者并非竞争关系，而是融合、共生的关系。从

2006 年开始，每年 11 月第三周定为高龄就业周，倡议“能力比年龄更重要”，宣传、引导支持高龄者就业。

其次，鼓励开展“代间工作分享”活动。韩国政府鼓励技术纯熟的老年退休者作为新进员工的导师及教练，并建立了“名匠”“技能长”“技能韩国人”等专家资料库，推动这些高龄专家走进大学校园，对大学生进行现场实习指导、师徒制训练、短期授课等。韩国政府还积极建构信息网络中心，为高龄者与中小企业搭建桥梁，鼓励退休专业人员再进入劳动市场。

最后，鼓励营造适合高龄者工作的环境。针对雇用较多高龄者的企业，加强宣传安全保健相关知识，并提供技术支援。对于符合高龄者工作环境所做的设施改善，优先提供补助，以此鼓励企业积极改善、营造适合高龄者的工作环境。

（四）职业能力再教育

韩国政府积极加强终身职业能力开发的宣传、引导与教育，利用报纸、电视、网络等媒体，宣传并推动高龄职业能力开发与退休准备教育。韩国完善的终身教育体系为高龄者职业培训提供了支持，对高龄者融入快速变迁的劳动力市场提供了技术指导。

针对潜在的退休人员，韩国政府规定大企业对于非自愿离职的高龄者，应提供一定期限的离职、退休或转业的教育训练。在 2012 年，韩国推出“50 岁以上职场新人适应支持计划”，补助适合雇用高龄者的产业，使求职者在中小型企业内，通过不超过三个月的在职培训实现再就业。另外，补助开发适合高龄者的培训课程，以改善学习的效果，并且规划自 2016 年起对具有一定工作年限的高龄者，有权要求雇主给予一年以下“有给休假学习”。

四、韩国积极老龄化策略对中国的启示

韩国积极发展老龄亲和产业，并针对性开发高龄人力资源，形成了包括重点产业、制度安排、帮扶政策、组织机构保障、就业政策促进、工作

环境代际融合和职业能力培训等在内的庞大系统工程，并取得一定成效。这对我国积极应对人口老龄化存在以下几方面的启示。

第一，加强积极老龄化政策顶层设计。可借鉴韩国经验，将我国碎片化的老龄化相关公共政策和管理体系重构为具有中国特色的老龄化政策体系，把老龄工作纳入国家整体发展规划，建立一整套应对老龄社会的战略体系。1999 年我国成立了全国老龄工作委员会，负责研究老龄事业发展战略。2020 年党的十九届五中全会提出，实施积极应对人口老龄化国家战略。未来，有必要继续推进改革，分解方案、细化路径，全面推动国家积极老龄化战略落地见效。

第二，增强老龄人口就业重要性认识。随着劳动年龄人口的减少，老龄人口就业将成为不可回避的问题。目前，我国对于老龄人口就业问题关注不足。从组织机构来看，我国人力资源和社会保障部未设立老龄人口就业相关部门；老龄工作委员会及其下设的老龄办的工作重点主要在养老和福利方面，对老年群体的就业问题尚未给予足够关注。借鉴韩国的经验，我国可在人力资源和社会保障部设立管理老龄人口就业的专门机构，并建立负责具体事务的各级老龄就业援助机构。同时，制定相关法律，针对老龄人口就业各项政策支持和年龄歧视做出明确规定，保障老年人就业。

第三，创设老龄人口就业市场条件。目前，中国多数老龄人口在就业市场上的处境较为尴尬，或被视为年轻人的岗位竞争者而受到排斥，或被认为迟钝、僵化而受到企业的歧视，而忽视了老龄劳动者所具有的丰富经验和熟练技能、良好的职业稳定性，以及承载着企业文化的沉淀与传递等优势。我国可借鉴韩国的经验，构建忽略年龄而以岗位和业绩为主的企业文化，打造世代互融共生的工作环境，为企业和老龄就业人口提供就业援助金服务，化解企业因实行延迟退休而受到的冲击，引导再就业援助服务民间市场的发展，创设老龄人口就业的便利条件。通过促进老龄人口就业，缓解政府、社会和家庭的养老负担，提高老年人生活质量，改善企业劳动力短缺问题，从而缓解人口老龄化长期持续产生的诸多负面影响。

第四节 他山之石（二）：日本的积极老龄化策略

日本是东亚最早进入老龄化社会的国家，也是世界上人口老龄化程度最高的国家之一。根据日本内务省2018年9月的数据显示，日本70岁以上人口数超过总人口的20%，65岁以上人口数占据28.1%。这意味着平均每三个日本人中就有一位65岁以上的老人。据联合国人口司预测，未来日本人口老龄化程度将继续攀升，2050年日本老龄化水平将达到36.4%。日本在应对人口老龄化方面制定了大量的政策措施，其积极老龄化道路一直备受关注。

一、日本积极老龄化策略概述

2020年10月15日，中华日本学会、中国社会科学院日本研究所与社会科学文献出版社在北京共同发布了《日本蓝皮书：日本研究报告（2020）》（以下简称《蓝皮书》）。《蓝皮书》在对日本人口老龄化进程进行回顾的基础上，系统梳理了日本实施积极老龄化的思路与策略。

随着国民预期寿命的延长，日本开始进入长寿社会，迎来“人生百年时代”。日本人口结构特点及其带来的挑战主要有三个方面：一是随着人口老龄化进程加快，高龄化问题较为突出；二是单身者和独居老年人不断增多；三是人口出生率再创新低，少子化进一步加剧。

2019年日本政府根据人口结构变动的趋势，多措并举，实施积极老龄化对策，力争使“百年人生”不成为社会阻碍，而是成为促进社会发展的因素。日本的积极老龄化对策主要包括就业与收入、健康福利、学习与社会参加、生活环境、国际社会贡献以及鼓励各年龄层人员共同参与等内容。具体而言，包括以下四个方面。

首先，继续实施“安倍经济学”的三大计划，即“孕育希望的强大经济”“构筑梦想的育儿支援”以及“安心的社会保障”。

其次，推进工作方式改革。鼓励老年人就业，对继续雇用65岁以上老年人的企业进行援助，并配套构建支持老年人工作的社会环境。

再次，大力推行“全世代型社会保障制度”，完善包括幼儿、成年人、老年人不同年龄层的社会保障。

最后，建设多元共生社会。出台相关鼓励政策，吸引外国研究者、技术人员和高知识人才加入，增强产业集聚效应，助推经济活跃发展。

二、日本应对老龄化的亮点：涉老科技创新

日本积极应对老龄社会的一大亮点，就是积极推动涉老科技创新。以下将从日本的涉老科技创新发展战略规划、创新特征、创新体系建设等方面，对其进行分析。

（一）日本涉老科技创新发展战略规划

伴随着人口老龄化程度不断加深，经济增长明显下滑。1995年日本提出“科技创新立国”战略，全面加大基础科学研究和高新技术创新投入，以增强经济社会发展动力。进入重度人口老龄化社会后，2006—2020年日本共出台了三期《科学技术基本计划》，并从2014年开始制定年度《科学技术创新综合战略》，围绕积极应对人口老龄化，实现经济社会可持续发展，进一步明确细化建设领先国际社会的健康长寿社会、超智能社会的深化和推进等目标，提出实施科技创新战略的具体措施，如建设全社会智能健康系统、支持健康医疗领域技术创新、开发AI医院的高度诊断和治疗系统、建立超智能社会平台等措施。

近十余年来，日本极为重视机器人等科技产业发展，试图利用科技创新来实现应对人口老龄化，积极推进机器人等应用至健康养老领域。2006年以来，日本制定了《创新25战略》《日本再兴战略》《机器人新战略》以及其他一系列科技创新战略规划，从机器人、智能制造等领域奠定了应对人口老龄化的技术和产业基础。

（二）日本涉老科技创新特征

人口老龄化使经济社会发展的人口基础发生重大变化。面对严峻现实，

日本更加强调通过科技创新全面应对和解决社会发展问题。日本十余年来的科技创新发展战略，主要呈现如下特征。

首先，升级科技创新模式，面向经济社会全领域促进全面可持续发展。20 世纪初，日本的科技创新模式从模仿创新转向原始创新，以需求和问题为导向，通过新产品和新技术开辟新市场，强化科技创新推动经济发展的动力，以实现经济社会的可持续发展。

其次，通过运用现代科技、信息技术满足老年人健康养老需求。日本注重利用科技创新来整合养老生活服务需求，强调发展智能机器人等智能硬件，建设全社会智能健康系统，以物联网、云计算等现代信息通信技术为手段服务老年人生活和健康需求，打造养老型的智慧城市。

最后，依靠科技创新发展战略性新兴产业和银发经济，使其成为新的经济增长点。日本通过制定科技创新战略和产业发展措施，充分利用知识创新、技术创新，扶持养老机器人的研发应用，推动机器人、医疗健康等战略性新兴产业发展。预计到 2035 年，日本护理机器人市场规模将达到 4 000 亿日元。

（三）日本涉老科技创新体系建设

经过十多年的发展，日本应对人口老龄化领域的科技创新体系逐渐完善，一定程度上实现了适应老龄社会经济发展和老年健康养老需求的双重目标。

首先，政府主导推动科技创新应对人口老龄化。在科技创新战略规划中，日本政府积极发挥科技规划和战略的引导作用，从五年为一期的《科学技术基本计划》，到年度的《科学技术创新综合战略》，均是由政府高层制定并落实。此外，还推出“综合科学技术创新会议”，相继成立了“日本机器人革命促进会”及其下设的“物联网升级制造模式工作组”等一批专门委员会和特别小组，构建完善的科研管理体系和研发体系。

其次，瞄准重点机器人领域和现代信息技术领域。机器人产业是日本制造业振兴发展的核心，也是积极应对人口老龄化的科技支撑。围绕老年人养老与健康等需求，2013年日本制定了“护理机器人开发5年计划”，聚焦养老、健康需求相关的智能制造产业。为鼓励发展家庭服务机器人，目前日本政府基本不再新建养老院。同时，应用大数据、互联网等现代信息技术，推动与健康领域相联系的数据共享，建设全社会智能健康系统，全方位应用于老年居家服务、疾病治疗、护理等。

再次，大力推动官产学研一体化。官产学研一体化是日本科技创新体系中的重要特色。其中，大学主要从事基础研究，研究机构从事应用研究，企业从事开发研究。这种体制有利于研究人员的流动与合作，充分发挥研究人员科研能力，有利于技术成果向现实生产力转化。人才作为科技创新的核心要素，日本在各个时期的科技创新战略和措施中都突出了科研型人才、技能型人才队伍建设，科技投入中94%支付给了大学和研究机构，强调教育与产业发展相协调，并根据产业和技术发展需求，及时调整教育体系。

最后，建立完善的老龄教育科研体系。自20世纪70年代开始，面对人口老龄化不断加重的形势，日本科技创新战略提出并采取诸多改革和强化措施，大力推进医学、健康等领域的基础教育和学术研究，加快建立了一批专门针对老龄基础科学、老年医学的研究机构。日本高校也纷纷推进老龄基础学科建设和教育研究，推动教育科研跨单位合作。如2018年秋田大学与东京工业大学、秋田县医师会合作，创建了老年人医疗尖端研究中心。

三、日本老年人力资源政策

基于日本人口老龄化、少子化等基本国情，早在五六十年前，日本政府就开始关注老年人力资源的保障与开发，并随着时间的推进不断丰富和调整。日本政府采用积极老龄化的政策思维，致力于从基本养老福利、就业权利、能力开发三个方面全方位促进老年人力资源的保障与开发。

日本促进老年人力资源保障与开发的法规政策，可以分为社会养老基础制度、老龄就业权利保障和老龄劳动者职业能力开发三个层次（见图9-3）。

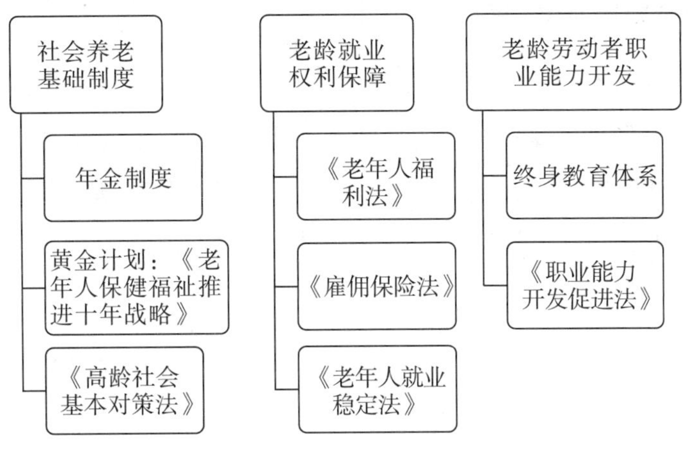

图 9－3　日本老年人力资源开发法规政策分类

来源：熊缨，车思涵，杨一帆．日本老年人力资源开发法规政策及启示［J］．中国人事科学，2019（9）：63－74．

（一）基础养老保障

日本的社会养老基础制度，是其老年人力资源开发的基本保障。1942—2016 年，日本的年金制度通过不断改革，整合各类年金保险制度，实现了全民覆盖。日本的劳动者在 65 岁之后可以领取的老龄年金主要分为四部分：国民年金提供的老龄基础年金，厚生年金提供的老龄厚生年金、年金基金，以及除此之外的私人年金。

随着日本人口老龄化程度的不断加深，20 世纪 80 年代后期，日本政府出台黄金计划，即《老年人保健福祉推进十年战略》，并于 1994 年出台了新黄金计划，目的在于为老年人提供就近的、多样的、贴切的高质量服务，使老年人即使出现了身心障碍，也能利用医疗保健福利服务来维持自立的、有尊严的生活。

1995 年，日本政府颁布了《高龄社会对策基本法》。这是日本政府为应对日趋严重的人口高龄化现象而制定的重要国家大法，也是日本国家法律中统括老龄社会事务管理最具权威性的法律，旨在构筑使每一位国民都能真正享受幸福的高龄社会。

（二）就业权利保障

老年就业权利保障，是日本老年人力资源开发的重要前提。1963 年推出的《老年人福利法》是日本政府在老龄化社会到来之前颁布的一部老年人福利大法，被日本各界称为“老人宪章”。该法明确规定了老年人的工作教育权，即按照老年人的希望与能力，为其提供从事工作以及参与社会活动的机会。

1974 年，日本颁布《雇佣保险法》，开始实施新的雇佣保险制度。一方面仍然强调保证失业者的基本生活，另一方面采取了增加就业机会的新方法。为推进老龄员工的稳定雇佣和确保雇佣机会，日本于 1986 年制定《老年人就业稳定法》，旨在尽力实现 60 岁退休义务化，并历经数次修订，于 2013 年修订规定了企业有义务雇用员工至 65 岁。

（三）职业能力开发

日本完善的终身教育体系，是老年劳动者职业能力开发的重要保障。日本的终身教育观念发端于联合国教科文组织。20 世纪 60 年代，终身教育思想传入日本后，产业界对终身教育论做出积极反应，提出一系列报告，积极地将终身教育作为经济社会计划、劳动力政策之一。此后，随着经济社会的进一步发展，社会结构不断变迁，日本社会对于终身教育的观念意识不断深入，整合了高龄人才活用事业，高龄教育体系完整并且有规划，终身教育体系逐渐形成。

1985 年，日本政府正式颁布了《职业能力开发促进法》。该法要求厚生劳动大臣必须就职业能力开发基本事项拟定“职业能力开发基本计划”；规定雇主应拟订对所雇劳动者进行职业能力开发的计划，并通过对工作岗位训练的实施，派员工到公共职业训练机构受训；鼓励各级政府设立职业训练学校、技能开发中心、短期职业训练大学等职业训练机构，以便顺利实施职业训练。同时，该法还设立了推进补助金制度。

2014 年，日本修订《日本再兴战略》，再次强调要积极应对老龄化问题，鼓励老年人积极参与经济社会活动。战略中提出了促进老年人就业的目标：到2020年，60～64岁老年人的就业率达到65%（2013年为59%）。政府将努力增加可以让65岁以上老年人继续工作的企业，并积极创造老年人参加社会活动的有利环境，让老年人继续就业或参加各种有意义的志愿者活动。2016年，日本60～64岁人口的就业率已经达到63.6%。

总之，日本的老年人力资源保障与开发，在国家战略层面既强调“老有所养”也强调“老有所为”，同时，在法规政策上坚持积极引导、应时而变的原则，积极营造全社会肯定、关心和支持“老有所为”的良好氛围，创设有利于老年人发挥作用的社会环境，并积极开发老年人力资源。事实证明，日本的老年人力资源政策卓有成效，从2012年到2019年，日本劳动年龄人口（15～64岁）减少了470万人，但就业的劳动人口却激增440万人，新增劳动力的主要来源之一就是老年人。

四、日本积极老龄化策略对中国的启示

按照世界卫生组织的评定标准，65岁及以上人口占总人口的比重达到或超过14%即为“老龄社会”，20%以上则称为“超老龄社会”。日本早在2007年便迈入了超老龄社会，是世界上目前人口老龄化程度最高的国家，也是著名的“长寿之国”。日本积极应对人口老龄化的经验对我国有以下几方面的启示。

首先，完善老年人社会保障制度。我国有必要优化政府职责体系和组织结构，推进政府治理体系和治理能力现代化，健全统筹城乡、可持续的基本养老保险制度和基本医疗保险制度，有计划、有步骤地建立覆盖全国的长期照护保险制度，从而通过制度保障老年人的基本生活，构建老年人公平享受的基本社会福利系统。同时，大力发展社区养老模式，鼓励社会力量进入社区居家养老领域，增强城乡社区居家养老服务的供给能力，建立全方位、综合性老龄人口保障体系。

其次，加速智慧养老科技创新体系构建。一是加强战略规划，把积极应对人口老龄化融入经济社会发展全局统筹谋划，把握新时代老年人对美

好生活的需求，认识老龄社会中旺盛的老年护理、健康需求，以及老年人经济社会参与需求，加强科技创新应对人口老龄化中长期战略规划和落实。二是强化机器人研发与应用，充分运用互联网、物联网、大数据等现代信息技术，创新养老服务模式。三是培育若干个服务机器人产业集群，打造相关领域的行业标准，满足未来我国老年服务、老年医学应用市场需求，并抢占国际市场。四是加快老年学、老年医学、公共卫生等综合学科建设，搭建跨学科、跨区域的高端前沿老龄科学研究机构，增强人才培养和基础科学研究。

最后，开展职业生涯规划和终生教育培训。在以人工智能、机器人技术等为主的第四次科技革命背景下，是否具备掌握新知识和新技术的信心与能力是老年人就业所面临的一大挑战。目前，我国职场偏重对年轻人的职业技能培训和职业生涯规划，大多数四十多岁以上的在职者或求职者的职业发展开始遭遇瓶颈，五十岁以上的人则更加缺乏继续学习的动力和培训途径。我国老年大学也多以增长知识、丰富生活、陶冶情操、促进健康、服务社会为目的，在中老年人职业生涯规划和终生教育培训方面存在很大发展空间。因此，我国可以从政府、企业、民间组织等多个层面增设中老年职业生涯规划服务，构建终生教育培训体制，促进老龄人口学习新的知识技能，提升其职业适应性和竞争力，盘活老年人力资源这一富矿。

【参考文献】

[1] 联合国老龄化议题——联合国老年人原则[EB/OL].(2021-06-25). https://www.un.org/chinese/esa/ageing/principle.htm.

[2] 世界人口老龄化：1950-2050[EB/OL].[2021-06-25]https://www.un.org/chinese/esa/ageing/trends.htm.

[3] 刘文，焦佩．国际视野中的积极老龄化研究［J］．中山大学学报（社会科学版），2015，55（1）：167-180.

[4] ZAIDI A，HARPER S，HOWSE K，et al. Building evidence for active

ageing policies [M]. Singapore: Springer Nature, 2018.

[5] 谢晖. 积极老龄化模型构建：基于世界卫生组织积极老龄化框架的实证研究 [D]. 济南：山东大学，2019.

[6] ZAIDI A, GASIOR K, HOFMARCHER M M, et al. Active ageing index 2012: concept, methodology and final results[EB/OL]. [2022-05-27] http://wwwl.unece.org/stat/platform/display/AAI/Acticve?Ageing?Index?Home.

[7] 李嘉佳. 基于全球范围内积极老龄化测量工具评价的本土工具构建 [D]. 兰州：兰州大学，2020.

[8] 原新. 国际社会应对老龄化的经验和启示 [J]. 老龄科学研究，2015 (3): 39-51.

[9] 贺莎莎，孙建娥. 国外积极老龄化政策实践及其对我国的启示 [J]. 重庆科技学院学报（社会科学版），2017 (11): 28-30.

[10] 吴晓薇. 韩国老龄人口就业率32.9% 2025年或进入“超高龄社会”[EB/OL]. [2020-09-30]. http://www.jwview.com/jingwei/html/09-30/351793.shtml.

[11] 詹军，乔钰涵. 韩国的人口老龄化与社会养老政策 [J]. 世界地理研究，2017, 26 (4): 49-61.

[12] 沈铭辉. 人口老龄化的影响及治理对策：以韩国为例 [J]. 人民论坛，2020 (32): 91-93.

[13] 丁英顺. 韩国老年福利制度的发展及特征 [J]. 东北亚学刊，2017 (3): 52-57.

[14] 张熠. 国际社会保障动态：积极老龄化战略下的社会保障 [M]. 上海：上海人民出版社，2017.

[15] 田杨. 韩国发展老龄产业的经验借鉴与启示 [J]. 社会福利（理论版），2015 (4): 37-43.

[16] 田香兰. 韩国老龄产业制度安排及扶持体系研究 [J]. 韩国研究论

丛，2016（1）：254－267.

［17］李元雄，高在郁．老龄亲和产业研究［M］．首尔：韩进出版社，2011.

［18］李梅花．日本、韩国人口老龄化与老年人就业政策研究［D］．长春：吉林大学，2014.

［19］虞红．韩国高龄人力资源开发体系的构建及启示［J］．职教论坛，2017（6）：93－96.

［20］李雪威．韩国人口结构变化与高龄人口就业促进政策［J］．东亚评论，2019（1）：187－210.

［21］陈远．日本实施积极老龄化的策略［N］．中国人口报，2020－10－26（3）.

［22］范懿之．中日老年人福利保障立法比较研究［D］．杭州：浙江大学，2018.

［23］沈燕，刘厚莲．中国积极应对人口老龄化：来自日本科技创新的启示［J］．中国人力资源开发，2020，37（3）：93－101.

［24］熊缨，车思涵，杨一帆．日本老年人力资源开发法规政策及启示［J］．中国人事科学，2019（9）：63－74.

［25］青木，黄文炜，济冬，等．独家深度：银发族再就业，多国之痛［N］．环球时报，2020－01－06（7）.